叙事皆是该校最有特色的“景点”
让读者可以窥斑见豹
领略校长办学特色与学校发展的妙道
陶先生所评，则从学理的层面
对校长所说给予高屋建瓴的理论提升
让人有一种豁然开朗
洞然天开的感觉。

陶继新 等著

好校长 好学校

山东教育出版社

图书在版编目（CIP）数据

好校长　好学校 / 陶继新等著．—济南：山东教育出版社，2013（2017 重印）
ISBN 978-7-5328-7889-5

Ⅰ．①好…　Ⅱ．①陶…　Ⅲ．①校长 – 学校管理 – 文集　Ⅳ．① G471.2-53

中国版本图书馆 CIP 数据核字（2013）第 101116 号

好校长　好学校

陶继新　等著

主　　管：山东出版传媒股份有限公司
出 版 者：山东教育出版社
（济南市纬一路321号　邮编：250001）
电　　话：（0531）82092664　传真：（0531）82092625
网　　址：www.sjs.com.cn
发 行 者：山东教育出版社
印　　刷：济南继东彩艺印刷有限公司
版　　次：2017年3月第1版第2次印刷
规　　格：787mm×1092mm　1/16
印　　张：20.25印张
书　　号：ISBN　978-7-5328-7889-5
定　　价：36.00元

（如印装质量有问题，请与印刷厂联系调换）
电话：0531-87160055

自　序

收入本书的文章，是近三年来我与20位校长的对话录。之所以采取这样一种文体，主要是因为它更易于交流看法、碰撞思想。这些文章的形成有一个基本的流程——先到学校采访校长或去学校听课并与老师座谈交流，当场商定对话基本思路，然后回到济南，再通过QQ与校长即兴完成对话。校长发来一段内容，我回复一段内容。对方每次发来之前，我对其内容是浑然不知的，但我必须尽快回复。所以，要在短暂的时间里形成想要回复的基本内容，随即形成文字。这种富有挑战性的对话，往往可以激活沉睡了的大脑，让思维异常活跃起来，语言流畅，思想飞扬。这给我以巨大的鼓励，也让我有了更大的自信。不过，也会有思维不太畅达的时候，于是，语言就少了文采，也缺少了思想深度。但是，我没有对这些对话进行修改，我更相信“道法自然”是美的，当下的败走麦城，说不定正是以后过五关斩六将的开端。好在读者给了我很大的包容、极大的信任，在大家的鼓励中，我又开始了新的采访征程，进行了新的对话。

近年来，我之所以特别关注校长，是因为校长的优劣直接关系到一所学校的好坏。一个卓越的校长，可以让一所薄弱学校起死回生，让一方百姓受益；一个不好的校长，则可以让一所优质学校每况愈下。学校里的教师会因为校长的优秀获得更好的发展空间，而学生则有了人生的美好前程；一个不好的校长，则有可能让教师痛苦地挣扎在教书匠的怪圈里，学生的鲜活生命也因受到压抑而难以更好地成长。我想通过自己的采访，通过与名校长对话形成的文章，来影响更多的校长，让更多的校长走向优秀。尽管有点自不量力，可是，努力就有收获啊！

对于什么样的校长才是“名”校长，“一千个读者就有一千个哈姆雷特”，各人有各人的看法，我自然也有自己的取舍标准。全国已经有了名气的校长是名校长，在县（市、区）有了较大成就者也是名校长。这些校长有的身居大城市，有的则在县城甚至农村。孔子主张教学要“因材施教”，写书也是一样，要力争做到有的放矢，让不同层次与喜好的读者能从书中各取所需。

为了采访更多更具特色的校长，近年来，我在全国三十多个省、市、自治区走访了数百所学校的校长，耳闻目睹了他们的事迹，学到了很多书本上学不到的东西。这让我在学校管理方面有了丰富的积累，也有了更多的话语权。所以，在给校长作报告的时候，就有了很多鲜活的事例，从而受到了听众的好评。当然，也让他们“横看成岭侧成峰”地领略到不同校长的教育品质与智慧方略。

对话校长的范围越来越广，数量越来越大，自然也需要质量上的提升。任何平面上的滑移都会失去意义。为此，一方面，我从采访的校长那里不断地吸取智慧，另一方面则从经典文化中汲取营养。尽管非常忙碌，还是尽可能地抽空阅读甚至背诵一些经典文本。因为没有思想和文化的对话，是苍白的、无力的，也是不会受到读者欢迎的。从这个意义上来说，持续的采访对话，又成了促进我思想与文化升值的一个动力源。

需要说明的是，书中校长的简介是对话文章见诸报刊时的简介，某些校长现在有了新的荣誉与称号，本书没有添加。

本书采取了“由近及远”的编排方式，即按照对话在报刊上发表的时间排序，发表晚的排在前面，发表早的排在后面。这样做，避免了因排序而评定校长优劣的误导。况且，在我的心里，这些校长各有千秋，并不能简单地说哪一位是最有名气的，哪一位是最差的。我之所以采访他们，并形成对话文章，就是因为觉得他们定有可学之处。

书出版之后，希望读者喜爱，也期待读者给予批评与指正。

陶继新

2013年4月22日于济南

目录 CONTENTS

01

学生生命成长的必修课

——天津中学综合实践课程的思考与构建

国赫孚，1950年生人，特级教师，享受国务院特殊津贴专家，天津市人大代表，教育部中学校长培训中心特聘教授，天津师范大学兼职教授、硕士生导师。1968年到内蒙古插队，1976年毕业于东北师范大学。1976年至1992年在内蒙古通辽市工作，先后任通辽市一中教员、副校长，通辽市教育局副局长、局长。1992年调回天津，在耀华中学先后任教员、副校长，2000年至今，任天津中学校长。曾经获得全国优秀教育工作者、天津市劳动模范等光荣称号。

↑国赫孚校长

【按语】综合实践活动课程是新课改的亮点，也是难点。说是亮点，是因为这门课程在育人方面具有无可替代的价值；说是难点，是因为这门课程的实施要遇到诸如活动的时间空间、课程资源、指导教师、活动方式、课程评价等许多难题。尤其是考试制度，使得这门国家规定的必修课程的开设常常落空。对实施综合实践活动课程，天津中学校长国赫孚曾说过："高考不考，照样要搞。只要想搞，准能搞好。"最近出版的《国赫孚与实践教育》一书，系统地介绍了天津中学十二年来实施综合实践活动课程的探索，可以给我们提供借鉴。

【陶继新】综合实践活动课程是新课改的亮点，也是难点，你们学校对此做了许多有意义的探索，请您做一下介绍好吗?

【国赫孚】天津中学成立于2000年，建校之初，我与几位老师参考和借鉴各地的教育改革经验，设计自己学校的改革思路。这期间，看到了教育部的《基础教育课程改革纲要》（草案）和《纲要解读》，当时有种如获至宝、豁然开朗的感觉。我们苦思冥想的教育改革思路在这里找到了答案。天津中学发展的历程，就是按照新课程的理念进行教育改革的历程。在一系列改革措施中，我们着力最多的算是开展社会实践活动了，把它作为改革的突破口和切入点。

农村之行成了学生终生难忘的生命成长课

【国赫孚】第一次组织综合实践活动是在2001年，那次带着学生去蓟县进行社会调查。天津中学刚成立，招收的都是市里收底的学生。从天津市区到蓟县有三个半小时的车程，当时我提议在火车上安排学生自习，一些老师说这恐怕不符合实际，本来就是些不爱学习的学生，而且他们第一次出门很兴奋，要看风景，不可能专心读书。我说咱们不妨试试。动员会上我对学生讲，在竞争的社会中，每个人拥有的时间都是一样的，谁如果能够挤出时间用于学习，他就会比别人多一份才能，在竞争中就可以立于不败之地。你们不比南开中学、耀华中学的学生差，差距只是没有良好的学习习惯。这次在火车上安排自习，对你们就是一个考验，过了这一关，高考没问题。在火车上，老师们一宣布自习开始，所有的学生都拿出了书，认真地读。有个别学生开始坐不住，但一看到别的学生都在读书，他也就跟着学了。其实这两三个小时对学习并不是很重要，关键在于培养了学生一种自制力和自主学习的意识。

2001年天津中学学生在蓟县做社会调查

【陶继新】 这是一个很好的创意！它至少可以说明三个问题。一是您本身就是一个很有创新意识的人，所以才有了让人们不可思议的逆向思维。二是您的理念新。在您看来，学生学习成绩之所以差，更多的不在智商的高下，也不在原来学习成绩的好坏，关键在其有没有一个良好的学习习惯。叶圣陶说："教育是什么？往简单方面说，就需一句话，养成良好的习惯。"学生有了好的习惯，即使当下学习并不理想，未来却可以取得好的成绩。三是在火车上看书，一般人都很难做到，因为那里的环境比较乱，没有一定的专注力是不可能看下去的。你们的学生竟然能够看下去，而且看得还比较专心。这是为什么呢？因为您的话语，给了他们巨大的鼓舞，让他们有了走向成功的自信。有了好的“开端”，就一定会有更好的“发展”甚至“高潮”。

【国赫孚】第二天晚上，我们又组织学生在村教室上晚自习。从晚7点到9点，我坐在教室后边和学生一起上自习。五月中旬，学生们将参加全市的计算机会考。教室里很安静，虽然学生们参加了一整天的劳动都很疲劳了，但都在认真地看书做题。这些学生平时都不是用功学习的学生，但当我们营造了一个用功学习的环境，每个人就都被这一环境所感染，都成为了用功学习的孩子。下课了，我问一个学生：“学得怎么样？”这个学生很认真地回答我：“学得是不错，但这样的教室是不适合上晚自习的。这里的光线不足，教室昏暗。一个人如果长期在这样的环境下看书学习，视力将受到严重的影响。”我说：“农村的孩子们三年就是在这样的教室上自习的。”学生听后无语，但我相信，他的内心一定会发生激荡。

【陶继新】信任的力量是无穷的，您是一个校长，您对学生的信任，给了他们极大的精神支撑。他们似乎突然明白了一个道理：自己虽然是“差生”，但只要努力，照样可以成为学习优秀的学生。其实，没有不希望自己学习成绩优秀者，只是他们对自己失去了走向优秀的信心。您给了他们自信，让他们看到了希望。况且，您还和他们坐在一起自习呢！我想，他们肯定不会认为您是在监督他们，否则，他们就会“身在曹营心在汉”，无法专心致志地学习了。因为他们信任您，认为您是从心里希望他们能够尽快走向成功的。所以，他们心存感激，就有了在那种灯光下努力学习的场景。那个学生的“无语”，一定会在他的心里激起很多思索：农村学生的学习条件那么差，学习却非常认真；自己的学习环境那么好，能不好好学习吗？

【国赫孚】其实，这次安排自习的目的主要是为了让学生感受农村与城市的差距。我们是一所新学校，教室里有24盏日光灯，而农村教室里只有两盏白炽灯泡，我希望他们能从对比中感受到他们自身学习条件的优越。

【陶继新】大城市的学生，往往是身在福中不知福，更不知道珍惜。您安排的这次自习，则让他们有了特殊的体验。当他们知道应当珍惜学习机会时，就有了主动学习的内在需求，就会在今后的学习中，比较自觉与积极地进入学习的状态中。

【国赫孚】学生到农户家里做调查，在农民家吃饭劳动，农民对学生的接待很热情，他们的淳朴与憨厚给学生以感染，尤其是贫苦农民的生活现状引起了他们心灵的震撼。他们写道："我们入户的这一家四口人，年收入只有2000元，孩子的学费就用去一半。除了过春节，平时很少吃肉。给我们准备的饭菜很可口，虽然没有肉，但有豆腐和粉条。我们吃饭的时候心里很不是滋味，家长不让孩子上桌和我们吃饭。两个孩子站在我们面前看着我们吃。我们吃完了，他们用馒头蘸着菜汤吃得狼吞虎咽。"学生后悔没有给孩子们留点菜。农民贫苦的家境引起了学生们的同情。这种同情心对于健康人格的形成很重要。这种同情心不是刻意培养的，是现实与他们自身生活之间的巨大反差而形成的。

【陶继新】您为学生上了一堂终生难忘的生命成长课。他们生活在城市里，不管怎样也不可能想象出农村会是这种景况，这怎能不让他们感慨万千呢？在看这段文字的时候，我的眼睛已经湿润了。而在场的学生呢？更是可想而知了。所以，这样的课不是一般意义上的下乡劳动课，而是让他们的生命得到洗礼的课。相信有了这样的"课堂"，有了这样的"教学内容"，你们的学生再回到天津中学的时候，就会有一个很大的变化。

【国赫孚】是的。我们的学生回到城市后，他们把农民家的孩子接到城里来玩，还有的利用假期又回去看望接待过他们的老乡。

【陶继新】交友也是一种学习，农村孩子到天津这样的大城市里来是学习，城市人交农村朋友也是一种学习。由此而缔结的友谊，不管对哪一方来说，都是一笔极其宝贵的精神财富。

尊重普通劳动者应是做人的基本道德

【国赫孚】我1968年下乡，当了五年的农民，1973年选调上学。这种切身经历让我认识到教育工作者要教育学生尊重普通劳动者，要同情生活在最底层的老百姓。我们学校会餐的时候，一定要请上临时工、物业和食堂的工作人员。一个临时工在学校食堂油锅起火时，把火扑灭，避免了火灾的发生。在全体教师会上，我们为他颁发了奖金，我发自内心地给他深深鞠了一躬。在我们学校的走廊里，有一块文化展示牌，题目叫做《劳动者之歌》，上面写的就是物业人员和食堂大师傅的一些事迹。我们应该让孩子们懂得要尊重这些为他们提供服务的基层劳动者。

【陶继新】您的这种思想与行为，就足以让我对您敬仰有加了。我从小在农村长大，当过十年地道的农民。直到今天，对农村，对农民，依然有着深厚的感情。在我的心里，一个领导在人格上与一个农民完全是处于平等位置的。如果对这些人心存感恩之心与爱心的话，他就一定是一个高尚的人。而一些从农村走出来没有几年就看不起农民的人，一定是品格低下的人。一个校长人格的高下太重要了，因为他会依照自己的思想去塑造他心里的师生。与您接触时间虽然不长，从您身上我已经充分感受到了您是一个真心尊重人的人，尤其是真心尊重生活在底层之人的人。有了这份真诚之心，也就有了做好工作的根本了。

【国赫孚】您说得很对。这是当今社会的一个重要话题。现在人们普遍地在追求钱、追求权，不可避免地会对我们的孩子们有影响。教育工作者应该对此有清醒的认识，并意识到我们的责任。现在孩子们羡慕大款、羡慕名车，看不起普通老百姓，甚至也瞧不起自己的父母。我们在初中开展了“岗位体验和社会观察”活动，让孩子们到自己父母的工作单位一起上班。一个学生的父亲是送报工，孩子原来认为“只有小学文化水平的爸爸，干不了有科技含量的工作，跟他去送报纸，自己都觉得低人一等”。当他和爸爸送完一天报纸下来，他累得精疲力尽，思想有了变化，说：

“爸爸为了这个家，为了我能过得好，每天拼命工作，而我呢？我为爸爸做过什么？没有。不仅没有，还看不起他。现在看来，我只是一个不懂事的小孩儿而已，爸爸是值得尊敬的人。”

【陶继新】“岗位体验和社会观察”活动开展得太有意义了！一个学生是不是人才，最为重要的标准看他是不是一个真正意义上的人。如果一个人连自己的父母都瞧不起，即使有了一定的地位与权势，也未必能够对社会做出多大的贡献。我们有时候会说：“这个人不是人。”其实他也是人，只不过不是好人罢了。《周易》说得好：“立人之道，曰仁与义。”有了仁义之德，才能成为人；否则，不是人。学校是培养人的地方，如果学生只是学会了一些知识，而没有仁义之德，就称不上大写的人。那个和他爸爸送了一天报纸的学生的感悟是深刻的，我甚至认为，这一天的送报，有可能成为他人生的一个转折点，从而让他懂得了如何孝敬父母，如何尊重他人。而由此在他心底焕发出来的，一定是特别努力的学习精神。而这种学习态势，因为有了美好品格的支持，就会更加持久。

【国赫孚】您说得真好！尊敬父母、尊敬劳动者，这是为人的基本道德。

社会问题是激发责任感的教育资源

【国赫孚】培养有责任感的人，也是我们教育中要研究的一个重要话题。

学校每周组织学生看《焦点访谈》。学生们兴趣很高，不过认为《焦点访谈》中报道的事离他们的生活很远。后来我们组织学生到农村，发现许多事就在身边。比如，某地在20世纪80年代，砍掉成片的树林，刮掉表土层，挖沙子出卖资源，造成了当地经济的畸形繁荣，也让很多土地沙化，使生态环境受到了严重的破坏。近几年，此地又大量开采地下水，有几十家地下水厂在疯狂地掠夺地下水资源，造成了水位下降一百多米。环境的恶化使得农民种地根本挣不到钱。学生说，他们现在明白了，他们应该努力学习，社会存在这些问题，将来要靠他们去解决。

【陶继新】学生如果不到农村，就很难想象环境会遭到如此之大的破坏。一些污染严重的项目，从城市转移到了农村，严重地污染了农村的生态环境，没有了原先的田园风光，甚至也少了清新的空气。可是，不少农民对于这种污染的严重性认识不足，当地政府又试图通过这些项目增加GDP总量。所以，这种现象不但没有得到制止，反而有愈演愈烈之势。当学生看到这种现实之后，就会在心里生成一种改变这种环境的责任意识。学生们的一些课题研究，就触及了这个严峻的问题，并且提出了一些解决问题的切实可行的方案。更为重要的是，他们有了这种优化农村环境的忧患意识之后，就有了为社会负责的担当意识，有了成为对社会有用之才的可能。

【国赫孚】不仅农村存在着问题，城市也存在着问题。

初中学生赵玉冰的岗位体验是在母亲工作的一家小作坊，内容是给外资企业镀零件。赵玉冰谈道："40平方米的工作间拥挤狭窄，空气中弥漫着刺鼻的味道。一些阿姨围坐在一起忙得抬不起头。我学着大人的样子把镀好的钩架浸到药水里，一股白烟冒上来，熏得我半天喘不过气，恶心得想吐。我了解到这些零件是为美国来料加工的，如果做得不精细就会被要求返工。可加工这种零件是有毒有害的呀！我心中很不是滋味。美国人害怕环境污染，害怕伤害身体，就运到中国来，美国人是人，中国人不是人呀？同学们，努力吧！我们有责任让伟大的祖国更强大。"赵玉冰在镀零件岗位体验中也意识到了责任。

【陶继新】赵玉冰同学的体验与感慨令我们深思：为什么这么多污染的工厂非但没减少，还在增加？为什么在美国等国家担心污染的工活，却在我们中国畅行无阻？空气污染对人体的损害是非常严重的，有的工人也已经意识到这个问题，可是，又不得不在这种环境中继续干下去。当今的学生尽管不能阻止这些企业继续污染下去，却有了为排除这些污染所做的思考以及相应的行动。更加可贵的是他们的这份责任感，这份为民分忧的情怀。一个学生如果从初中就有了这种情怀与责任感的话，他们不但会更加努力学习，也会从现在起就研究这些问题。当这一代人成长起来后，他们就会在这方面做更多的工作，我们国家的环境就会变得好一些。

【国赫孚】陶老师，刚才谈到的培养责任感的意义和如何培养责任感的问题，我有一点儿体会。学生具有善的本性，是培养责任感的基础。社会问题是激发责任感的教育资源 。培养责任感单靠语言的灌输是无济于事的。社会实践中，社会问题的存在，引起了学生思想的冲突，就是培养责任感的契机。教育必须走向开放，通过体验培养学生的责任感。我主张在社会实践活动中通过“社会问题”来教育学生。社会问题引发学生强烈的认知冲突，这样才能取得更好的教育效果。

【陶继新】“社会问题是激发责任感的教育资源”，说得好！如果没有这方面的亲身实践，没有这方面的感悟，是不可能说出这样的话来的。现在学生责任感的缺失，已经到了令人可怕的程度。如果再不在这方面下功夫，前景真是不堪设想。而有的时候，学校的教育，特别是那些空洞的说教，解决不了责任感的问题。而您所说的现存的触目惊心的社会问题，往往会让他们大吃一惊，从而触动那根蕴藏在心底深处的良知与责任的琴弦。如果只是为了应试、为了分数，就不可能让学生走向社会。而社会这个课堂，恰恰是学生成长必须认真去上的。您为他们补上了这一课，而且补得认认真真，起到了很好的教育作用。非有良知与责任的校长，是不可能如此而为的。

【国赫孚】在学生进行社会调查的过程中，外在的社会问题激发了他们的责任意识。而他们在尝试解决问题的过程中，又促进了内在的社会化水平的提高。如学生史脉一在参观了官庄镇的村镇改造项目后，确立了“关于社会主义新农村建设的调查”的课题。该镇在实施村镇改造的项目，将传统的一家一户的平房拆迁，像城市小区一样，为村民建设了集中居住的村民小区。楼房盖得非常漂亮，还新建了文化设施。学生们参观后都为农村的变化感到兴奋。史脉一等三位学生为了进一步做好这个课题，又利用国庆节黄金周自费去了官庄镇进行实地入户调查。他们来到了村民们原来住的地方，脚踩在瓦砾堆上，鹤立于其中的几间房屋引起了他们的注意。这是人们常说的“钉子户”。走进农民家里，他们先是为有的家“家徒四壁”而震惊，然后又为村民都不愿意讲情况而困惑。于是他们觉得村民们一定是遇到了解决不了的问题与无奈。这更坚定了他们把问题调查清楚的决心。在他们的一再恳求下，一些人才透露了真相，使他们得到了许多第一手材料。一些村民对拆迁提出了许多意见，甚至表现出怨愤。如：“过去住平房，家里有自留地，每天可以在自家的菜地里采摘蔬菜，现在把自留地收回去了，吃菜要到集市上去买”；“过去自己家院里有井，吃水不花钱，电灯用自家产的沼气，现在要交水电费”；“过去买煤取暖用不了多少钱，现在要交取暖费”；等等。所有这些致使农民的生活成本比过去要大得多，这对那些生活本来就很贫困又缺乏劳动力和经济来源的农民来说更是无法承受。更让他们震惊的是，村民们还反映了迁居中的一些野蛮行为。如停水停电、半夜用刀斧砍村民家院子大门，甚至殴打村民等。让他们不解的是，写信上访以及一些新闻记者采访后也都没有了回音。

调查结果并不像开始听到的那样美好，有的甚至“截然相反”。这让三位学生感到很吃惊，甚至有一种“被欺骗”的感觉，同时对新农村建设产生了疑问，进而感到社会“竟如此黑暗”。家长听了他们的讲述后，对他们说，你们不能只听一些人的意见，也不要只看一个镇的情况，要学会全面了解情况和全面看问题。在老师的指导下，他们又把“社会主义新农村建设”作为一个题目，广泛地上网搜集信息。后来他们发现全国有很多好的典型，像安徽、江苏等地有许多农村拆迁改造就很成功，既根本地改善了农民居住条件，又照顾到农民的切身利益，受到了农民由衷的欢迎。另外，他们还搜集了韩国改变传统农村的做法。于是，他们重新考虑了这一问题，认为：“农村改造的确是一件好事，使得几千年来农民分散居住、低水平的居住条件得到了根本解决，是一次深刻的社会革命，是符合农民的根本利益的，也是符合社会进步发展趋势的。在这一进程中，虽然个别地方的干部存在着工作做得不细，甚至发生不顾农民利益和实际困难违法暴力强迁的问题，激化了社会矛盾，影响了政府的形象，但不能以偏概全。”后来他们按照给基层政府出主意提建议的思路撰写了研究报告。事后，三个同学与我谈道：“这件事使我们看到了我们的思想还不够成熟，对问题的认识时常会发生偏颇。说一个人好，就一点缺点也没有；说一个人不好，就不可救药，一点优点也没有。这次课题研究使我们在加深了对新农村建设全面了解的同时，也意识到了自己观察问题的不足。今后再看问题，懂得了要一分为二。”后来，他们决定把村民反映的问题梳理出来，并向有关部门进行了反映，为无助的农民说话。

【陶继新】这是一个非常值得探讨的问题。教育要回归生活，现在得到了普遍认同。这就带来一个问题，即学生走进社会不可避免地要接触社会负面问题。这对教育提出了挑战。我在您写的文章中看到，您主张“问题教育法”，我非常赞同。教育的责任不是回避，而是积极引导。关键是提高学生的分析、鉴别和评价能力，并让他们学会客观地、辩证地看问题。我们国家正处在转型时期，存在各种各样的问题并不奇怪，国家正是在不断解决问题的过程中向前发展的。如果我们不让他们了解真实的社会，毕业以后他们走向社会将会很茫然，会对教育失去信任，对社会失去信心。我们要有自信，只要教育引导得好，学生的社会化就会按照我们预期的方向发展。史脉一等三位同学搞社会调查的过程，可以说是学校积极引导学生的很好的案例。它让我们看到，学生正是在我们正确的教育引导下，认识到“这的确是一件好事”、“今后再看问题，懂得了要一分为二”。他们通过社会实践活动走向了成熟。我们相信，这样教育出来的学生一定会担当得起建设祖国的大任。

实践活动成为“大变活人的教育”

【国赫孚】我谈一下对教育目的的认识。举一个例子：

宗晓娅原来是外校的学生，因为学习成绩差，对教师抵触，产生了严重的厌学情绪，学习难以为继，父母无奈，将其转入我校。她参加了学校的社会实践活动，确定了课题——“蓟县山区农业产业结构调整的调查与研究”，并历时一年完成了论文，获得了市科技创新大赛一等奖。在这一过程中，她的个性发生了明显的改变。

过去，她一度是一个学习的失败者，性格内向，少言寡语，不好交际，对老师有抵触情绪。后来她变得活泼开朗，乐于主动与人交往，积极参加各项活动，考入北京国际关系学院后还成了大型活动主持人。她的家长感慨地说：“天津中学的教育是大变活人的教育！”

我们与家长共同分析了她个性改变的原因：

（1）过去因自卑存在交往障碍，而在调查中她必须接触农民和干部。不仅要主动交往，而且在受到冷遇时仍要学会千方百计地跟人“套近乎”，把想要的资料拿到手。因此交往的意识、方式、能力得到提高。可以说性格改变的切入点是交往。

（2）开始做课题时她处处都想依赖教师，教师则引导她自己作计划、设计问题、搜集信息，这使她潜在的主动性得到了激发和释放。

（3）过去厌学是因为学不懂，丧失了学习兴趣。而她对课题兴趣浓厚，学习也就有了动力。晚上她看厚厚一大摞文件，家长说，我们看了都头痛，但她坐得住，看得进去，而且还要在掌握文件精神的基础上认真地分析，提出自己的观点。她这种学习的主动与认真，不久就迁移到了学科学习中，使学习成绩逐渐提升。

（4）过去她曾是学习失败者，科技创新大赛的获奖使她重新品尝到成功，重新找回了自信。

这一案例发人深省。教育为了什么？这是每一个教育者必须首先明确的，知识不是教育的唯一目的，教育必须关注人的灵魂，唤起人心灵情感的变化才能改变人的精神和行为。然而可怕的是我们往往对此表现出“集体无意识”，教育常常“目中无人”。

【陶继新】您分析得很有道理。我认为每一个学生都有着巨大的发展潜能，只不过有的时候这种潜能被遮蔽了而已。有效地开发这种潜能，学生就会还给我们一个又一个的惊奇。宗晓娅如果不转到天津中学，如果不参加学校的实践活动，也许在她身上的潜能永远处于沉睡状态，久而久之，就会走向“死亡”。不但老师与家长认为她不可造就，她自己也会认为自己毫无发展前景可言。现在所谓的“差生”与“问题学生”，不是他本人没有发展潜能，没有美好的希望，而是畸形的学校教育使他出了问题，以致发展到不可救药的程度。你们则不然，你们首先相信每一个学生都有走向成功的内在能量，更好地开发这种能量，就会让这种能量从潜伏状态上升为公开状态，并会不断地“扩大化”，让其本人在某个生命节点上品尝到成功的喜悦，从而充满自信，并拥有走向更大成功的可能性。而社会实践活动的某个契机，就有可能还原学生本有的精彩，就有可能让他们看到前程是那么的美好，自己是那么的富有发展潜力，从而信心百倍地走向属于自己的那个人生彼岸。从这个意义上说，社会实践活动不但是重要的，而且是不可或缺的。少了这个“课程”，就少了学生生命成长必需的营养。天津中学的学生成长得好、发展得快，是与综合实践活动有着内在的维系的。

一、建构系统的综合实践活动课程

【国赫孚】综合实践活动具有无可替代的育人价值。为了让这门课程的价值得到充分的实现，十二年来，我们对综合实践活动进行了“课程化”的探索。活动课程是离不开活动的，但也不是学校的所有活动都能成为课程，它必须具备一定的课程要素，比如师资、课时、内容、目标、实施环节、学习方式以及评价等。所谓课程化，就是在综合实践活动中要体现和落实课程要素。只有课程化才能避免活动的盲目性和随意性，才能确保常态化实施。

围绕着落实课程要素，我们对综合实践活动课程进行了系统构建，这个架构可以简要概括为：坚持课程实施的四个基本理念、按照“三点预设”开发课程资源、以“四题递进”的方式编制课程内容体系、开辟四条途径创设活动空间、构建五个阶段完善实施过程、运用六种具体方法彰显课程的育人价值、通过课程学习的三种基本评价方式激励和引导学生学习活动。

【陶继新】您说得对，有活动不一定形成课程，有课程也未必升华为课程文化。当将活动上升为课程的时候，活动也就有了更加积极的作用。你们构建的课程化的基本框架很有意义，形成了课程，就可以发挥课程的功能，也就有了育人的明显效果。同时，我建议你们还应从课程中提炼出课程文化，一个优质的学校，一定有其优质的课程文化。

【国赫孚】您的建议非常好，我们也有过思考。我们把综合实践活动课程文化表述为：面向生活、交往对话、知行统一、自主发展。有了这样的文化提炼，不仅综合实践活动有了灵魂，而且可以让人们理解学习的本质，从而对课堂教学改革产生积极的影响。

二、生态园成为继承性学习和实践性学习的科研基地

【国赫孚】2008年，我校在校园内开辟了4000平方米的生态园，聘请了农科院的专家指导学生实验研究。生物教师编写了《生态园实践指导》，以案例的形式指导学生选题、立题，以课题研究带动科学探究。在生态园，学生动脑、动手、动口，真正成为学习的主人。

2008年生态考察 天津师范大学徐华鑫教授（前右一）在八仙山给学生讲解

现在学生的学习基本上只有数理化这样的学科教学，这是有问题的。陈树杰先生认为，有效的学习有两种最基本的方式，即继承性学习和实践性学习。生态园的建立是探索在学校中两类学习方式沟通、融合的一种尝试。如，学生在学习孟德尔的遗传规律后，对实验过程充满了好奇与疑惑，总想利用学校生态园的便利条件，亲自体验遗传规律的研究过程。在与农学院专家的交流中，我们获悉“津优8号黄瓜”产生了一种黄色叶色突变体，这个突变体性状遗传方式是怎样的呢？是细胞核遗传还是细胞质遗传呢？一系列的问题激起了同学们探求的欲望，于是学生开展了“津优8号黄瓜叶色突变体遗传机制的探究”的课题。

开始学生仅知道可以利用孟德尔的遗传规律来解决，但是利用什么方法、如何操作，并没有明确的思路。他们一遍遍地看书，仍感到课本中的理论知识很难在实践中体现。面对困境，教师与同学一起分析讨论，先后破解了如何利用“假说—演绎法”，如何设计正交、反交实验等几个难题。进入了实验实施阶段，育苗、定植、水肥管理等对学生已不是问题，但人工授粉虽然在课本中有简单的介绍，还是难住了他们。为此，我们请来了农学院研究生帮忙。经过半个多月耐心的等待，学生获得了子一代的种子，将种子种下，观察植株子叶的性状，学生惊喜地发现子叶都是绿色的，说明假设成立，黄色叶色为隐性性状。同时正交、反交两组的实验结果一致，说明突变体性状是细胞核遗传。看到自己的劳动成果，每个人都兴奋不已，学生们感叹道：原来孟德尔的实验我们也可以做！终于对孟德尔定律大彻大悟了，都有了成为科研工作者的冲动。在经过课题研究后，学生在高考复习中这部分知识很少失分。

【陶继新】这个过程一定会让学生终生铭记！因为他们的研究是认真的，甚至可以说是执着的。其中遇到过失败，可是他们没有被失败吓倒，而是一往无前地研究下去。而且所有研究都是建立在科学基础之上的，尽管也有假想，但那是科学的假想。他们取得了成功，这自然是可喜的。更加可喜的是，由此培养了他们的科学探索精神。有了这种精神，不管做任何事情，都会有一种追根求源的态度，会在这个过程中体验走向成功之路的思想要义。学习有的时候是苦的，但从其本质意义上来说是甜的。我与魏书生共同写了一本书《享受学习》，我们有一个共同的想法，那就是生命个体学习与探索未知，不应当是心力交瘁的一场又一场的苦役，而应当成为生命成长的一次又一次的幸福之旅。这种人生态度，对于学生去探索更多的问题，未来走向社会，都会起到很好的启示作用。

你们学生的这次探索，还给我们一个启示，亲身实践经历过的探索，不但是刻骨铭心的，而且还会积淀成一笔不怕困难的精神财富。在人生道路上，总会遇到这样那样的困难。有的人害怕了，退缩了，失败了。更可怕的是，它会在这些人的心里形成一种消极的思维定式：做一些事情，特别是很困难的事情，是不可能成功的，而且是痛苦的。可是，你们的学生则不然，他们在困难面前没有止步，反而表现出一种不获成功决不罢休的非常积极的人生态度，即使某个环节上遇到困难，他们或当即解决这个困难，或绕道而行，新辟路径，最终走向成功。这也会在他们心里积淀下一种思维，认为做任何事情都会遇到困难，但困难总是可以克服的，而且克服困难的过程也是生命成长的快乐的过程。这种积极的思维如果形成一种内在的品质，就会在未来的人生旅途上，从一个成功走向另一个成功。

为学生健康成长提供良好的生态环境

【国赫孚】综合实践活动课程的开设，针对着应试教育的突出弊端，解决了人才培养的模式问题，给学生的健康成长提供了良好的生态环境。对此，我有四点认识。

第一，道德教育必须重视体验。传统的道德教育强调外在的灌输。国外有人将其比喻为把好的道德品质制成香肠喂给学生。学生是走进社会，接触了社会存在的问题，有了亲身体验后，才引发了心灵的震撼。没有体验，无法形成态度和信念。什么是教育？教育就是要给学生创造体验的环境，就是要将学生带入生活世界。

第二，教育必须重视活动。有了活动学生才能产生体验。当前教育中普遍存在着忽视活动的倾向，活动的缺失已成为制约学生主体性发展的突出弊端。如果学生从早到晚没有任何活动，每天就是上课、考试、做作业。这样的学校其实就是监狱。我们学校构建了学生活动的十大系列，建立了学生活动的保障机制，为学生的成长提供了良好的生态环境。

第三，教育必须走向开放。我们的学生整天被封闭在教室和书本里，与世隔绝，这很不正常。我们建校外综合实践活动基地，基本的出发点就是教育必须由封闭走向开放。因此要为学生开拓“生活大课堂”，挖掘生活中的教育资源，强化知识的综合性。教科书不应该成为学生全部的生活世界，生活世界应该成为学生的教科书。

第四，教学必须将继承性学习和实践性学习结合在一起。陈树杰先生认为，继承性学习是学生学习的重要方式，因为人类文化是人类社会在历史长河中不断积淀逐渐丰富起来的，谁都不可能事事亲历亲知。但继承性学习也有其明显的弊端：学习内容脱离生活情境，学习方式以接受式为主。实践性学习是在真实的生活情境中，以问题为中心的学习。人在成长过程中不能忽视任何一种学习方式，这两种学习方式相辅相成、优势互补，都有存在价值，一旦失衡就会给人才培养带来无法弥补的损失。我们在学校内建了一个生态园，就是要为学生的继承性学习和实践性学习开辟途径。生态园解决了生物课的问题，下一步，还想在其他学科解决两类课程的融合。比如，钓鱼岛问题，叙利亚冲突，政治、历史、地理课都可以研究。我想其他学科也都能够找到两类课程融合的途径。关键在于我们需要有这样的课程意识。一个朋友告诉我，美国有一所学校完全由学生设计制造出一辆汽车，学生开着这辆车赴非洲参加了国际汽车拉力赛。现在这个汽车制造小组正在策划设计制造一架飞机，并做了项目的分工。有研究设计的，有研究零件制造和购买的，有研究安装的，有研究法律的，有研究管理的。我听了这个故事感觉是天方夜谭，但朋友说他亲眼看到了校园中展览的学生自己设计和制造的汽车。这件事告诉我们，课程的问题不是一个小问题，它关系到国家和民族的未来。课程落后就意味着国家落后，国家落后就意味着挨打。

2010年天津中学学生参观天津港码头

【陶继新】您的四点认识很深刻。每一点都可以做一篇文章。如教育要走向开放的问题，当年孔子的教学没有固定的场所，即使在周游列国的十四年中，也一直从事教育教学工作。他的弟子，则从这个无限开放的学习空间里，去领略这个世界大师的智慧。而且，在这个过程中，他们还遭遇到了很多意想不到的磨难，其实，这也是教育。没有磨难的教育是不完整的教育。如果没有这十四年的磨难，就很难说有这个大思想家与教育家的横空出世。其他的像体验、活动、两类课程的融合，我也有很多的感悟，你们都做得很好，体现了人才培养模式的转变。其实这种转变在课堂教学中也应该得到体现。

【国赫孚】对，我们构建了六环节基本教学模式，就是想把综合实践活动课程的成功经验向学科教学延伸。希望得到您的指导。过去读过您的书，获益良多，但未曾谋面。今天近距离接触，您渊博的学识和敏捷的思维给我留下深刻的印象。认识您很荣幸，我又多了一位挚友和导师，这是我人生的一笔财富。

（原载于《中国教育报》2012年12月5日，第4版）

02

打造品牌　走向卓越

——泉州五中的大境界与大发展

↑刘殊芳校长

刘殊芳，女，1970年5月出生，福建师范大学教育史专业博士研究生毕业，中学高级教师，国家二级心理咨询师，福建省中小学优秀校长，福建省中小学名校长培养人选。自2010年2月起任福建省泉州第五中学校长，2012年4月起兼任泉州市教育局副局长。她敢为人先，勇于开拓，精通管理，追求卓越。两年多的时间里，她在泉州五中有诸多改革创新之举，带领着这所百年名校持续、稳健、科学地发展。

【按语】福建省泉州第五中学在全面实施素质教育、保持优质教育的同时，优化学校内部管理，提高办学品位；积极探索和实践多样化的办学模式，开设中美合作国际课程班，培养具有国际视野、能适应全球竞争态势的创新型人才；探索中外合作办学之路，建设“国际教育园区”；扩大优质教育资源，组建“泉州五中教育集团”。从这些办学举措中，我们可以看到作为新时期的教育管理者勇于承担、勇于创新的高度责任感和自觉性。

一所有着110年办学历史的老校，日益生机盎然。丰厚的文化积淀没有成为负累和牵绊，而是化为发展和前进的精神动力。学校的领导集体有着全新的教育理念、开拓创新的时代精神，撷取了历史优秀精神文化的精华，有眼光，有魄力，为学校开辟了广阔而美好的前景。

优化内部管理，提高办学品位

一、坚守教育理想，营造公正氛围

【刘殊芳】现在社会上一些不正之风也影响到了学校，在孩子学习、就业、评优评先等各方面，家长总想“利用关系”帮助孩子。这样的环境下如何培养正直、正义、有正气的学生，成了摆在我们学校面前的一个问题。

【陶继新】社会上的不正之风，对学校产生着直接或间接的影响。学校是培养人的圣地，如何抵御外来不良风气的侵袭，如何坚守学校的品质，就成了一个有良知的校长的义务与责任。

【刘殊芳】我认为学校应该是一方净土，是最纯洁、最公正的地方。所以，在泉州五中，我们坚定地在各项工作中贯彻公开、公正、公平的管理理念。凡涉及学生评优评先等工作，严格按民主程序进行，并及时公示，接受监督。如省优秀学生推选、省市三好学生和优秀学生干部的评选、清华北大的校长实名推荐学生的选拔、各大学自主招生学校推荐人选的确定等，评选程序公开、公正、透明。

【陶继新】学校要想建立起一个公正、公平、透明的机制，校长之正是首要的。孔子说："其身正，不令而行。"校长正了，工作起来就会得心应手。您不但自己正，也引导着学校其他领导"正"。对此，老师们看在眼里，记在心里。于是，学校就形成了一个"正"的环境。遇到在一般学校看来非常敏感与难以解决的问题时，你们因为公正、公开和透明，不但没有出什么问题，反而积聚了群体向上的积极能量。所以，学校也就有了更好更快的发展态势。

【刘殊芳】这样做，我要承受很大压力的，我们班子成员一开始不理解，一些上级领导和朋友也不能理解。"壁立千仞，无欲则刚"，我还是坚信，这样的坚守是应该的，即使一时失去了一些朋友。因为如果把有强势"背景"但不符合条件的学生选出来，我也没有胆量公示出来，这样我们有愧于全体老师、学生和家长。

【陶继新】当关系学盛行的时候，您却反其道而行之，当然会得罪一些人。可是，如果不想得罪这些关系，就会"得罪"更多的学生与家长，因为没有"关系"者是绝大多数。而且，由此还会在他们心里形成一种思维定式：学校是没有公正可言的。当然，您这样做是要付出代价的，可是，当您的这个"品牌"随同您的品质一并"立"起来的时候，渐渐地，就会得到越来越多人的认可，不但您个人的担当精神与公正品质彰显出来了，学校的信誉度也会随之"水涨船高"。所以，教师与学生也会更加支持您，并因为身在这所有品格的学校而感到欣慰与自豪。

【刘殊芳】这次我们两个省文理科"状元"不仅原始分第一，而且投档分也第一，这两个学生均获得"省优秀学生"称号，清华、北大招生组人员到我校时就发现这两个学生都是普通家庭的孩子，没有任何特殊的背景。

【陶继新】这两个学生能够脱颖而出，与其本人的努力有关，也与你们这所学校的公正环境有关。他们学习的时候，心情是舒展的，心理是安全的。这两个学生也让更多的学生看到，只要品学兼优，就一定会在这个公正、公平的环境中，收获属于自己的那份成功。

【刘姝芳】我校是福建省的名校，所以在中考招生和保送生、推荐生等问题上，各种“条子”和嘱托也接踵而至，学校坚决贯彻“分数面前人人平等”的原则。有一些家长希望自己的孩子进入五中后在新生编班或高二年级文理分科编班时能挑选班级。学校做到三坚持：一是坚持长期保持下来的平行编班和均衡搭配科任教师的传统做法；二是坚持公正、公平、公开的原则，让年段长和班主任参与教务处组织编班的全过程，明年开始准备让部分家长也参与监督；三是坚持不挑选班级或老师。

【陶继新】人们在谈论均衡教育的时候，往往忽略一个问题，那就是一个学校之中的均衡。托关系挑选优秀的班主任与好的班级，这让很多“弱势群体”家庭的孩子望而却步。这不但有悖于教育者的良知，也有悖于学校的公正。而“分数面前人人平等”和“三坚持”，则让学校内部的均衡教育得到了保证。其实，如果真的动了“真格”、“刀枪不入”，试图走关系者也就只能止步了。结果，在同一个起跑线上的学生，在合作与竞争中，就都有了更好的成长。

二、健全激励机制，培养名师名家

【刘姝芳】在师资队伍建设方面，我们深刻认识到：只有健全完善的激励机制，才能调动教师工作的积极性，才能激发团队更大的潜力和创造力。两年多来，学校在教师岗位设置，评选推荐特级教师、省市优秀教师、市中小学名师培养人、省市学科带头人和骨干教师，以及外出培训等涉及教师切身利益的问题上，都坚持一个原则：先定程序，再定人。按德、能、勤、绩、廉各方面综合评价老师，让那些多做事、多投入、兢兢业业、师德好、能力强的一线老师享受应有的荣誉。

【陶继新】“先定程序，再定人”，这个原则好！程序属于学校制度文化的范畴，定程序的过程，是对教师文而“化”之的过程，也是教师对这个程序认可的过程。所以，在此后“定人”的时候，只要依程序而行，不但不会出现多少反对意见，还会出现群体更加积极向上的现象，甚至那些希望自己成功而在程序中没有被“定”下的人，也会心悦诚服，并会继续努力，为自己以后在“程序”中能够成为被“定”之人。

【刘殊芳】我们先后出台了《名师工程实施方案》、《学科竞赛项目工作方案和奖励方案》、《国际项目奖教学奖方案》等，进一步完善教师奖励方案。采取一系列方法培养骨干教师，评选出“资深名师”、“学科名师”、“青年名师”及每年度的“十佳班主任”等，激励优秀教师成名成家。

【陶继新】这些“方案”的出台与实施，让更多有为者有了展示风采的舞台。其实，绝大多数教师都有着巨大的发展潜能，学校为其提供这种潜能开发的机制，就有可能让更多的教师走向优秀甚至卓越。正是这种激励机制，让你们学校的名师如雨后春笋般不断涌现，于是泉州五中这个名校的知名度就会越来越高。因为名校之所以成为名校，不在高楼大厦之多，而在于名师之多也。

三、实行人性化管理，提升职业幸福感

【刘殊芳】学校领导班子牢固树立“领导就是服务”的观念，“以人为本”，充分尊重师生的人格、情感、个性和创造性。我们认为调动教师的积极性，给予教师人文关怀也是很重要的。我们从2010年9月份开始推行教师免费早餐工程，给各年段配备微波炉，为早到校的老师提供一份可口的早餐。每一位教师的生日，给他们送去生日贺卡、蛋糕和真诚的祝福。学校特别关注教师的健康，每年组织教职员工参加体检。

【陶继新】生活上的关照，往往更能触动教师那根感怀的神经。教师不在乎物质的丰俭，而在乎学校领导心里有没有他们。你们做的这些事，件件让教师感到温馨，感到学校领导对他们的关怀是无处不在的。这种感觉还会变成一种力量，即主动积极工作的热情，以及珍爱学生的心怀。

【刘殊芳】我们校级领导都深入一线了解教师的工作状态和思想动态，常召开各个层面的教师座谈会，在校园网设置校长信箱，让老师有倾诉和发泄的渠道，同时也可以让更多的老师参与到学校管理中来，及时了

解教师工作和生活中存在的问题，以便进一步改进和完善。

【陶继新】由于工作紧张或其他原因，有的教师有时会有一定的情绪，如果没有很好的疏通渠道，这种情绪就会越积越大，甚至产生严重的后果。你们让老师们有倾诉与发泄的渠道，就会将这些情绪由大化小、由小化了。其实，教师大多是通情达理的，有情绪更多是由于不沟通造成的。领导主动与之交流沟通，就会化解一些不良情绪，生成健康心态。而一个心理阳光的教师，还会将这种状态传递给学生，让他们也快乐起来。

四、重视干部培养，打造优秀团队

【刘殊芳】这两年，泉州五中致力于打造一支优秀的管理团队。学校进一步强化处室、年段、教研组“三线并行”的管理网络。学校注意通过各种方式锻炼、培养干部队伍。利用每个暑期，专题召开行政研讨培训会，对行政班子进行系统培训；派出中层干部到省外名校和市教育局相关科室挂职锻炼学习。

【陶继新】干部队伍的优劣，决定着学校发展的好坏。你们采取这些办法，让管理干部不但形成了一个各司其职的具有生命活力的团队，而且也让他们有机会参加有品位的培训与学习，进而提升了他们的管理水平。优秀的管理团队，可以带出优秀的教师团队；优秀的教师团队，又可以培养出更多优秀的学生。这样，泉州五中就走进了一个良性循环的发展状态里。

【刘殊芳】我们还对中层干部岗位和人员作适当调整，下一步还要逐步推行中层干部“能上能下”的用人机制，克服人浮于事的现象。挑选那些想做事、能做事的优秀老师来担任中层干部，“陈力就列，不能者止”，这样才能让老师们信服。

【陶继新】中层干部应当是学校中非常优秀的分子，可是由于种种原因，一些中层干部并不优秀，选准适当的机会，采取合适的办法，调整他们的工作，不但对学校工作有利，对其本人也是一件好事。当“能者上，庸者下”形成一种机制，且得到群体高度认可的时候，这种“规则”就会成为推动学校发展的动力。

五、积极筹措资金，提升学校信誉

【刘殊芳】为了学校更好地发展，两年来，学校领导班子想方设法筹措资金，2011年3月福建省民政厅正式批复成立泉州五中教育基金会就是卓有成效的一环。截至目前，基金会已筹集资金2000多万元。因此，学校得以重新装修了图书馆、阅览室，新建泉州五中校史馆、陈列馆，新整篮球场，为所有学生教室安装空调，加大学生活动经费和教师培训经费的投入。

【陶继新】为什么能筹措到这么多的资金呢？一是有教育基金会这个名正言顺的机构，这些钱又用到了对学校更好更快发展有用的地方，相反，“名不正，则言不顺；言不顺，则事不成”。二是资助者认为资助得有意义、有价值。你们是远近闻名的品牌学校，捐钱者也因这个品牌而有了光彩，感到欣慰、自豪。

【刘殊芳】基金会的主要业务范围是扶持家庭经济困难的学生入学、资助特困教师；奖励优秀教师（教育工作者）、优秀学生；参与改善办学条件。在与校友、社会贤达人士沟通时，我认为最重要的还是让他们充分感受到我们的领导集体是有理念、想做事、能做事的，而且我们的财务管理相当规范，会慎重用好每一笔钱。我们每年要接受上级部门的财务审计。

【陶继新】基金会之所以有着很高的信誉度，是因为每一笔开支都是透明的、经得起推敲的，更是用有所值的，并会产生良好的社会效应。目前，一所学校建立基金会者，全国都是不多见的。这说明您是很有思想的，甚至可以说是很有前瞻性眼光的。当然，泉州五中也因这个基金会有了更高的知名度，也有了更多的师生从中受惠。

【刘殊芳】正是因为有了这个教育基金会，使我们得以组织一些高层次、高质量的交流活动，为学校注入了新的活力。2011年10月，我校承办了中国教育学会高中教育专业委员会2011年年会暨全国校长论坛，来自全国200多所知名中学校长齐聚泉州，共商基础教育改革大计，泉州市20多所学校与省内外名校结成友好合作学校。我们每年都可以让学生们到泉州市最好的音乐厅举办学生音乐会，可以邀请很多专家、学者、教授到我们学校作大型报告，可以组织老师和学生到省外或境外参加各种高层次的学术交流。

学生音乐会

【陶继新】一所学校能够举办这么多高层次的活动，确实很不简单。如果没有这个基金会的资金支持，是不可能做到的。由此，大大提升了泉州五中的知名度、美誉度和信赖度。从这个意义上说，它的社会效应，又让你们的基金会具有了品牌效应。相信以后会有更多的贤达人士注资于这个基金会，为教育做出更多的贡献。

成功创办国际班，让学生面向世界

【刘殊芳】近几年来，学校积极参与省级、国内、国际的教育教学交流与合作，希望能够通过中外合作办学的探索和实验，培养出具有国际视野和国际竞争力、能适应全球日趋激烈的竞争态势的创新型高素质公民。我们学校于2010年11月申报，2011年8月开始招收中美合作国际课程班（以下简称国际班）学生。

【陶继新】邓小平说“教育要面向世界”。那么，怎样面向世界？这就要求现在的学生，要有一种国际情结，能够提前做好走向世界的准备。办好国际班，当是一个很好的尝试。中国的孩子，会因在这个班里学习，更多地接触美国的孩子与教师，更多地了解世界。这样，他们未来走向社会的时候，就不会落伍，甚至可以游刃有余于国际交流的舞台上。

一、小班授课，因材施教

【刘殊芳】国际班采取“以人为本、因人施教”，“小班授课、个别辅导”的方法，每小班人数不超过15人，充分保证每位学生的学习空间和时间。

【陶继新】这种教学方法，可谓中西合璧啊！小班授课，在西方国家实施较好；“因材施教”，则是两千多年前的孔子提出来的。以人为本，既有西方理念，也属中国古代儒家先师的思想。选其最优，合而为一，办出特色，也就有了可能。

二、以生为本，寓教于乐

【刘殊芳】国际班的课堂教学，更加侧重以学生为主体，调动学生主动学习的积极性，一节课他们所传授的内容可能不多，但更加侧重让学生参与，通过探究、交流、合作等方式去发现和获得知识。国际班的每个教学模块都采用轻松、有趣，寓教于乐的教学方式，深得学生之心。

【陶继新】学生有着很强的学习能力，只是有的时候这种能力被教师过多的讲课给扼杀了而已。让学生成为课堂的主体，既回归了教育的本位，也极大地调动起学生学习的兴趣。当学生有了兴趣与快乐的时候，也就进入到了高效领地里，也就有了好的学习效果。

【刘殊芳】除了在课程教学上与国际接轨以外，还组织了形式多样的语言训练活动，如英语角活动、帮助外教融入泉州生活、“我爱记单词”大赛、英语演讲赛、小品赛及英语歌曲大赛，为学生创造了丰富的运用英语的机会。这些活动主题新颖、贴近现实，极大地调动了学生开口说英语的积极性。学生的语言表达能力和人际交往能力在潜移默化中得到了大幅度提高。

【陶继新】学习外语，不但要记单词，更要有语言环境。所以，给孩子提供创造应用英语的机会，即创设语言环境，当是学好外语的有效途径。

三、开展社会实践，提高综合素质

【刘殊芳】我们认为学生的全面发展不仅仅是学习课本知识，更应该走进社会、接触生活，通过社会实践，感悟生活真谛和人生价值，从而培养学生综合素质和社会责任感。所以，国际班组织了多次以“走进工厂·触摸源动力”为主题的实践活动，学生们深入车间，听讲解员现场为他们讲解产品的生产、装配等一系列制造流程，激发了学生的求知欲望和好奇心，并且学生们在工厂内深入参与各个流水线的装配工作，不仅培养了他们的动手能力，让同学们学习到很多书本上学不到的知识，更让学生体会到劳动的价值所在，培养了学生尊重劳动的人文精神和尊重科学的实践态度。

走进福建联合石化

【陶继新】学生学习当然离不开文本知识，可是，如果离开了生活实践，所学知识就一定是片面的，也不可能有效地促进孩子的成长。因为文本与生活都是学生生命成长必需的营养，缺一则会“营养不良”。现在一些学校只让学生学习文本知识，所以也就出现了一系列的问题。你们如此做，既尊重了人的成长规律，也让孩子拥有了一生健康成长的资本。

【刘殊芳】国际班全体学生每年都会参加挑战20/20项目活动。挑战20/20项目是以互联网为基础，搭建桥梁，使我国中学生能够携手美国Middlesex School学生共同研究探讨如何解决一些超越国界、影响人类可持续发展的问题。此项活动强化了学生作为世界公民的责任感和作为未来20年世界中坚力量的使命感。通过挑战20/20项目，学生们提升了自身的主人翁意识，为世界问题贡献了自己的一分力量，在走向世界舞台的道路上向前迈出了坚实的一步。

【陶继新】在人们倡导以人为本的时候，还应当有一个理念，那就是以世界为本。每一个人，不但是本国之人，还是世界之人。狭隘的民族主义者，不但是对他国有害的，也是对本国有害的。所以，通过这些先进的项目，让学生不但要有承担中华民族复兴的责任，同时也有一种世界担当意识。这样的学生，当其长大成人之后，就会在世界这个大舞台上，展示才思，担当大任。

【刘殊芳】我们要求国际班学生三年内要以各种形式持续不断地帮助周围至少一个弱势人员。所以，他们会定期为贫困家庭、福利院孤寡老人或重病患者进行慈善募捐。他们组成各个小分队，在校园张贴海报，亲自制作宣传板，走上街头。他们和泉州义工协会联合，在学校设立大本营，然后通过分队出去卖报募集和爱心募捐，据不完全统计，今年以来共为弱势群体募集到近30000元的善款。

【陶继新】如果说“仁者爱人”是一种高尚人格表现的话，那么，持久地帮助弱势人员，则更有一种高尚的况味。因为这部分人更需要人们的爱，除了对他们进行经济上的援助外，更要有精神上的支持。人无贵贱高下之分，所以，更应当尊重他们、相信他们，鼓励他们拥有一个自信的人生。而且，真正的助人者，也是助己者。因为帮助这些人的过程，也是自己精神不断提升的过程。当有了较高的人生境界的时候，自己不也就幸福了吗？

四、开设国际讲坛，拓展全球视野

【刘殊芳】我校还陆续邀请美国、新加坡、加拿大、澳大利亚等一批世界上知名院校的知名学者、教授来我校开办国际博览系列讲坛，使国际班学生对国际前沿科学、文化教育、人文地理、风俗习惯等有更加深入的了解与认识，培养和提高学生的科学、人文素养，拓展学生的国际视野。

【陶继新】古人主张读万卷书，还要走万里路，其实，还要听名家语。这些名家所讲，不但可以开阔学生的国际视野，还可以从中得到生命的提醒。人的一生，有的时候会因某个特殊的生命提醒而走向辉煌人生。可以说，阅历是一笔巨大的精神财富，而世界名家的话语中，则有着他们的生命阅历与精神感悟。

五、增进国际交流，培养世界公民

【刘殊芳】我校组织国际班学生到美国合作校进行交流访问，利用寒暑假组织学生到美国及欧洲开展各种主题冬（夏）令营，组织学生参观了世界上的著名高校，并与世界各国学生针对各种主题开展互动交流和活动，同时深入世界各国的高中课堂，与世界各国学生共同学习。通过冬（夏）令营，使学生们真正走出国门，体验异域文化，近距离接触世界各国的教育，同时学习了解西方国家的先进科学科技，培养学生“爱科学，学科学”的意识。

【陶继新】学生会对这些活动感到特别新鲜，产生很大的兴趣。孔子说：“知之者不如好之者，好之者不如乐之者。”学生“乐”在其中的时候，也就有了学习的收获。这种收获，不只是在课堂上，更在课堂外。外域的文化教育与自然风光，会为学生积淀下一笔生命成长的精神资本，到了一定的时候，这种资本就会出奇制胜地产生作用。因为世上有一个看不见的规则，只要学有所得，就会学有所用，只是时间久暂而已。

【刘殊芳】我校组织以国际班学生为主体的赴联合国“中国非物质文化遗产展演”参演团，70名同学于2012年2月1日晚在纽约联合国总部表演“南音闹元宵”的节目，充分展示出南音这一中国最古老乐种的精华，精彩的演出博得了经久不息的掌声，更主要的是我们参演学生的感悟、体会和收获绝不是书本里可以学得到的。

【陶继新】这将成为学生终生的铭记！因为很少学生会有这个经历，因为在这个经历中，他们感受到了一个中国学生的特殊自豪。自豪感会在学生心里生成一种巨大的学习动力，而且是一种积极向上的能量。所以，他们在向外国展示中国古老乐种的精华时，也品尝了属于其内心世界里的那份精美的精神盛宴。

六、组织文体活动，丰富才艺技能

【刘殊芳】我校国际班学生经过一段时间的学习，于2011年12月16日在泉州音乐厅推出了由学生自编自演的大型英文经典话剧《绿野仙踪》，受到社会各界的高度评价。话剧的演职人员体现了高度的团队意识、合作意识，展示了他们出色的表演能力和组织协调能力。

大型经典英文话剧《绿野仙踪》公演

【陶继新】这当是你们国际班学生的一次精彩展示，它昭示了这群孩子娴熟的英语口头表达能力，也彰显了他们合作共赢的品质。没有平时大量的口头语言训练，就不可能走进这个英语经典话剧里；没有平时合作的意识，就不可能在这个多人合作的项目里高度协调一致。在某种意义上说，它向人们宣示：国际班的学生是极其优秀的，是有着巨大发展前景的。

【刘殊芳】我们还组织国际班学生以中西方的各个传统节日为载体，开展丰富多彩的各类征文大赛、作品创作和文艺活动，让学生们对中西方传统文化和习俗有更加深入的感性认识，弘扬了中西方的优良传统文化，锻炼了学生的表达能力，培养了学生的动手能力、想象力和创造力。

【陶继新】传统文化不但有着丰厚的内容，也有着很好的表现形式，可以说，它是传统的，又是具有现代生命意义的。所以，让学生了解与学习本国及外国的传统文化，不但可以让他们汲取本国文化的精华，也可以从异域文化中获取生命的营养。而你们的这些活动的可贵处还在于，这让学生不只是停留在了解与学习的层次上，还让传统走进了现代，赋予其特殊的内涵，且有了当代生命链接的可能。

【刘殊芳】国际班教学团队的教师为所有学生建立了综合性评价成长档案，让学生各个方面的点滴进步都会受到肯定和鼓励，在自信中获得再学习的动力。

【陶继新】自信是学生走向成功的必备品质，有了自信，即使当下未必特别优秀，但却拥有了走向优秀的内在能量。所以，但凡启动起学生自信系统者，都能让学生走进积极主动学习的园地里。

探索中外合作之路，建设“国际教育园区”

【刘殊芳】学校目前正引入澳大利亚教育基金会在台商投资区投资建设“国际教育园区”。园区建成及学校创办后以托管的形式委托泉州五中全面负责园区中国课程的教育教学管理。该项目已于2012年8月28日在北京钓鱼台国宾馆签署会商纪要。国际教育园区内包括国际学校、国际实验高中、国际实验初中、国际实验小学、国际培训中心等教育单位，国际教育园区建成后，将成为国内一流的、有影响的“国际”教育品牌，园区的办公楼、教学楼、学生餐厅、学生公寓、运动场地、配套设施、校园绿化，一切都以高起点、高标准建设。我们正在积极推动，争取这个项目能尽快启动。

【陶继新】这是一个令人惊喜的消息！您的描述，甚至可以让我们感受到美好前景已经在向我们招手了。这不是乌托邦式的假想，因为你们已经有了国际班的成功尝试，也经过了周密的论证，且有了各方面走向成功的准备。上次去泉州采访您的时候，您曾经非常激动地向我描绘过这个蓝图，我没有想到它会来得这么快。希望再去泉州的时候，能够看到这个一流的国际学校，并去体验它的国际化、现代化。

实行“一校二区”管理模式，组建“泉州五中教育集团”

【刘殊芳】我们学校占地175亩的新校区也计划明年开始招生，学校将实行“一校二区”的管理模式。2012年2月，组建“泉州五中教育集团”的报告获泉州市政府同意批复。教育集团以泉州五中为主体，为非营利性办学联合体，坚持公益性，以造福学子为目标，运行方式有一校多区式、委托管理式、联合办学式、松散型合作式等，旨在扩大优质教育资源，更好地发挥名校品牌辐射示范带动作用，以其先进的办学理念和雄厚的教学力量带动其他学校发展，提升区域的总体办学水平。

【陶继新】这一联合体的诞生，不但让泉州五中迈向一个新的历史层次，更重要的是，它让更多的孩子可以接受更加优质的教育，甚至可以接受优质的国际教育。看来名校不能以“名”自居，而应当“苟日新，日日新，又日新”，应当不断地超越自己，不断地走向更高的层次。泉州经济特别发达，教育也应当适应经济发展的需求；而教育的发展，又必然会推动经济的发展。这样，泉州五中则又有了一个更大的历史担当。其实，不止有利于泉州经济，你们也是面向全国的，甚至是面向世界的。泉州五中的优质教育，应当承载更大的担当。

（原载于《中国教育报》2012年10月30日，第4版）

03

创办学生向往的学校

——濮阳市昆吾小学的魅力教育

↑张自福校长

张自福，1967年6月出生。中共党员，大学本科学历，中教高级职称，国家级骨干教师，河南省特级教师，河南省优秀班主任，濮阳市首批优秀校长。1985年参加教育工作以来，曾担任过小学语文教师、班主任、年级组长、大队辅导员、教导处主任、副校长，现为濮阳市昆吾小学校长、党支部书记。他的教育信条是：书香浸润心灵，经典提升生命。他的办学理想是：实施魅力教育，创办学生向往的学校。

【按语】在深化素质教育改革的今天，教育的发展面临着更多的问题和挑战。教师工作压力大，产生职业倦怠；学生厌学，感到压抑……如何更好地促进师生幸福成长，让学校成为孩子们向往的乐园？河南省濮阳市昆吾小学用六年多的办学实践，对此进行了积极探索，扭转了城乡结合部生源较差的劣势，得到了领导肯定、家长满意、学生喜爱的良好口碑，给出了令人满意的答案。

我心中的理想学校

【张自福】办好一所学校是每一位有教育梦想的校长的毕生追求。在我看来，衡量一所好学校的标准应该有三个“维度”。一是质量的科学度：学风浓，负担轻，成绩优。二是社会的美誉度：领导、社会、家长的口碑。三是学生的向往度：孩子们的内心感受和喜欢程度。现在的情况是往往重视前两点，而缺少儿童视角，忽视学生的评价和感受。如果一所学校成绩很多、名声很大，但是学生感到压抑，上学时盼望放假，考试后高呼“万岁！”大喊“解放！”毕业时没有留恋，多年后没了回忆，这肯定不是一所好学校。因此，学校应该成为学生上学时向往、毕业时留恋、一辈子难忘的地方。

【陶继新】学校本来就应当是学生生命成长的乐园，可是，由于“应试教育”的逼迫以及一些领导的急功近利，结果让学校成了学生讨厌甚至不堪回首的地方。这样的学校，即使考试成绩一直遥遥领先，在家长与社会中也有比较好的“口碑”，也不是真正意义上的优质学校。而关注学生对学校的向往度，则让教育回归到了它的本位，即真正以学生为本。孩子只有一个学生时代，学校也是一生成长的最为重要的园地。让学校成为他们人格提升、心灵升华与智慧生成的美好园地，不但会让他们对学校留下美好的回忆，还会促使他们健康成长，从而为未来幸福奠定坚实的基础。

【张自福】“学校应当是学生生命成长的乐园”，您说得太好了！那么，怎样创办学生向往的学校呢？那就是让学校有磁性，教育有魅力。因此，我们昆吾小学的办学思想是：“实施魅力教育，创办学生向往的学校”。

【陶继新】“魅力”二字用得好！而要想让学校具有吸引学生的魅力，就要全方位地让学校成为魅力四射的地方，让学校成为学生真正向往的地方。我很愿意分享你们的魅力教育，相信有志于教育发展者，都希望感受这种魅力。您心中的魅力教育包括哪些丰富的内涵呢？

【张自福】好的。下面我从魅力校园、魅力教师、魅力课堂、魅力学生等角度谈谈自己的理解，和您交流分享。

建设一座魅力校园

【张自福】先说魅力校园吧。魅力校园一定是品位高雅、养眼养心的，表现在环境整洁优美、文化氛围浓郁等方面，最主要应是两个方面：和谐与书香。

魅力校园要充满和谐。和谐校园一定有和谐的环境、和谐的人群、和谐的管理、和谐的关系。首先要坚持“四个结合”，优化管理促和谐：一是坚持制度管理与人性化管理相结合。既制度约束，又感化激励。对老师要关心到位，关怀到家，甚至老师的老人、孩子、婚姻等都要纳入领导者的视野。二是刚性管理与柔性管理相结合。既管住人，又凝聚心。类似于查岗、通报、处分等做法尽量少用，避免老师们“身在曹营心在汉”，促使他们“不用扬鞭自奋蹄”。第三，过程管理和终端控制相结合。既注重积累，又注重结果，因为苦劳和功劳同等重要。四是集中管理与民主管理相结合。无论是管理制度的征求意见、完善修订、执行监督，还是学校发展规划以及安全整治、文化建设、读书活动等有关工作，都发动大家积极谏言，共献良策。由此激发每个人的主人翁意识。这样，校长就有了更多的助手，团结和谐、齐心协力的氛围自然形成。

【陶继新】校园和谐尽管由诸多因素构成，而师生心灵的和谐当是核心之核心，校长则是构建这种和谐的关键人物。校长只有“诚其意”，才能让大家“信其言”。“诚其意”在人格道德层面是生成魅力的本质要素。您的真诚，师生看在眼里、记在心里，所以，他们感到您是为他们的发展而说与做，他们也就对您有了信任度。于是，您倡导和谐的时候，大家也都希望有一个和谐的校园，并愿为之努力。不过，和谐不是乡愿式的，还必须有正义与正气在，刚性制度与集中管理当然也是不可少的。而且，这个正义与正气，首先也表现在校长身上，“其身正，不令而行；其身不正，虽令不从”。我与您接触不多，但我总是可以从您的表面“柔”里，感受那种刚正的品质。这也是影响师生正向发展的一个十分重要的因素。而只有刚柔相济集于一身，才能真正成为一个优秀的管理者，才能真正成为一个有魅力的校长，才能真正引领大家走向和谐的境地。

【张自福】谢谢，我会朝着这一方向继续努力。其次，是教师方面，锻造师魂促和谐。一所学校的发展需要内在的精神做支撑，一校之长应该致力于学校精神的塑造。我们通过召开动员会、座谈会以及开展考核、评比等一系列措施，激励广大教师增强热爱教育、献身事业的信念，建立民主、和谐、诚信、愉悦的师生关系，铸造“热爱学生、服务学生、成就学生”的师魂。为了继承和发扬“崇德尚学、和谐共事、爱岗敬业、追求卓越”的昆吾精神，我们坚持开展“感动在我身边，昆吾魅力无限”系列师德师风创建活动。在每周例会上，开设“感动瞬间”和“身边的教育故事”两个固定栏目，大力宣讲发生在校园中间、教师身边的感人故事，启发大家关注、发现、学习身边的典型。老师们在寻找感动、讲述感动、创造感动的过程中，凝聚了干事创业的昂扬正气，营造了团结奋进的和谐校风。

【陶继新】锻造师魂可谓抓到了关键处，不然，所谓的和谐便不可能实现。教师内在品质的高下，决定了其教育行走的方式。教师的很多工作是无法量化的，道德指数的高下才是决定一个教师优劣的重要指标。有之则会尽心尽力，无之则会三心二意。而且，有了高尚的品德之后，不但会对学生真爱真教，也会与同事真诚相待，更加关注学校的发展。您大力宣扬师德高尚者的事迹，实际上也是向全校教师传递一种正能量，这是优秀教师的真正发展方向，应当好好地“择其善者而从之”。当正气不断上升的时候，邪气也就少了市场甚至没有了市场，学校也就和谐了，人心也就更加真善美了，也就有了您所说的团结奋进的和谐的校风了。

建设一支充满魅力的教师队伍

【张自福】魅力昆吾最重要的是魅力教师的成长。一个教师若有人格和学识魅力，学生就喜欢多亲近，所谓“安其学而亲其师，乐其友而信其道”。而现实是，教育工作比较琐碎、繁杂和漫长，教师这一职业，家长、社会期望值高，竞争激烈，造成自身压力大，容易出现怨气和焦虑。

【陶继新】教师是最不应当有怨气者，因为他们是为人师者，他们的怨气，会在有意无意中传递给学生，而当学生也沾染上怨气之后，不但学习学不好，心理也会出现问题，甚至人格也会受到影响。所以，要想方设法让教师的怨气变成和气、变成乐趣、变成幸福。

【张自福】为了建设一支充满大爱和激情，有智慧、有魅力的教师队伍，避免教师在狭小的天地里怀着怨气日复一日年复一年地做教书匠，作为校长，就要为老师们打开一扇扇窗，让老师们看到外面美丽的教育风景，向往高品位的教育生活。

首先，是读好书，开阔视野。自己带头读书，并经常与老师分享。学校改革了每周教师例会，设置“美文共欣赏”、“好书推荐”等固定栏目，形成了分享收获的“学习型例会”制度。我校定期向老师推荐发放优秀书籍，有《给教师的建议》、《陶行知名篇精选》、《学记》、《论语》、《56号教室的奇迹》、《做一位幸福的教师》等。大力开展同读国学经典和教育名著活动，我们一起读《论语》，感悟孔子的教育智慧；我们一起读苏霍姆林斯基，立下创办中国的“帕夫雷什”的宏伟壮志。

【陶继新】读好书无疑是消除怨气的一剂灵丹妙药。因为一般的书思想和文化品位不高，读后也不会有太大的提升。好书则不然，其中有思想精华，也有文化要义，还有“道法自然”的语言，读得时间长了，从书中

濮阳市昆吾小学第四届读书节

汲取营养，人格就会高尚起来，心灵就会健康起来，语言自然通畅起来。而这些变化，使得教师不仅不再去抱怨，反而感到工作、学习十分快乐。而且，读的书多了，教师的教学水平也会“水涨船高”，因为这些“诗外”功夫，恰恰是教好学的必需。而教学水平的提升，也会自觉不自觉地提升教师的自信心，增强学生对教师的信任感。于是，老师们就会更加快乐，更加努力。

【张自福】是啊，我们都是读好书的最大受益者。其次，是晤名家，提升自己。几年来，我校邀请多位国内著名教育专家和当地知名人士到校做读书学习、教育科研、专业发展报告，每一次报告对全校教师都是一次心灵的冲击，都会迎来一次新的读书高潮。三年前，北师大博士生导师、著名教育专家肖川教授的昆吾之行，成为我们难忘的记忆，“阅读肖川”、“聆听肖川”、“对话肖川”、“感悟肖川”等系列学习活动，使肖川教育思想在昆吾校园生根。2010年10月19日，动物小说大王、著名作家沈石溪来到学校，走进师生中间开设讲座，校园里又一次掀起了亲近名家、广泛阅读的热潮。学校还把这一天确立为昆吾小学的“沈石溪日”。今年8月26日，您也来到我们学校，来到老师们中间，给我们讲“读书与教师生命成长”、“高效教学的方略与品质”的课题，您的睿智、深刻，您的平和、大气，您的知行合一的修养境界，真是魅力四射，让人欣羡，促人效仿，让老师们再一次产生内在的成长愿望，体验到生命提升的幸福。

大师和名家的人文思想与教育理念让老师们兴奋、惊奇：原来教育生活可以更美的！内心从而产生努力建构美好教育人生的迫切愿望，于是他们迷上了读书、实践、反思，走上了魅力教师的成长之路。

【陶继新】有人说，读万卷书，不如走万里路；走万里路，不如听高人语。古人就有“听君一席话，胜读十年书”之说。所以，请名家到校，给老师们开设讲座，与老师们面对面地交流，对教师成长会起到很大的作用。不过，还有人说，听高人语，不如生命感悟。所以，教师自己的感悟，更是生命提升的重要因素。怎样才能有生命感悟呢？那就是要形成属于自己的语系，形成属于自己的思想。不是人云亦云，而是听而思之，思而言之，言而有自己的见解。可喜的是，您与你们的教师，已经有了很多生命的感悟，相信你们发展得会越来越快，进而走进名家的殿堂之中。

【张自福】第二方面，为教师搭建一个个平台。学校定期开办《昆吾论坛》、《昆吾讲堂》，编辑出版《魅力教育》、《昆吾风》校刊校报，举办读书节、诗歌节、体育节等节日活动，为教师搭建成长和展示的平台。我校自2007年以来，倡导人人建立校讯通博客，开展教育教学反思研究，取得了令人骄傲的成绩。迄今，共诞生了19位省级教师“博腕儿”，成为濮阳乃至全省的一道奇观，被誉为“昆吾博腕儿现象”。在历届的“书香寒假”、“书香暑假”、“博客之星”等活动中，上百人次的教师、班级、学生、家庭获得“优秀辅导教师”、“优秀班级博客圈”、“阅读天使”、“网络教育先锋”、“书香家庭”等荣誉称号。我校连续获得河南省校讯通阅读示范校称号，并多次在颁奖会上作为学校代表、评委代表发言。

【陶继新】展示可以让自己的能力与成果“公之于众”，并得到公众的认可与称赞，从而在展示者心里生成一种特殊的愉悦感与满足感，久而久之，还会提升自信心，进而更加积极主动地去工作与学习。教师写作，多少年来就是一个无法言说的“痛”，可是，您为他们搭建起“发表”的平台之后，他们很快由“痛”变“乐”，兴致极高，以至于乐此不疲。看来，写作不只是自己的精神收藏，还可以向更多的人展示自己的思想与才华。写得多了，就会熟能生巧，便可得心应手。一个会写作并喜欢写作的老师，也必然会教育出一批会写作与喜欢写作的学生。而学生一旦爱上写作之后，再给他们以展示的舞台，也会形成一种争先恐后的景观，从而有效地开启他们内在的动力与潜能。

【张自福】再一方面，成就教师最美的一个亮点。学生的教育要靠“扬长的艺术”，教师培养何尝不是如此？一个人有一个人的秉性，一位老师有一位老师的特长，如果按照一个统一的标准去要求每一位老师，势必千人一面，校园失去生机。老师们有的善于带班，有的善于教课，有的善于文字，有的善于演讲，有的沉稳儒雅，有的多才多艺。校长要赏识激励，成人之美。赵娜老师笔耕不辍，不断接到《教育时报》、《中国教师报》等报刊的约稿函，学校实行稿费奖励；岳素蕊老师是濮阳市小学数学教师培训主讲教师，还积极开展儿童阅读推广，学校推荐她到华英讲坛和市电视台龙乡大讲堂开办专题讲座；李洪亮老师演讲朗诵水平高，学校大力支持其参加省市级诵读活动，取得了很大的成绩，他本人被推举为濮阳市演讲朗诵学会副会长。还有李矿军的海量阅读、王光华的教子有方、刘桂彩的痴情吟诵，等等，学校都千方百计鼓励支持，促其成功成长。

【陶继新】中国有“文人相轻”的劣根性，有的学校这种“劣”性已经成为一种精神腐蚀剂，让优者难受、劣者更劣。而您如此而为，恰恰相反，是让优者更优、劣者不劣。你们学校可谓是藏龙卧虎之地，只要给他们提供条件，有些老师就会脱颖而出。记得上次我给你们教师讲课之后，岳素蕊老师就即兴赋词一首，令人惊叹不已。一位数学老师有这样的才情实属难得。如果学校对这样的优秀老师再行鼓励，就会让他们有“更上一层楼”的可能。正是这种鼓励文化向所有教师传达一个信息，只要努力，任何人都可以“脱颖而出”。当人人都努力上进的时候，就不会有人无事生非，就没有了不和谐的音符。而且，这种在积极努力状态下形成的和谐，还会向课堂与家庭延伸，从而让课堂教学和谐起来，甚至让家庭也和谐起来。

建设学生快乐成长的魅力课堂

【张自福】我们知道，课堂是教育工作的主阵地，是提高教学质量的主渠道。在课堂理念引领上，我们大力倡导老师们去践行几千年前先哲孔子提出的“因材施教”。我们的理解是：“材”不同，就应该“教”不同。这里的“材”，首先是一个个鲜活的“学生”，教师要充分考虑学生具体的学情，不同学生的知识起点和认知结构，因“材”选择教法。这里的材还应该是“教材”。如：语文和数学不同，数学必须“清清楚楚一条线”，语文则应“糊糊涂涂一大片”；数学注重搞透彻，“堂堂清”，语文则注重广泛阅读，不求甚解，大量积累，日后反刍。这里的“材”，还应该指“教师”，不同的教师，根据自己的素质特长打造属于自己的魅力课堂，有的善于朗读，有的善于板书，有的善于指导写作，让老师们发挥自己的长处，人人练就一手绝活，个个彰显独特课堂魅力，努力达到知情交融、心灵相悦、动态生成、真实高效的境界。

【陶继新】您对“因材施教”诠释得太好了！学生不同，教学的时候就要随“生”而变。同一个班级中，有上中下三种智力不同或其他情况不同者，也要研究，所以孔子说：“中人以上，可以语上也；中人以下，不可以语上也。”语文有语文的特点，数学有数学的特点，教材不同，教学方法也要不同。即使同是语文，记叙文与说明文、议论文等也不一样；就是同是记叙文，甚至同是散文，由于作者的思想与风格不同，也不能采取同一个教法。所以，还要因“文”而定。教师这个“材”也是千差万别，所以教学的时候还要因“师”而定。要扬长避短，取长补短；也要化短为长，自我超越。通过一段时间的研究后，形成自己的教学个性与特色。“材”所具备的多样性，要求在“因材施教”的时候，不能顾此失彼，也不能各自为战，而应协调一致，达到和谐。唯其如此，才能真正抵达“因材施教”的理想境界。

【张自福】在打造魅力课堂的实践中，要求老师们积极做到“三四三”法则。首先是三个关注：要求教师关注学生，关注学生的学习，提升学生学习的境界，做到乐学、会学、善学；关注学科教材特点，上出语文（数学）味和此课的特点；关注自身特长，上出精彩的属于自己的课。其次，备课要做到“四读懂”：读懂教材，理解文本的内容和知识呈现的方式；读懂课后练习，把握编者的意图和训练重点；读懂参考材料，了解各家的教学思路；读懂学生，确定学习起点和教学方法。最后，课堂要体现“三实”：真实，自然真切不虚假；朴实，不搞形式和花架子；扎实，目标达成，学习高效。

【陶继新】学生善学当然是比较高的境界。《学记》有言：“善学者师逸而功倍，又从而庸之。”而要想让学生走进善学的境界，首先要让他学会，其后才是会学。学会有点被动，老师占有主导地位；会学则步入主动，学生成了主角。善学则超越了会学，不但会，而且“善”。这个“善”，也包括《学记》上说的善问：“善问者如攻坚木，先其易者，后其节目，及其久也，相说以解。”当然，也包括《学记》上说的善于答问：“善待问者如撞钟，叩之以小者则小鸣，叩之以大者则大鸣。待其从容，然后尽其声。”您是背诵过《学记》的，这些“老古董”有着永远的魅力。

我特别欣赏你们的“三实”：真实，朴实，扎实。这当是教学的至高境界。现在很多观摩课和公开课已经“变异”了，成了很多人共同研究的“产物”，看起来还比较“精致”，其实细细推敲就会发现，因为没有教师的真实个性，外表热闹里隐藏了太多的虚假。可是，由此在这些教师的心里却栽植下了如何作假的种子，不但会在自己的心里扎根开花与结果，还会将这种作假思想传染给学生。“优秀”老师的观摩课尚且如此，一般老师呢？从这个意义上说，你们的“三实”是让教育回归到它本来的面目，是在让教师与学生走向真善美啊！

【张自福】谢谢您深刻的解析。让教育回归本真，我们在朝这方面努力着。为了提升课堂的魅力指数，学校每年坚持开展全员“魅力课堂”展示月活动、“魅力教师”观摩课活动。我校还开展“镜鉴式评课”活动，特别强调自我镜鉴式评课。自我镜鉴是指每位教师在磨自己的精品课时，必须要观看自己的做课光盘，写出自我镜鉴反思，并记录下“最有魅力的课堂细节”。

【陶继新】“自我镜鉴式评课”很有价值。在打造精品课时，别人的意见固然重要，而自己对自己课的评价就更加重要。在观看自己的做课光盘时，就会发现一些优点，特别是会发现一些不足与缺失。这会在心里留下比较深刻的印象。而通过自我撰写反思文章，是对这种认识的进一步深化，也会由此思考修正的方略。记录下“最有魅力的课堂细节”不但会让自己更加自信，也是为更好地发挥所长和形成自己的教学个性做铺垫。坚持下去，何愁没有魅力课堂？何愁没有魅力教师？

培养一批和谐健康的魅力学生

【张自福】学生是学校的名片，学生体现老师的形象。我们始终重视学生的素质培养，促进其全面和谐的自主个性发展。

好习惯、好人生，好习惯、好学生。重视学生日常行为习惯养成的教育和培养，大则有益学生一生，小则有益当下我们的教育教学，一举多得，何乐不为。每年的9月份，是我校的习惯养成集中教育月，老师们引领学生从生活习惯、行为习惯、品德习惯、学习习惯等方面，进行规范讲解，示范训练，最后还要展示评价。当然，我们还有日常检查评比制度予以促进。

【陶继新】培养学生好的习惯，是为他们存储一生成长的“金钱”。一旦养成，“利息”无数，受益终生。我在为你们教师作《做一个幸福的

昆吾小学学生参加全市全民读书月活动启动仪式，台上台下朗声诵读《少年中国说》

教师》报告中，认为要想成为一个幸福的教师，是需要三个必备要件的，其中之一就是养成良好的习惯。我在采访众多成功人士时发现，他们都有着常人不具备的良好习惯，有的未必特别聪明，有的还是残疾人，可是他们从小养成好的习惯之后，都有了一个美好的人生，都取得了很大的成就。所以，有了好的习惯，就必然是好学生；有了好的习惯，就必然会有一个美好的人生。

【张自福】另外，就是要注意培养学生良好的气质。气质涵养性格，气质丰富人生，气质决定未来。2009年以来，我们在全校学生中间轰轰烈烈开展起“气质训练营”活动。为了让气质训练练有章法、练有实效，我们成立了课题组，在集思广益、广泛论证的基础上精心挑选合适话题，编写成了气质训练校本教材——《创造我们的魅力》。本教材共分10课，分别为：自信地言说、灿烂的笑容、文明的课间、真诚地称赞、优雅的举止、规范的礼仪、热情地待客、动情地朗诵、机智地辩论、快乐地分享。“气质训练营”效果明显。学生气质得到了大幅度提升，他们自信了，笑容多了，文明了，懂礼貌了，热情了。

【陶继新】“气质训练营”很有创意！孔子说：“文质彬彬，然后君子。”如果没有气质，何谈文质彬彬？学生是要走向未来的，未来的人是需要气质的。不然，就会“质胜文则野”或“文胜质则史”。在培养学生良好气质的时候，需要方法，需要训练，但不能流于表层，而要深入进去。比如，仅懂礼仪是远远不够的。“人而不仁，如礼何？”还要修养内在的仁爱之心。两者兼备，才能让礼仪拥有它本质的内涵。再比如热情地待客，不是表面热情，而是发乎心声，现乎言行。灿烂的笑容亦然，没有心里的愉悦，笑起来不会有真正的灿烂。可贵的是，你们既关注了“表”，更关注了“里”，所以，才有了真正意义上的学生气质的修炼。

【张自福】“文质彬彬”、“仁礼结合”，您说得太好了！有了良好的习惯和气质，我们又提出了更高的培养目标：“小绅士、小淑女”，这也体现了我们培养文明高雅健康和谐小公民的理想追求。在“小绅士、小淑女”培养评选活动中，我们开展了“整洁”、“礼仪”、“书香”、“才艺”、“爱心”五项行动。

【陶继新】这五项合而为一，自然就可以成为“小绅士、小淑女”了。我觉得，“爱心”是根，其他则是枝叶，根深才能叶茂。所以，最为重要的是要让孩子有一颗爱心。我最近读海伦·凯勒的《假如给我三天光明》，感叹良多。海伦·凯勒为什么取得了这么大的成就？从本质上说，是她的一颗爱心的支撑。不过，如果没有安妮·莎莉文老师的教育，她非但不可能有什么成就，而且还是一个野孩子，一点儿教养都没有，“整洁”、“礼仪”、“书香”、“才艺”统统没有。这又让我想起了《学记》之言：“玉不琢，不成器；人不学，不知道。”学生个个都是玉啊，可是，如果没有教育之“琢”，是永远不可能成“器”的。你们培养“小绅士、小淑女”，不正是变“玉”为“器”吗？

【张自福】我来简单介绍一下“小绅士、小淑女”五项行动吧。整洁行动主要抓个人卫生整洁、书本文具整洁、环境卫生整洁。通过建立“红领巾监督岗”，设立周三个人卫生检查日，定期对书本文具进行专项抽查，制定环境卫生标准，确保“小绅士、小淑女”里里外外整洁、雅致。

礼仪行动主要抓“说”的礼仪、“做”的礼仪。“说”重点强调在家说好四句话：“早上好”、“晚安”、“再见”、“我回来了”；“做”主要抓新队员入队前的培训、升旗仪式礼仪、日常生活中的行为礼仪。“礼仪行动”后的“小绅士、小淑女”个个知书达礼、讨人喜欢。

书香行动的目的是培养现代小书童。重点是开展诵读经典活动，用优秀传统文化为孩子的人生打底。

濮阳市昆吾小学第三届诗歌节

才艺行动促进学生的才艺发展。学校建立少年活动中心，开辟学生全面发展的绿色课堂。从三个方面实施：一是学校主导，有特长爱好的老师组建自己的兴趣小组。二是家长配合，聘请部分家长义工组成家长辅导团，参与学生特长辅导。三是社区联动，邀请社区文艺专业人士到校指导学生特长学习。截至目前，学校共组织学生兴趣小组30多个。

爱心行动重点抓“三爱”，即爱家人、爱自然、爱社会。爱家人，三八节为妈妈制作连心卡、争做“孝敬小天使”等；爱自然，认识大自然的美妙与神奇，开展植树节为树木花草浇水等活动；爱社会，我们多次组织学生进行“爱心捐助”活动，特别是汶川大地震时，我校学生关注灾情，关心灾民，以多种形式向灾区奉献爱心。孩子们在“爱心行动”中陶冶情操，在“爱心行动”中茁壮成长。

【陶继新】整洁行动不仅在于做，而且在于坚持，在于一贯。久而久之，就会形成习惯，习惯养成之后，就无须检查而自行收拾得异常整洁。这就有了一种外在美。不要小看这些，它直接影响到一个人的形象。孔子就曾经对他的儿子孔鲤感叹地说：与人会面不可以不修饰，不修饰仪容就会显得不整洁，仪容不整洁就显得对人不尊重，对人不尊重等于失礼，失礼就不能自立于世。

孔子还告诫儿子孔鲤说：“不学礼，无以立。”可见，抓礼仪太重要了。不懂礼，不按礼而行，就会让人感到粗野，就会得不到人们的尊重。所以，在公众场合下，一些有修养的人，言行举止都合乎礼数。学生从小养成按礼而行的习惯，就会受益终生。

书香是培养“小绅士、小淑女”的要件。人们常常将知书与达礼连起来说，就是因为一般知书之后，多能知礼且按礼而行。而且，“腹有诗书气自华”，内在的文化，表现出来，就是高雅的气质。而为孩子打点文化底色之后，不但对他们的学习有好处，更使他们的人生有意义。

小学生大都具有才艺天赋，如果长期不予培养，这种天赋就可能进入沉睡乃至死亡状态。相反，如果好好培养，则会大放异彩。而当学生有了一定的才艺之后，他们就会越来越有兴趣，也越来越有自信，以至于拥有一定的审美意识。孔子主张“游于艺”者，此之谓也。

爱心行动对于学生来说太重要了。家人是学生生命成长的起点，但是，很多孩子对此并无多少感觉。而一个连自己的家人都不爱的学生，是不可能爱他人、爱祖国的。儒家将“孝”作为人的生命之本，且说“本立而道生”，是很有道理的。自然是人类的朋友，没有自然，人类是无法生存的，也会失去很多审美的情调。大自然变幻多姿，身处其中，乐趣无穷。爱社会对于孩子来说是一个比较大的概念，不过，可以具体到人、事与物，让他们触手可及。爱与不爱都是相互作用的。一个爱社会的人，也必然会得到社会的认可与爱；反之，不爱社会者，也必然得不到社会的认可与爱。这种生命规则，就在爱中回转着、生成着。

【张自福】感谢您的精彩对话和智慧点拨。26年的小学教育生涯，15年的学校管理经历（1996年开始任一所学校的副校长起），让我深深体会到，教育是一项伟大而烦琐的事业，办教育需要宗教徒般的虔诚情怀。今后，我将愈发坚定自己的教育理想，那就是努力提升教育的魅力指数，使学校成为学生向往的地方，让孩子们健康快乐成长！

【陶继新】正是怀着这种虔诚的宗教情怀，用心打造着魅力教育，才有了师生的快速发展，才有了学校越来越高的信任指数。看来，拥有魅力不是梦想，而是完全可以变成现实的。

（原载于《创新教育》2012年第4辑）

04

为学生健康成长和幸福人生奠基

——武汉市洪山区武珞路小学“坚守”的品质与实践

↑李天顺校长

李天顺，武汉市洪山区武珞路小学校长。在不同学校担任校长工作二十多年。获得过武汉市教育科研先进个人、武汉市优秀教育工作者、武汉市优秀校长等称号。主持或参与过多项省市教育科研重点课题。参加过北京师范大学和新西兰基督城教育学院举办的小学校长高级研修班。

【按语】教育需要创新，教育更需要坚守。学校不是在真空办学，社会发展和社会环境对校园的影响至关重要，但学校应该坚守这块真实的土地，守候着校园这方纯洁的蓝天。武汉市素质教育特色学校——武汉市洪山区武珞路小学以“坚守着教育责任，为学生健康成长和幸福人生奠基”为己任，将中国优秀传统文化融入现代教育之中。

“立德、求真、创美”的校训

【李天顺】我校确立“立德、求真、创美”作为校训，引领着学校文化。弘扬“德、真、美”，传承着优秀中华文化。在哲学上，“德、真、美”的和谐统一，是事物最佳的表现形态，是一切美好事物的共同特点。和谐又是美好事物的基本特征之一，它通过感知在人的情感和理智中产生积极的反应，在心理机制上使人愉快、满足，并唤起人们对生活的热爱。

立学校之德。学校是师生学习、生活、成长的重要场所，我校将“有教无类、诲人不倦、因材施教、教学相长”作为学校之德的主流价值，作为立德的重要内容。“有教无类、诲人不倦”体现教师的爱和担当；“因材施教、教学相长”展现师生的共同成长。义务教育学校承担着政府为儿童提供教育的责任。教育公平体现在义务教育阶段的小学，不仅要提供学生上学的机会，更重要的是学生在接受学校教育中享受公平发展的机会。学校接收学生要做到“有教无类”，让适龄儿童有机会上学。我们学校是一所城市中的老校，一所优质学校，学生多，学校占地面积不足6300平方米，却容纳了1700多名学生。在这样一个有限的教育空间里，我们每年都要克服困难，帮助那些需要帮助的辖区外学生，让这些孩子受到优质教育。教师在教学中也努力做到“有教无类”，让不同类型的学生在学校中得到发展。

【陶继新】欣赏你们“立德、求真、创美”的校训。孔子就特别重视道德教育。他的教育总纲只有十二个字：“志于道，据于德，依于仁，游于艺。”从表面上看，除最后的“游于艺”三个字之外，其他九个字都和道德修身做人有关。他甚至说："弟子，入则孝，出则弟，谨而信，泛爱众，而亲仁。行有余力，则以学文。"你看，在孔子心中，学文远远不如道德修养重要。《大学》有言："自天子以至于庶人，壹是皆以修身为本。"对于求真的重要性，陶行知说得好："千教万教，教人求真；千学万学，学做真人。"目前，一些人诚信指数的下滑已经到了可怕的程度，以至于在社会上产生了不小的负面影响。小学生是天真的、纯洁的，从小对他们进行求真的教育，对于他们更好地成人、更好地走向社会，应是一个极其有益的事情。对于美，我们首先要去发现，因为美是到处都有的。世上有美，也有丑，对于小学生来说，更多的是让他们看到美，并从美中感受生活的快乐。创造美需要有更高的境界。创造美的过程，也是享受创造与享受幸福的过程，是利己更利人的事情。

"有教无类、诲人不倦、因材施教"来源于《论语》，均系孔子之言；"教学相长"出自《学记》，当是经典之语。将这些教育的要义学习透了、理解深了、落实好了，教育也就走向了一个高层境界了。遗憾的是，有些人对此只是一知半解，甚至是曲解的。所以，重温儒家先师之言，并在实践中"学而时习之"，当是一个教育工作者应行之事。

【李天顺】立教师之德。教师之德在于爱，爱教育、爱学校、爱学生。一位哲人说过：写在纸上的爱，一个早晨可以读完；说在嘴上的爱，一转身就能忘记；而唯有教师和母亲之爱写在大地和天空，永藏在心底。李吉林老师说过这样一句话："我觉得最重要的，是对教学、对孩子执着的爱，是任何情况下都不会改变的那种始终不渝的爱。这是教育家的灵魂。"学校师德建设以《国家中长期教育改革和发展规划纲要（2010—2020年）》为指导，以师爱为核心，做到常态化。以爱育爱，育学生之德。立德树人，把社会主义核心价值体系融于教育全过程，引导学生形成正确的人生观、价值观，培养学生团结互助、诚实守信、遵纪守法的品质。学生之德体现于"有爱心，能立志，做一个对社会有用的人"。

【陶继新】爱，是衡量一个教师优秀与否的试金石。一个真爱教育、真爱孩子的教师，即使开始的时候教学水平不太高，可是，他会努力追求，他会比较快地走进“游于艺”的教学境地里。你要想做出一点成就，就要真爱你所从事的事业，就要真爱在工作中所接触到的人。爱具有神奇的能量，正是在爱中，让你感到爱是伟大的，是滋养你生命的最为有效的营养。同时，这种能量也会向外传递，传到课堂，传到学生那里，传到家长那里，以至于传到社会上。正是在这爱中，孩子喜欢上了你，你也喜欢上了孩子。亲其师，才能信其道。于是，教学因了这种“亲”，而有了特殊的高效景观。同时，爱也是无私的，老师对学生之爱，是不应当求回报的，正所谓“善行无辙迹”也。正是因为不求回报，才有了学生的真心回报；相反，那种要求回报爱者，却往往得不到真正的爱。爱是无私的，又是圣洁的，所以，它又是最美的，最有生命能量的。

【李天顺】学校是传播和学习文化知识的地方。引导学生探求知识真谛、追求事实真相、做一个真实的人，是教师每天的工作。求真要有科学态度、民主精神，求真体现在教育教学工作的全过程，体现在教学相长、促进学生健康快乐成长上。

【陶继新】要想让学生求真，教师首先要求真。不但在做事上求真、在做人上求真，也要在求知上求真。现在文章满天飞，图书天天出，可是，其质量有高有低，有优有劣，有真有假，如果没有辨别真伪、优劣的能力，就有可能误入歧途，以致引着学生走入非真之途。看来，求真还有一个识真、辨真的问题。

【李天顺】学校是最美的地方之一。因为，学校是提升人的地方，美是提升人健康成长的重要途径，学校的美，美在学生的成长。苏霍姆林斯基谈到美和美育时说：“美是人的道德财富的源泉。学校的任务就是要在孩提时期，在神经系统的幼年期，使美成为德育的有力手段，成为真正人性的源泉。”

【陶继新】自然美、社会美、心灵美等，都属于美的范畴。学校应当是环境美的地方，更应当成为心灵美的地方。拥有道德财富者，心灵自然是美的。所以，教师要引导学生识别什么是美的，并引领他们去追求美、创造美，从而享受美。

武珞路小学校园一角

积极和谐的环境

【李天顺】我们坚守着校园和谐。和谐是中国优秀传统文化的重要内容。和谐校园是师生的精神家园。和谐校园就是整合、优化、协调运转各种教育因素，创设和谐的育人氛围，并将其融入到校园环境、管理机制、师生关系、教育教学之中。

在建设和谐校园上，我们采取了以下途径：

在教育的目的上，通过对学生进行德、智、体、美、劳诸方面的全面教育，培养人格健全、道德纯洁、精神丰富、体魄强健、个性全面、和谐发展的人，这是构建和谐社会最根本的内源性基础和逻辑前提。

在教育的内涵上，建立科学民主、规范有序的教育秩序，遵循教育规律，关注每一位教师、学生的发展需要。和谐校园生存状态，体现以人为本，尊重个性差异，促进学生的充分和谐发展，谋求学生身心健康与知识学习和谐发展。

在教育的原则上，坚持科学发展观的理念，坚持以“以人为本”的理念，坚持依法治教、建立健全教育机制的保障体系和教育教学评价体系，并充分发挥其作用。

【陶继新】哲人言："和谐即美。"身处和谐环境中者，会有一种美的感觉。当然，这个和谐是全方位的，有着无过而无不及的中庸美的特质。

和谐除了您所谈的上面的因素外，还有一个要件，那就是人的心灵的和谐。任何外在的和谐，如果离开了心灵的和谐，都会轰然倒塌。而您所制定的制度等，因为来自于教师，作用于教师，得到了他们的认可，所以，教师非但不感觉是一种制约与限制，还会感到是自然而然的事情。人的心灵和谐，也是与外在的环境、身体的健康与否联系在一起的。关注师生的身体健康，构建优美的学校环境，都会为心灵之美增添色彩。而最为重要的是，要让教师与学生，自我构建和谐的心灵。大自然有风和日丽，也有暴风骤雨，这正构成了大自然的内在和谐。如果天天风和日丽，或者天天暴风骤雨，人则无法生存于世，自然也将自行毁灭。人的一生，有成功，必然也会有失败；有顺境，必然也会遇到逆境。如果取得成功就得意忘形，遭遇失败就垂头丧气，便会打破内在的和谐。成败顺逆，恰恰构造了人的内在和谐。所以，不管遇到什么情况，都泰然处之，均坦然接受。有了这样的心灵状态，也从根本上有了心灵的和谐；有了心灵的和谐，学校也就自然而然地和谐了。

【李天顺】立足于学生的终生发展，促进每一个学生的全面发展、个性化发展和主动发展，实现生命的个体价值和社会价值。尊重教育发展的规律，尊重学生身心的发展规律，把德育、智育、体育、美育等有机统一在教育教学活动的各个环节中，并使各方面的教育相互渗透，协调发展，促进学生全面、和谐、充分发展和健康成长。

按照教育规律办事，着眼于学生的"最近发展区"，立足于学生现有的发展水平，科学、整体设计和安排课程以及各种教育教学活动，并通过组织系列的主题教育活动，社会实践活动，丰富多彩的读书、科技、体育、艺术等活动，使每一个学生在集体活动中都有机会得到不同程度的发展。通过努力提高教育教学活动的有效性，保证教育教学节奏与学生发展节律的和谐共振，从而促进学生个体的发展达到其自身最佳程度或最佳状态，使教育教学活动与学生身心素质的发展相和谐。

【陶继新】德智体美协调发展，才能真正驶进和谐至美的境界。而这些方面的发展，恰恰是需要实践的。一些地方的德育之所以雷声大、雨点小，关键就是丢弃了实践这个最为重要的环节。因为道德人格的形成，需要说，更需要做。孔子说：“古者言之不出，耻躬之不逮也。”所以，他主张“讷于言而敏于行”。智育呢？不但要有教师的教，更要有学生自主的学。教会与学会不一样，学会与会学不一样。怎样使学生走进会学的境地呢？那就要在教师的引导下，让学生自主地去学、快乐地去学、高效地去学。久而久之，就会形成属于学生自己的智力发展体系。体育不能只是某些项目的比赛，而应当是一种常态下的锻炼。体育也要“因材施教”，也不能统一要求。而通过体育锻炼，促进学生身体的健康，才是其本然的目的。美育在不少学校并没有引起高度关注，然而，这恰恰是学生和谐发展与快速发展的必备素养。

【李天顺】我们努力建立管理的生态系统，科学地处理学校组成各要素之间的关系，促进各要素之间的和谐，增强工作的明晰度，使学校层级之间、干群之间相互理解、相互关心、相互支持，形成和谐愉悦的心理环境。通过理性、民主的决策及管理，营造学校内部和谐管理的生态系统，建立科学化、制度化、民主化、人性化的管理，体现人与人之间的和谐、制度与情感的和谐。

学校管理者要具备公正的做人品质、深切的人文关怀、完善的人格魅力。我们坚持民主管理，坚持每学期的教代会制度，充分发挥教职工代表会在学校管理中的作用。充分发挥学校党组织的政治核心和战斗堡垒作用，在全校教职工中形成“为学生成长服务，为学生发展奠基”的教育理念，大家把精力和智慧都集中到为学生的健康和谐发展上。

【陶继新】科学与民主是管理的必需品质。魏书生几十年的管理经验，也是靠的科学与民主。要想做到科学，就要基于问题，认真研究。而且不是校长一个人研究，是群策群力、共同研究，形成集体的决策；要想做到民主，就要相信群众，融入群众，让他们成为学校的真正意义上的主人。这里面有两个问题值得关注：一是校长要有科学决策意识，要有很强的科学决策能力。二是校长要有一身正气，让更多的学校事务公开化、透明化。一些教师有这样那样的意见，有些确实是因为学校领导出了问题，而更多的则是不透明造成的。您在这两方面做得都很好，所以，老师们相信您、支持您，您也相信老师、关心老师。校长与教师和谐了，学校教育也就有了走向成功的可能。

这种和谐，还会有意无意地传递到学生那里，让他们充分地感受到这种和谐的能量，并不由自主地也去效仿这种和谐，进而在班级之中、在彼此之间形成一种和谐的氛围。学生之间和谐了，学习的效率也就自然而然地提高了。长期的和谐，还会让学生身心更加健康，心灵更加美好。

【李天顺】营造和谐的教育环境，努力创设一个和谐、有利于育人的、充满生机活力的教育环境。一是学校坚持为师生提供一个和谐的校园自然环境和人文环境，努力做到环境育人、管理育人、教书育人、服务育人，把和谐教育的办学理念内化为师生的共同价值追求，内化为师生的自觉行为。二是坚持不懈地为学生营造一个良好校园人文环境，以“善待师生、崇尚宽容、善于妥协、学会等待、追求崇高”的校园精神影响人，促进学校教育、家庭教育和社会教育的互相沟通、协调与良性互动，形成教育合力。三是促进课堂与社会的结合，让学生走向大自然，走向社会大舞台，在社会的实践和体验中接受教育、磨炼意志、健康成长。四是建立和谐的师生关系，坚持“为学生成长奠基”的教学理念，把学校教育的价值观聚焦到学生的成长和发展上，建立教师之间、师生之间、学生之间民主平等的关系，教师成为学生学习和发展的促进者、帮助者和引路人，以教师与教师之间、师生之间、生生之间多向互动、合作交流等方式，形成有效的和谐班级建设，增强集体的凝聚力，和谐人际关系，打造团队精神，让师生在集体中成长。

【陶继新】善待师生，就要发自内心地爱他们，为他们发展提供尽可能多的支持与帮助。校长会犯错误，师生亦然。对于出现的这样那样的问题，不是视而不见，而是视之自然。关键是要让师生少犯错误，甚至走进“不贰过”的境界。有的时候，教师与学生会对学校领导提这样那样的意见，以至于还会发点脾气。这个时候，领导们就要思考，是不是自己出了问题，是不是另有原因，而不是一味回击，甚至打击报复。其实，教师和学生都有精妙的读心术，学校领导对他们真好还是不好，他们“读”得清清楚楚。所以，所有玩权术的领导，都会被师生们的“火眼金睛”所识破；相反，所有关爱师生们的领导，都会被他们所拥戴。

师生之间是不是和谐，关键在教师。教师首先要相信学生，允许他们犯错误，不歧视他们，更不能打击他们，而要循循善诱地教育他们。同时，师生之间在人格上是平等的，教师在课堂上要尊重学生，激发学生的兴趣，鼓励学生敢于挑战教师、挑战教材，从而形成“吾爱吾师，吾更爱真理”的学习精神。师生之间的和谐一旦形成，教师之教与学生之学都会变得相应轻松，人们孜孜以求的高效课堂也就应运而生了。

有效育人的德育

【李天顺】王国维在《论教育之宗旨》中指出：“然有知识而无道德，则无以得一生之福祉，古今中外之哲人，无不以道德为重于知识者。”《国家中长期教育改革和发展规划纲要（2010—2020年）》指出：“坚持德育为先。立德树人，把社会主义核心价值体系融于国民教育全过程。”

从历史走进现代，德育都是会放在学校工作的首位。但在现阶段，德育的有效性还不是很理想。我认为，一是要坚持“德育为先”的思想，坚守育人为本；二是要增强德育的针对性。

我们学校在德育中以爱国主义教育、革命传统教育为主线，以养成教育为重点，以主题活动为载体，以回归生活为方式，以社会实践为途径，力求使德育课程化、系列化、生活化、活动化。培养了学生良好的行为习惯，生成健全的人格和健康的道德品质，为和谐人生奠定基础。将开展仪式活动、行规教育活动、社会实践活动、主体体验活动等作为进行德育的有效载体。

【陶继新】有效的德育，更多是从小事上做起的。正所谓“天下难事，必做于易；天下大事，必做于细”。人的品质，正如一座高楼一样，是一砖一瓦慢慢盖起来的。可是，不要小看这个小、这个细，“合抱之木”则是“起于毫末”的。从这个意义上说，德育几乎是无处不在的，就在生活中，就在细节中，就在小事中。所以，德育就要生活化，就要系列化。

活动是德育非常有效的载体。你们开展的一系列活动，其实也是一个又一个的德育课程。可是，它又不同于课堂之上的课程，它存在一个又一个有意义的活动中。正是在这些活动中，学生渐渐地学会了做人、学会了做事，提升了人生的境界。

【李天顺】主题实践教育活动寓教育于活动之中，是学生十分喜爱的活动。学校利用重大节日、纪念日的契机开展各种教育活动。如“三八”节、母亲节、教师节进行感恩教育；举办“献给妈妈的歌”、“快乐起飞，阳光下成长”、“魅力校园”征文评选活动；开展以“节约一滴水、一度电、一张纸、一粒米”为内容的主题实践活动；与洪山交通大队建立学校“小交警中队”、“少年军校”，开展“我是一个兵”的军训活动。学生在活动中得到体验、受到教育，得以愉快、和谐、健康地成长。

我们针对学生的年龄特点，开展“好书漂流、爱心捐赠”校园图书“跳蚤市场”活动。学生将自己读过的好书拿到“跳蚤市场”，通过交流得到了自己想要读的书，还通过义卖活动把卖书所得捐献出来。在活动中我们提出了“活动展示能力，体验彰显个性；读书提升素质，漂书奉献爱心”的主题。全校学生积极参与，家长热心支持。活动中各种广告语和促销策略体现了学生的智慧，彰显了学生的个性。

【陶继新】孩子在快乐、宽松的心境中，是比较容易接受教育的。这时候接受的教育，是不设防的，具有“随风潜入夜，润物细无声”的特点。而且，还有审美的特点，心理愉悦就有审美的特质。而这种心灵状态下的吸收，是处于“忘我”情境中的，虽然在吸收精神营养且又浑然不知，但却又植入自己的精神世界里，多有长久存在的可能。在这种状态下的成长，是健康的、快乐的、幸福的。

“好书漂流、爱心捐赠”中有两个关键词，一个“好”，一个“爱”。读书一定成长吗？回答是否定的。读了不好的书，非但不会成长，还会产生负面影响。所以，一定要是好书，好书中不但摇曳着智慧的光华，也多流溢着思想的要义。爱与好是联系在一起的，孔子说：“仁者爱人。”没有爱人之心，“漂流”就失去了本真的意义。将自己的好书推介给别人，本身就有爱之义。从小拥有爱心，对于学生一生的发展都是至关重要的。

丰富多彩的课程

【李天顺】学校在和谐文化的引领下，把努力塑造积极向上的校风、教风、学风，健康向上的社会教育环境和高品质的教育，建设促进学生、教师、学校自主、和谐、个性发展的文化生态，作为学校追求的目标境界。学校建立了“问题即课题，工作即研究，结果即成果”的教科研理念，推进学校教育优质发展，形成以校园为纽带的各种教育要素的全面、自由、协调、整体优化的育人氛围。学校围绕“构建和谐校园的途径与方法”市级重点课题进行研究，致力于建立和谐的校园文化、和谐的学校管理。学校实施国家、地方、校本课程的和谐互补，满足学生全面、和谐、个性发展的需求，建立和谐互信的干群关系、和谐互补的教师关系、和谐互动的师生关系、和谐互助的学生关系、和谐一致的学校教育与家庭教育之间的关系，创造良好的和谐教育文化，整体优化了育人环境，实现了由“孩子适应教育”向“教育适应孩子”转变的教育梦想。学校以校本研究作为教师校本培训和学习型学校建设的途径，建立了促进教师专业发展的主要平台。将课堂教学研究作为学生自主、和谐、个性发展，提高教学质量的主要路径。以新课程为导向，以教师为研究主体，以学生学习、教育教学问题为研究对象，增强教科研的针对性和实效性。根据新课程提出的构建“自主、合作、探究”的课堂教学模式和学生是学习的主人，教师是组织者、引导者和合作者的总体要求，学校在“充实课堂生活”课题研究中，发挥教师集体智慧，构建了“充实课堂，构建和谐互动课堂”的教学模式：激励导入期待学习；激情投入主动学习；激智深入参与学习；激励升华获得学习。

【陶继新】“问题即课题，工作即研究，结果即成果”是一种很好的教科研理念。现在，有些地方课题越来越多，以致到了泛滥的地步。从开题到结题，从交钱到收钱，几乎形成了一个完整的流程。可是，扪心自问，这些课题的价值到底有多大？是利益驱动，还是为名所累？其实，任何空洞的课题，不管其来头有多大，如果离开了现实，离开了问题研究，都不可能有什么好的结果。孔子、孟子虽没有什么课题研究，可是，他们的思想却经久不衰。《论语》中的很多话，虽然非常简约，可是，孔子几乎都是基于问题的研究后的极其精辟之回答。你们结合教育教学中的实际问题，扎扎实实地进行研究，也就有了理想的收获。

在工作中，会遇到各种各样的问题，工作也就成了研究。旧的问题破解了，新的问题又产生了。就是在这些问题的解决与产生中，才有了研究的意义，才收获了研究的成果。其实，这个过程本身就是美丽的。即使一时没有什么结果，甚至研究失败了，也是成果，也有意义。没有失败，哪里有成功？没有问题，哪里有解决问题的策略？

【李天顺】为了拓宽学生的学习领域，丰富学生的生活，开阔学生的知识视野，以达到发展个性、开发潜能、培养能力、为学生一生发展奠基的目标，学校拓展延伸学科内容，将传统文化融合到学校教育资源之中。学校课程资源包含“人文景观、卫生环境、传统教育、文化科学、古经诵读、集邮、体育、心理健康、围棋”等。为学生自主学习，主动、和谐、个性发展创造了载体，提供了发展的空间。

【陶继新】优秀的传统文化中，有着极其丰富的人文精神。取而用之，对于学生的发展当然是大有裨益了。你们的可贵之处还在于，对这些传统文化进行了研究和取舍，设置了课程。当这些课程走近学生之后，他们就会从中更好地吸取生命成长的营养，并更好地成长起来。

【李天顺】经典美文成就亮丽人生。为了促进学生积淀深厚的文化内涵，奠定书香人生，学校精心营造书香校园，建设了校园文化墙，在教学楼的立柱和走廊上设置了古诗古韵和名人名言。有计划地开展经典诵读、美文欣赏活动。学生在诵读经典、美文欣赏中丰富了语言，提高了审美情趣，滋养了心灵，丰厚了文化底蕴，体验了人生趣味，提升了人格品位。

【陶继新】经典美文是可以润泽人的生命的。童年是记忆的黄金时段，小学生诵读经典，记得快、忘得慢。况且，经典的思想容易进入他们的心里，从而让他们的心灵也丰盈起来。有了经典文化的底色，他们未来的生命走向会更好。

【李天顺】围棋——中华民族文化的瑰宝进课堂。学校开展了围棋教学，根据学生的兴趣爱好成立了围棋兴趣社团。围棋课程的开设，使学生在学围棋、下围棋的过程中，培养了专注力，增强了记忆力，提高了洞察力，扩展了想象力，发展了智力，培养了学生的创新精神和实践能力。以棋冶情、以棋启智、以棋育心的棋文化在学校传承和弘扬，促进了学生个性发展。

【陶继新】围棋课程与学生的统考没有什么关系，可是，与提高学生的学习兴趣、培养他们的有意注意力却有着很大的关系。你们是真正从学生的生命成长考虑，才开设了这种课程的。我参观过围棋课，学生们几乎个个聚精会神，心无二用。经常下围棋的学生，会在不知不觉中提高自己的专注力，专注力迁移到其他方面的学习上，也会收到事半功倍的效果。

【李天顺】走进孩子的心灵。学校重视学生心理健康教育，建立了一支以班主任为主体、教师全员参与的心理健康教育的工作队伍。建立了心理咨询室，开展心理健康问卷调查，建立了特殊问题学生的档案，针对学生心理出现的问题，及时、正确地进行研究、辅导和疏导，为学生筑起一道心理安全长城，促进了学生身心和谐发展。在全校教师的实践探索中，我们编辑了一本《学生心育手册》，为帮助学生心灵健康成长提供了经验和方法。

【陶继新】现在，小学生的心理呈现出越来越多的问题，而小时候的心理问题，表现于当下，又辐射于未来。学校教育，不但要让他们有一个美丽的童年，还要让他们有一个更好的成年。从这个意义上讲，你们重视学生心理健康，当是一件很有前瞻眼光的行动。而且，孩子的心理健康，还会“连动”其他方面的健康。大凡心理不健康者，身体也多不健康，学习也多有问题；相反，心理健康了，会让身体更健康、学习更优秀。为了让学生全面发展，心理健康就不能不成为教育的一项重要内容。

【李天顺】小小邮花天地宽。学校成立了“集邮中队”，以“方寸地，爱国情”主题系列体验教育活动为基础，以集邮知识和审美教育为基本内容，以活动为载体，开展“爱我中华”集邮活动周。活动周期间，举办集邮知识演讲、集邮书法比赛、作文比赛、知识竞赛等活动。同学们站在“方寸邮票”这个窗口，可以更深刻地认识和了解中国、透视世界、感悟人生，其间留下了孩子们成长的足迹，使他们享受到成长的快乐。

【陶继新】对于集邮，学生多是乐此不疲的。除通过这个窗口更好地知晓更加丰富的知识之外，他们对有着色彩与图案的邮票充满了特别的好奇心。因为喜欢它，也就有了研究的兴趣。兴趣盎然状态下的研究，不但是快乐的，还是高效的。当他们从中有了一个又一个的发现之后，就会产生更大的兴趣，当然，也就有了更多的研究成果。

持续发展的收获

【李天顺】坚守着教育的责任，坚守着平凡的校园，虽然少有掌声和鲜花，但学生健康快乐地成长，学生获得了成功的快乐，老师也得到了发展。这些年来，学校合唱队已经站在了世界合唱节比赛的领奖台上。有的学生考入了艺术院校附中；有的学生在高中学段获得了世界奥林匹克数学竞赛金牌。我们的老师也在日常平凡的工作中体验到工作的幸福，杨卉老师获得武汉市首届十大魅力教师称号。学校先后被评为武汉市实施素质教育先进单位、武汉市素质教育特色学校、武汉市思想政治工作先进单位、武汉市科技教育先进学校、湖北家长示范学校、湖北省语言文字示范学校、武汉市文体工程示范学校、武汉市道路交通安全先进单位、湖北省十大魅力校园、湖北省红十字模范学校、全国集邮示范学校。同时，学校注重发挥优质学校优势，在推进教育均衡中发挥作用，近几年，学校在新建的小区分别开办了三所分校，让更多的儿童能在自己的家门口享受到优质的义务教育。

武珞路小学合唱队

【**陶继新**】坚守有时是需要耐得住寂寞的，坚守也是会有巨大收获的。社会的喧嚣，没有搅乱你们宁静的心灵，更没有阻挡住你们行进的步伐。持续的发展，让你们有了一系列可喜可贺的收获。而更重要的是，你们的教师发展起来了，你们的学生成长起来了，你们的学校在社会上有了更好的信誉度。这一切，都充分体现出教育的价值在于坚守。

（原载于《中国教育报》2012年6月30日，第4版）

05

教育因“读”变得无限精彩

——武汉市汉阳区钟家村小学“读式文化”的妙道

↑朱永军校长

朱永军，湖北省武汉市钟家村小学校长，研究生学历，江汉大学实验师范学院特聘教授，湖北小学语文学会会员，从教以来执著于学校管理与语文教学实践研究，主持多项国家级、省级、市级科研课题的研究，研究成果获省、市优秀科研成果奖、武汉市科技进步奖，大量学术论文发表在各级杂志上，先后被授予全国教育科研先进工作者、湖北省优秀语文教师、武汉市学科带头人、汉阳区拔尖人才等荣誉称号。

【按语】湖北省武汉市钟家村小学创建于1956年，是一所历经半个世纪办学的名校，学校秉承"让师生享受真实幸福的教育生活"的办学理念，基于学校传统文化与地域文化的特色持续开展学校文化创建工作，学校教育因"读"变得无限精彩。

"读式文化"：唤醒师生的生命潜能

【朱永军】钟家村小学创建于1956年，是一所历经半个世纪办学的名校。近几年，学校坚持文化立校，积极开展了构建"读式文化"的探索与实践，有力地推动了学校持续发展，学校教育因"读"而变得充满生命的活力。我们创建"读式文化"基于两点思考。一是基于学校的办学传统。20世纪八九十年代，我校全国著名特级教师郑祖读老师创建了"以读为主，综合运用"的读式教学法，在全国有着广泛深远的影响，其教育思想被收入《全国著名特级教师思想录》。二是基于我校的地域文化。我校地处知音文化的发源地"汉阳"，是"高山流水觅知音"这一故事中主要人物钟子期的家乡。在此背景下，我们将读式教学中"读"的内涵进行拓展，将"读"定义为一种认知世界的行为方式，把读的对象由读图片文字，发展成为读人、读社会、读自然，继而开展了以"读"为主要特征的学校文化的创建。

【陶继新】"读式文化"的提法很有创意，内涵也比较丰富。读文、读人、读社会、读自然，四者合一，才能构成生命成长的整体元素。读文是重要的，特别是读经典之文，可以让人穿越时空，去领略古今中外大师的智慧。不过，如果漠视人、社会与自然的存在，不与之进行生命的对接，所读之文，就会失却存在的根基，很难更好地立足于社会，很难更好地为社会与人民服务。人之存在的意义，既在于自身文化品位的提升，更在于对社会、对人民贡献的大小。综观真正在历史上留下英名者，几乎都是在读通了人、社会与自然之后，才取得了超越常人的成功的。

【朱永军】我很赞同您的观点，"读"文化是一种"尚读"的文化。

“读”对我们而言不仅仅是对人、社会、自然的认识，它更是一种唤醒，通过“读” 这种方式唤醒师生生命潜能，点燃师生生命的激情，促进师生全面和谐发展。这种“读”分为四个方面：文本之读，心灵之读，讲堂之读，游学之读。

【陶继新】你们的这四种读法，可谓深得“读”之要道。有了这四方面的读，一个人就有了持续发展的内在力量。有了这种力量，当下也许不一定取得令人振奋的成就，可是随着时间的推移，文化升值了，心灵丰盈了，视野开阔了，思想提升了，当然也就积累了走向成功的巨大能量。到了一定的生命节点上，就会厚积薄发，显见出乎其类、拔乎其萃的能力，就会真正实现自身的生命价值，以至终生幸福。

【朱永军】当前我们的教育重视知识传授的现象普遍存在，我们开展这四个方面的“读”，就是要通过这种“读”回归教育的本质，通过读使师生享受教育生活的幸福。

“知音故里话知音” 在读式文化浸润下的孩子们充满书香气息

文本之“读”：让书香溢满校园

【朱永军】先谈谈“文本之读”。“文本之读”我们主要从三个方面入手：一是引导师生读好教材。我们要求师生要认真研读教材。教师要在深刻理解教材的基础上活用教材，学生在教师教学之前要通读，教学过程中因学科的不同，读的方式和重点也不同。例如，在语文阅读教学中，我们构建了“品读质疑”—“研读释疑”—“美读生情”—“读写结合”—“广读延伸”的读式课堂教学模式。“品读质疑”是利用读的吸收功能培养学生的问题意识；“美读生情”是利用读的表达功能，在大声的有感情的读的过程中，让学生的情感与文本中人物的情感、学生的思想与文本中人物的思想产生共鸣；“读写结合”，使文本的思想内涵与学生的精神世界对接，从而达到以文化人、以文育人的目的；“广读延伸”，使学生的阅读从课内走向课外。

【陶继新】“大声的有感情”的读是很有道理的。为什么说“书声琅琅”？当沉浸其中大声朗读的时候，学生的心灵便与作者的思想感情自然地交融合一，不但对其思想有了“其义自见”的感觉，情感也多能进入到一种审美的状态，从而抵达愉悦且高效的学习境地。于是，读书学习就不再是一种负担，而是成了学习未知的一段幸福之旅。

“广读延伸”呢？可以将读的范围大大拓展，让学生去领略书本上没有的精彩。语文水平的提升，主要不是靠教师讲了多少、学生做多少练习题，关键是要有大量的阅读甚至背诵。为什么说“读书破万卷，下笔如有神”？因为读得多了、背得多了，不但可以汲取书中的精神营养，还可以体味其语言文字的精妙。久而久之，读者就会为自己积淀丰富的思想，形成属于自己的优质的话语系统。有了这些，学习语文课本就会变得轻松自如，写作也就化难为易，甚至游刃有余了。我采访过的全国语文界的名师，个个都是在读以及背诵上下过一番功夫的，他们都能下笔成文，发表了很多富有哲思的文章，出版了不少颇有影响的著作。即使学生，如果能大量阅读并背诵经典，也多能在写作的领地里展示其特有的才华。从这个意义上说，“广读延伸”不仅可以让学生更加深入地学习语文课本，还可以让他们走向一个更大的语文学习天地，并从中领略语文学习的无限风光。

【朱永军】二是引导学生读经典之文。中华民族有五千年文明，在漫长的文化历史长河中，我们的先辈创造了灿烂的文化，留下了许多经典之作，例如《论语》、《孟子》、唐诗宋词等。这些经典可以说是中华民族的精神家园所在，我们在办学过程中，积极引导学生诵读这些经典。每天清晨全校各班开展晨诵活动，用经典的诗文开启学生崭新的一天；每天下午，设20分钟午读时间，这一时段由教师给学生诵读各类经典书籍；每个班级内设置图书角，学生之间开展交换阅读图书活动，引导家长与学生一起进行亲子互读；每月各班召开读书分享会；每年12月我们都要举行全校性的读书节活动。读书节期间我们会举行各类活动展示师生、家长的读书成果，大家通过演讲、表演、朗诵、征文、创作等多种形式展现经典的魅力，使校园充满着浓郁的书香气息。

【陶继新】有的人读了不少书，却没有太大的发展，究其原因，就是所读之文品位不高。读书有一个规则：“取法乎上，得乎其中；取法乎中，得乎其下。”读经典作品，读的是“上品”，如听大师讲课。读者尽管较难达到大师的水平，却可以到达中层水平，并不断地向大师靠近。读中层作品则不然，达不到中层水平，只能在下层徘徊复徘徊。当今图书出版之多，丰富多彩，斑斓多姿，可是，质量高下却是大有不同，真可谓鱼龙混杂，泥沙俱下。如果读了劣质之书，非但提升不了人生品位，反而有可能降低自己的品位。你们让师生诵读经典，就是让他们“取法乎上”，就是让他们走向更高的人生境界。

【朱永军】三是引导学生读地域文化。我们把学生带到学校周边的古琴台、晴川阁、黄鹤楼等文化景点进行学习考察，让学生深入了解本地域的名人轶事、典故传说，从而让学生产生强烈的地域文化认同感。我们还组织教师对学校地域文化资料进行收集、整理，创编校本课程《读具慧眼》，引导学生学习地域文化，并且将地域文化的特色体现在学校环境建设之中，让学生漫步校园之中，目之所及都能感受到地域文化的丰厚内涵，使学生浸润在浓浓的文化氛围之中。

【陶继新】你们这里的地域文化，富有很强的传奇色彩，会让学生很感兴趣，而较高的思想文化品位，可以让学生从中受到思想的熏陶与文化的浸染。亲临其境，与在书本上学习是不一样的，它会让学生浮想联翩，想见古代先贤的行止言谈，思考他们流芳千古的内在品质。想到这些名人曾经生于斯、活动于斯，让学生自然而然地产生自豪感，并生成“择其善者而从之”的学习动力。于是对于老师们编写出来的校本课程《读具慧眼》也就有了阅读的兴趣，以至于有了“学而时习之”的内在需求。

心灵之“读”：让师生享受教育的幸福

【朱永军】经典作品中蕴含着丰富的思想，我们在师生中开展“文本之读”的活动，就是要引导师生与经典为伴，与大师对话，在对话的过程中丰富师生的智慧，提升师生的精神境界。在开展“文本之读”的同时，我们重视引导师生从读文本走向读懂人的心灵——“心灵之读”：一是倡导学校管理人员要读懂教师，使我们的管理方式贴近教师的需要；二是倡导教师要读懂学生，使我们的教育方式方法贴近学生生活的实际；三是倡导教师之间、学生之间相互读懂，在校园形成一种相互理解、开放合作、和谐发展的文化氛围。

【陶继新】教师是知识分子，他们最需要的是尊重，学校管理人员要想读懂教师，就不能脱离教师，更不能高高在上，而是尊重他们，与他们心灵相通。这样，教师也就会与管理人员心灵相契。相互的尊重与心灵的相通，自然就构建了一个和谐向上的“人”的群体，学校也就有了快速发展的可能。

教师要想更好地教育好学生，就要了解孩子。《学记》有言：“学者有四失，教者必知之：人之学也，或失则多，或失则寡，或失则易，或失则止。此四者，心之莫同也。知其心，然后能救其失也。教也者，长善而救其失者也。”看来，教师不但要研究教育学、心理学、管理学，还要研究不同学生的实际情况，不然，就不可能“因材施教”，就不可能让不同类型的学生都能有所发展。

要想抵达教师之间、学生之间相互读懂的层次，教师之间就要首先彼此读懂，从而形成一个互相支持、彼此包容的心理环境。这样，就可以向学生传递一种良好的心灵信息，并教育学生学会相互读懂，从而形成一种互相欣赏、互相帮助的学风。当这些正能量的风气形成后，教师之间、师生之间、生生之间，就会形成一种和谐与信赖的场域，让教育教学与学生走进一个理想的境界。

【朱永军】您所谈到的这些，正是我们在创建读式文化的过程中期望达到的一种理想境界。在引导师生读懂人的心灵的过程中，我们首先要求学校管理者要读懂教师。读懂教师关键是要读懂他们的心理，强化他们的主人翁意识，让他们每一天的校园生活都能真实而幸福。如何达到这样一种境界呢？

我们认为，首先要读懂教师的利益诉求，这里最重要的是学校评价机制的建设。就教育而言，教师也是发展中的人。教师与教师之间在心理需求、专业发展、个人素质等方面存在着差异，我们的管理就是要满足不同的需求，促进教师的全面发展。只有教师发展了，学生才能真正享受到教育带来的欢乐与幸福。因此，我们在教师中实施绩效管理，将教师的工作根据岗位的不同分解为若干要素，每一个岗位都设立三个标准，即优秀、合格、提高，并将每位教师的工作业绩与奖励机制进行挂钩，体现优劳优酬，每月开展一次评价。这样的机制将岗位职责固化下来，也帮助教师反思自身的不足，促使每位教师每天进步一点点。

其次，是读懂教师专业发展的需求。我们引导教师制定“个人专业发展规划，推进教师队伍建设“五级梯队培养”机制，建立骨干教师发展导师制，设立八个单项奖，奖励在教学、科研、后勤、德育、管理等方面做出突出成绩的教师，通过这样的方式，让每一个人都有奔头。

最后，读懂教师要读懂教师的精神需求，让每位教师都能感觉自己在学校很重要。

推进国际理解教育，教师走上国际讲台

【陶继新】目前有些教师的倦怠情绪已经成为制约学校发展的瓶颈，你们不但有效地解决了这样一个问题，而且让教师有了和谐发展、敬业乐群的工作环境。其实，每一个教师都想发展，也都想教好自己的学生。为什么还会出现这样那样的问题呢？教师本身不是没有问题，而学校领导则是更为重要的责任者。如果学校领导真正读懂教师，就会知道他们需要什么、不需要什么，喜欢什么、不喜欢什么，从而“投其所好”，让他们乐在其中，更好地工作。这需要智慧，需要方法，更需要的则是学校领导的真诚之心。《中庸》有言：“诚者，天之道也；诚之者，人之道也。”有了这样的诚心，加之智慧，就会与教师同心同德，就会为教师成长提供有力的支撑。当教师在生活上得到关照、在工作中不断成长的时候，就会感到自身存在的价值，就会听到生命拔节的声响，不但不会倦怠，反而会积极主动地发展，以至将自己的生命融入学校发展的事业之中。

【朱永军】是的，读懂教师就是要点燃教师的职业激情。读懂学生就是要珍视每个独特的生命个体，走进学生的内心，把爱心播撒在学生的心灵深处。我们倡导教师读懂学生主要引导教师从三个方面努力：一是时刻关注学生的发展现状。学生是变化发展的，昨天、今天、明天看似一样，实际不一样，小学生正处在成长过程中，他们的身心各方面都发生着急剧的变化，只有时刻关注学生的发展状态，才能真正读懂学生。

荣获全国教书育人楷模称号的桂贤娣老师，正是在时刻关注学生的发展状态、用心读懂学生的过程中，创造了“生进师访”的教育方法，即学生进步，老师家访；学生再进步，老师再家访。这种方式改变了过去告状型的家访模式，使家访成为教师、学生、家长之间的心灵沟通之旅，深受学生和家长喜爱。桂贤娣老师还创造了“因生给爱”的教育方法，即“爱‘体弱生’重在体恤、爱‘向师生’重在珍惜、爱‘背师生’重在主动、爱‘自卑生’重在呵护”，这些教育方法的产生正是在时刻关注学生发展状态的过程中，读懂学生的结果。

【陶继新】教师的工作，有的可以量化，有的则是不能量化的。深爱学生者，与对学生没有爱者，尽管上同样时间的课，结果却是大相径庭的。所以，教师内在的修养是最为主要的。您所说的桂贤娣老师，首先是一个有爱心的老师。她深深爱着孩子，所以，在她实施自己教育方略的时候，不但方法得当，更在教育实践中赢得了学生及家长的信任。当学生及家长相信教师的时候，教学就会变得相当轻松。“亲其师”才能“信其道”，这是一个千古不变的规则。学生天真无邪，同时，他们又都有着特殊的“读心术”，教师对其是真爱还是假爱，孩子们从教师的外在表现中，就可以非常容易地洞悉他们的内心世界。同时，学生也会对教师施以相应的“回报”，或爱之，或惧之，或恨之。教师爱某个学生，某个学生就会爱这个教师。教师的爱包括爱学习成绩差、行为习惯不好在内的全体学生，全体学生也会同样爱这个教师。很多学生之间的问题，都可以用教师之爱去消解它；相反，很多不应当出现的问题，也会因为没有爱而愈积愈多。桂贤娣老师为老师们提供了非常有效的教育方法，更为重要的是，她让大家看到了爱心所具有的无穷魅力。

【朱永军】读懂学生的第二个方面就是要真正走进学生的内心，了解其需求、困苦，从而解其所需。一年级的新生萌萌，经常不能控制自己的行为：上课时无缘无故冲出教室，有时跑上讲台抱着老师不肯松手，有时钻到桌子下面顶着桌子玩……萌萌的行为令初为人师的张敏老师颇为头痛。老校长危汉桥幽默地劝导她：“教育是慢的艺术，你遇到这样的孩子虽然是你的不幸，但是你要学会把这种不幸转化为你的幸运，如果你能走进萌萌的内心，你一定能找到教育她的方法，你也会在这个过程中成熟起来。”张敏老师专门找心理专家咨询，在专家的指导下，阅读了大量的书籍，并专门为萌萌制定了行为矫正计划。张敏老师还经常带着萌萌去游乐园，陪她玩耍，坚持将与萌萌交往的过程用日记的形式记录下来——这是艰苦的读懂学生心灵的过程。经过这样的读，萌萌逐渐改正了以前的不良习惯，张敏也学会了教育之道，即“读懂学生还要懂得充分释放学生的主体价值”。

【陶继新】张敏老师为了改正萌萌的不良习惯，可谓“为伊消得人憔悴”了。可是，因为有爱在心、有责任在肩，她一直没有停止对萌萌的帮助，终于走进了“柳暗花明又一村”的境地。这不但让我们为张敏老师的爱心所感动，也让我们看到，改变一个学生的不良习惯是何等的艰难，所以《学记》有言：“发然后禁，则扞格而不胜。”这也给我们的老师提示，小学阶段，正是学生习惯养成的时段，而习惯的好坏，是决定人的生命走向的。叶圣陶先生说：“教育是什么？往简单方面说，只需一句话，就是要养成良好的习惯。”你们在这方面做出了积极的探索，并取得了可喜的成绩。

【朱永军】读懂学生的第三个方面就是要发挥学生的主体作用。因此，我们积极推进自主育人模式的构建，在育人目标、内容、途径、方法上进行实践。如我们在班级中开展“班级人人有事做、事事有人管”全员自主管理；我们将班队会班级主题活动的策划权、组织权、评价权还给学生；在学生中开展"值周活动"，参与值周的学生要通过民主的方式推选出值周领导小组成员，再由值周领导小组的学生与其他同学共同策划一周值周活动的内容。如同学们发现学校送报纸的工作人员很辛苦，他们便在值周活动中开展"小小邮递员"的实践活动；发现低年级的小朋友午读时间主要是由老师给他们讲故事，值周的同学便主动策划了我当"小小读书辅导员"的活动，等等。

【陶继新】一个人或者少数人管理班级，即使竭尽全力，也会有顾此失彼的时候。相反，每个人都有事做的时候，就会事事有人管、事事做得好。况且，"权力"的过度集中，还会在学生中产生矛盾，有的学生为了争当一个干部，甚至拉帮结派，于是，不团结之风由此生矣。我发现，在一般人看来整个小学阶段不可能有半点权力的学生，一旦被给予一定的"职位"之后，他就会特别尽力；当受到大家称赞时会特别自豪，会做得越来越好，也会越来越有"觉悟"。六年时间一如既往地做下去，就会形成一种习惯、一种品质。而当人人都有了好的习惯、好的品质之后，就会形成一种良好的班风，形成一种班级文化。这个时候，各个方面的工作与学习，都会走向一个更高的境界。

【朱永军】"心灵之读"的第三个方面就是引导教师之间、学生之间要相互读懂。如学校每学期会组织师生到社区、校外实践基地开展服务性学习活动；每年我们都利用六月份，在毕业年级中开展毕业主题实践活动——重温入队誓言、最后一次升旗、感恩母校等；每学期我们都组织教师到野外进行团队拓展训练，每年新年到来之际我们都会以年级为单位开展全校性的迎新春庆祝活动，活动中老师们自编自导节目，自己创作校园歌曲……在上述活动中让师生感受到团队的力量，学会理解他人、接受他人、感恩他人。

【陶继新】你们所开展的这些活动，已经成了师生之间、生生之间心灵相交的有效载体。在活动中，不但彼此交流的时间与机会多了，更重要的是，师生的心扉打开了。它可以让大家相互了解，消除以前的隔阂，从而建立起互信系统。其实，师生之间、生生之间出现的一些问题，好多都是缺少沟通与信任产生的。而活动则成了大家相互沟通的一座桥梁。彼此信任了，和谐的学校系统也就应运而生了。而有了和谐，问题也就少了，师生的成长也就快了。

讲堂之“读”：让师生聆听窗外的声音

【朱永军】上面我们谈到了“心灵之读”，下面我想谈谈“讲堂之读”。之所以要开展“讲堂之读”，是想让师生聆听窗外的声音，现在很多学校关起门办教育，使学校教育远离社会生活的实际，师生仅仅活在狭小的校园空间里，学校教育不能满足师生发展的需求，因此，我们开展“讲堂之读”。主要从三个方面着手：一是开设“专家讲堂”，让教师与大师对话。我们依据教师的需求每学期有计划地开展“专家讲堂”活动。几年来，我们围绕教师的课堂教学、行为礼仪、心理品质、艺术素养等聘请各方面的专家与教师们进行交流，在与大师近距离对话中，让教师的思想走出狭小的校园。

【陶继新】开设专家讲堂，可以让全体教师听到大师的精彩之讲。如果说“读万卷书”与“行万里路”是一个人成长的两大要件的话，“听大师语”则是对教师的生命提醒。大师大都有着丰富的人生阅历与独特的感悟，这对教师的成长有着振聋发聩的作用。有的时候，人会迷失行走的方向；有的时候，人会困顿消极。而大师之讲，则可以让人在迷惘中突然看到生命的前景，在止步不前时顿时增添无穷的力量。而且，你们所请的大师不止于教育方法的专家，还有教育之外的大师。陆游在教儿子写诗时说：“汝果欲学诗，功夫在诗外。”开设讲座亦然。有些教育之外的大师报告，往往可以站在另一个视角上，讲说看似与教育无关，实则有着内在维系的内容。于是，让老师们有茅塞顿开之感，有视野开阔之感。这样，再看教育的时候，就有了新的思考，就有了新的行动。

【朱永军】“讲堂之读”的第二个方面是引导教师在学校开设讲堂。在我们的教师队伍中许多教师有着不同的人生阅历，有着不同的知识涵养，他们本身就是学校重要的课程资源。每个月我们都会组织教师开展讲堂活动。我校的罗习智老师虽然是一名美术教师，但其对历史有深入的研究，我们让罗老师给学生讲《资治通鉴》，罗老师的讲堂深入浅出，深受学生的喜欢；我校的周军玲老师喜欢文学并尝试自己创作文学作品，我们请周老师为学生开设文学讲堂；我校的饶英、乐小菲两位老师，喜欢绘本阅读，他们自费到杭州学习绘本阅读的方法，回学校后开设绘本阅读讲堂，并且带领全校低年级的教师与学生一起开展绘本阅读活动，深受学生的欢迎。

【陶继新】让这些教师开设讲座意义重大。它不但给老师们提供了一展才思的舞台，而且还向大家昭示了一个道理：一般教师也可以走上讲堂，也可以与专家学者一样谈古论今。这不但激励了他们对自己所讲话题的深入研究，还会在他们的心里生成特殊的自信心。有了自信，就有了走向更大成功的可能。同时，它也让更多的教师跃跃欲试，想要感受一登讲坛的“大家”况味。当更多的教师走上讲坛，更多的教师有所研究的时候，名师辈出也就有了可能。而名师越来越多，名校也就自然诞生了。

【朱永军】“讲堂之读”的第三个方面是引导家长在学校开设讲堂。我校有近三千九百余名学生，每个学生背后的家长都蕴含着巨大的教育能量，他们中有个体创业者、艺术家、医生、大学教授等，我们把这些资源充分地利用起来，在全校各班广泛开展家长讲堂活动，比如请个体创业者为学生讲自己艰苦创业的故事，请艺术家讲他们的艺术人生，请消防员家长讲灭火逃生的知识，请医生教给学生自护自救的能力……家长讲堂深受学生的欢迎。

【陶继新】为家长开设讲堂，别有一番味道。他们来自各行各业，也有着各自的所长，有的还是某些行业的专门人才。他们所讲的有些内容，是教师力不能及的，而又是学生生命成长必需的。某个家长开讲的时候，他的孩子会感到特别的自豪，会在心里生成积极向上的情绪。同时，某个家长之讲，还会有连锁反应，会让更多的家长自愿走上讲堂，也会让更多的孩子为之鼓舞。丰富多彩的家长之讲，不但开阔了学生视野，也为学校开设了更多富有实践意义与社会价值的“课程”。这对学生的生命成长，无疑起着巨大的推动作用。

游学之“读”：让师生进行心灵的远足

【**朱永军**】再来谈谈关于“游学之读”。我们在学生中广泛开展了游学活动，意在通过游学拓宽学生生活的物理空间，让他们进行心灵的远足。我们的游学活动主要从三个方面展开。一是开展学区内的游学。在我校就读的学生大多物质条件优越，家庭生活环境好，许多学生自我为中心的意识很强。针对这些现象，我们到学区内四所偏远学校开展游学活动，每学期分月度组织不同的班级学生到这四所偏远学校进行一日游学活动，活动过程中孩子们随班上课，举行联谊活动，进行家庭互访。当我们的孩子走进地处边远郊区孩子的家庭时，他们看不到家庭豪华的装修，看不到为孩子专设的儿童房间，看到的只是简陋的家具及其父母在田间辛苦劳作的背影，我们的孩子被深深地震撼了。他们没有想到在距离这样近的地方，还生活着这样一些与他们境遇完全不同的同龄人，孩子们幼小的心理经受了一次从未有过的洗礼，许多孩子通过游学与当地学校的学生结下了深厚的情谊。孩子们回到学校后，在全校发起了捐书活动，短短的一周时间，全校同学捐献书籍达4000余册。

【**陶继新**】你们到四所偏远学校开展的游学活动，之所以对学生产生了如此大的震撼，是因为他们已经习惯了已有的优裕生活与学习条件，他们不知道还有另一个“世界”里的孩子的穷困境况。其实，那些孩子并没有感到自己是多么的穷困潦倒，学习非常努力，品质相当优秀。这对城里孩子来说，简直不可想象！由此唤醒了他们的同情之心与爱人之心。一个孩子如果从小没有这种美好的心灵，即使学到再多的知识，长大成人之后也很难成为社会上的有用人才。而那些在他们看来困窘的孩子，却无意间为自己积累了一笔丰富的精神财富。当他们长大成人，学到更多知识之后，这些财富就会成为能力与智慧的内在支撑。从这个意义上来说，他们是幸福的。我小的时候很多次差点被饿死，十几年几乎没有吃过一顿饱饭，所受之罪，常人难以想象。可是，今天看来，却都成了我生命成长的最为宝贵的财富。可以说，给我多少钱也换不来那笔苦难的价值；没有它，我不可能成为今天的陶继新。多让孩子受一些苦、遭一些难，也许正是他们走向更加美好未来之福。

【朱永军】“游学之读”的第二个方面是开展“跟着课本游中国”的活动。在小学课本里面有许多描写祖国的名胜景点、名人轶事的文章，这些文章对学生了解文化、扩展视野有着重要的作用，但学生在学习过程中总有一些遥不可及的感觉。我们组织学生开展“跟着课本游中国”的活动就是要让学生走出校园、走出课本，身临其境地去感受我们文化的灿烂与辉煌。如在学生学习了关于鲁迅的文章之后，学校利用暑假组织学生到鲁迅的故乡绍兴进行游学活动，学生身处三味书屋之中，畅游百草园，品尝咸亨酒店的茴香豆，感受鲁迅笔下孔乙己当年的生活境遇，课文中的那些人或事、景或物因为游学由平面的文字变得触手可及。每次游学归来，同学们感受颇多，我们将他们撰写的游学见闻分期刊载在校刊《放飞梦想地》上，供全校学生阅读分享，这不仅仅是游记的分享，更是一种生活阅历的分享。我们还与香港、台湾地区和英国的学校缔结友好学校，组织学生到港台地区的学校进行游学活动，让学生感受不同地域文化的特点。近几年，我们还分期组织教师到英国纽卡斯尔市开展教师游学活动，让我们的教师感受不同的教育，扩宽教育视野。

【陶继新】开展“跟着课本游中国”的活动，至少有两个好处：一是让文本与生活对接。既有文本之美，又见现实之景，会在孩子心里留下终生难忘的印象。这对于理解课文会起到深化的作用。二是在这种特殊的集体活动中，让学生共同体味到了所游之地的人文之美。文化不但显见于文本之中，更在现实之间。而文化的关键是“以文化人”，这种游学恰恰起到了“化人”的作用。比如，三味书屋中鲁迅先生所写的“早”字，会让孩子们感到学习非勤不可。百草园之游，不但让孩子们感到那是一个游玩的乐园，也让他们感到自然之美。不过，如果终日沉浸其中，荒废了学业，又是不可取的。这些感悟，不身在其中，往往是难以生成的。

学生与教师走出国门，不但会感受异国文化，还会增强国际意识。如果能够提前走向世界，则会增强他们的国际情结。现在，很多发达国家的教育，都特别关注孩子国际情结的培养。而当下有了这种情结，就为未来步入世界埋下了一颗种子，到了一定的时段，便会生根、发芽、开花与结果。

【朱永军】"游学之读"的第三个方面是一种意外的收获——家长自发开展游学活动。我们在办学过程中非常注重发挥家长的作用，每学期将家长和家长委员会的成员请进校园，让他们近距离地感受我们创造的教育环境，为学校发展出谋献策，在这种氛围的影响下，家长参与学校教育的意识不断增强。在学校开展游学活动的启发下，家长们也自发地组织了游学活动。如五年级（2）班的家长委员会成员发现班上一些同学长期住读，即使是双休也很难与家长见面。家长委员们便主动将这些学生组织起来，并邀请住读生的家长开展双休日的游学活动。他们将孩子们带到科技馆、历史博物馆、东湖风景区进行实践活动，带到超市里开展"超市大赢家"活动等，增进了家长之间、家长与孩子之间的相互理解。

【陶继新】家长是学校教育的宝贵资源，家长的作用一旦发挥出来，就会产生事半功倍的效能。特别是在安全问题越来越困扰学校发展的时候，家长委员会的作用就显得更加重要。他们组织孩子们外出游学，既有深深的爱孩子之心，又有万无一失的周密计划。这样，既让孩子更好更多地走出校园，还为家长与家长彼此交流经验、孩子与孩子建立友谊提供了机会。

《学记》有言："独学而无友，则孤陋而寡闻。"这里的学，不但有校内课文之学，更应当有校外的大课堂之学。正是在这些大课堂里，孩子们才有了见多识广、结交朋友的可能。

（原载于《基础教育论坛》（小学版），2012年第6期）

06

引领教师走向优秀

——桦南林业局东风小学的突围与发展

↑张秀珍校长

张秀珍，女，本科学历，学士学位，中教高级职称。先后被评为黑龙江省优秀教师、省师德先进个人、省“三育人”先进个人、省五一劳动奖章获得者、省特级教师、全国优秀教师、全国十佳小学校长。在《中小学语文论坛》、《现代教育》等报刊上发表8篇论文。编写的校本教材《礼仪教育》成为合江林管局的通用教材，参与编写的校本教材《情系黑土》已成为教育部新课程改革的重点研究课题。其事迹先后被《黑龙江省教育》、《中小学语文论坛》、《中小学管理》等报刊报道。

【按语】黑龙江省桦南林业局东风小学以“让林区孩子享受优质教育，办师生理想学校”为目标，克服林业经济危困、办学条件简陋等诸多困难，以百倍的热情投入到用生命奋斗的教育事业的发展改革中。2002年成为森工系统第一所省级示范小学，2009年成为省级义务教育标准化先进学校，成为黑龙江省教育的一面旗帜。

东风小学创建了太多的率先：率先推进信息技术和学科教学的整合；率先聘请外教；率先在学科中开展研究性学习；率先开展校园文化建设活动；率先引进竞争机制；率先建立发展评价体系；率先进行走进新课程的全员培训。

为学生成长锻造师德

【张秀珍】“国无德不兴，师无德则废。”我们狠抓师德师风建设，树立起“以德立教、以德育德”的思想，通过开展“奉献在岗位”的演讲和每学期“期末教师事迹报告会”等活动，一大批爱岗敬业、热爱学生的教师应运而出，形成积极向上的精神风貌，现在我校已经有张治香、刘文艳、王丹、曹国军四人先后被评为黑龙江省师德先进个人。在我们学校，教师们都能把工作当成事业来追求和热爱，他们的所言所行也特别令我感动。

【陶继新】柏拉图说：“一个民族只有最优秀的公民才有资格当教师。”这里的优秀，我觉得更多应当体现在道德人格层面。有人说，教师也是人。是的，教师也是人，可是教师不是一般的人，是培养人的人。所以，教师道德品质的高下，关系到学生人格的健全与否。这个问题解决了，教学质量的问题也会迎刃而解。因为一个有道德人格的教师，会时时处处想着学生的成长，不但会关心他们的思想品质，也会关心他们的学业成绩。为此教师就会自觉地提升自己的思想境界，持续地进行教育教学研究。所以，你们狠抓师德建设，可谓“务本”啊！

【张秀珍】2007年12月19日，我校一位年仅36岁的女教师杨淑琴因患急性恒温肌溶血病而病逝。起初，她一直坚持工作，直到她再也无法坚持走路才被送往医院。在转往哈尔滨医院的途中，她呼吸极度困难，仍不忘向代课教师交代班级的情况，叮嘱她的学生们要听老师的话。然而，没等送到哈尔滨，她便停止了呼吸。当家人收拾杨老师随身带的物品时，才发现她的包中只有学生的作业本和学生家长的联系电话。

【陶继新】杨淑琴老师的事迹催人泪下，令我们有一种高山仰止的感觉。真是“其人虽已逝，千载有余情”啊！她的生命长度的确不长，可是，她的生命亮度却闪烁着耀人的光芒。她永远地走了，但她给东风小学留下的，是一笔取之不尽、用之不竭的精神财富。正如诗人臧克家所言：“有的人死了，他还活着。”

【张秀珍】孟子说：“得天下英才而教育之。”是的，做教师有一种妙不可言的乐趣。在东风小学，许许多多的人和事，让我们铭心刻骨、无法忘怀，每天都在演绎一个个精彩的故事。教师王万霞、倪河琪就是用高尚的人格铸就了师德的丰碑。在2011年我校迎接省级标准化先进学校检查中，她俩的老父亲都是生命垂危，可以想到，老人多么渴望有女儿相伴。在那么难以抉择的时刻，在她们俩的心中有一个信念坚定而执着：留下来坚守工作岗位，留下来为学校迎检尽自己所能。省级标准化先进学校的建成让我们快乐中有一丝辛酸，成功中有一份缺憾。子欲孝而亲不在了啊！

【陶继新】王万霞、倪河琪的“坚守”真的很不容易，我就很难做到。这说明，你们的教师已经将生命融入学校的发展之中了。可以想见，他们平时的工作是何等努力、何等尽责！考察教师的工作，有的虽然可以量化，而更多的是无法量化的。教师心有学生、心有学校，就会积极主动地工作，默默无闻地奉献。而且他们的这种精神还会延伸，传递给其他教师，也传递给学生，让其他老师“学而时习之”，让学生也在心里种下一颗真善美的种子，到了适宜的时候，就会生根发芽、开花结果。

【张秀珍】康德说：“这个世界上只有两样东西能引起人内心深深的震动，一个是我们头顶上灿烂的星空，一个就是我们心中崇高的道德准则。”我们东风小学的教师总是用自己实实在在的行动将崇高的道德律令一次次温习和弘扬。每一个老师都满怀着爱和真诚，每一名学生都传承着这种情怀，正是这种文化的浸润使得东风小学日渐发展起来。如今，新生求学争先恐后，在县里，重点中学录取前50名学生免收数千元择校费，这其中就有60%来自东风小学的毕业生，近八年全县的“高考状元”都是“东风牌”的。我们的学生做到了全面发展、特长发展。我校舞蹈《少女与仙鹤》在杏花杯大赛中获省级一等奖，先后在黑龙江省少儿节目、黑龙江文艺频道播出，舞蹈《吉祥三宝》亮相央视七台。

学生舞蹈《少女与仙鹤》亮相央视七台

【陶继新】爱因斯坦说：“无论是教堂还是学校，在他们行使其真正的功能的限度内——都是为了使人变得崇高。”看来，教学的主要目的，并不是学习多少知识，尽管知识也很重要，而是让学生的人格更加高尚。因为真正成大才者，没有人格的支撑是绝无可能的，所以就有了“大德成大才”之说。您是深得教育之妙道者，你们的老师也在东风小学越来越高尚起来。随之而来的，是学生品质的优化，是学校全方位的发展。

【张秀珍】教师的使命在于用人格孵化人格，用智慧点燃智慧，用生命影响生命。教师的工作对象是未成年人，他们的成长具有极大的可塑性。我们自身的道德表现能够影响学生的一生。

其实，我们就是在尽一份责任，无论付出多少，看着我们的孩子成长，就是快乐的、幸福的。我们最大的梦想就是让我们的孩子健康快乐地成长！

【陶继新】有此责任，就有此行动啊！孔子的弟子曾子说："士不可以不弘毅，任重而道远。"要让孩子健康快乐成长，这个任务何其重也，完成这个任务，亦何其重也。可是，当看到孩子们那么幸福地学习与生活时，您当是感到欣慰了吧？

【张秀珍】相当欣慰。我希望通过全体教师的共同努力，把东风小学建成孩子幸福的家园、教师发展的天地、家长信赖的摇篮。

张秀珍校长与孩子们在一起

【陶继新】您的希望已经基本实现，只不过您将这个目标定得更高罢了。不过，有更高的追求，也就会有更大的收获。

为教师发展创造条件

【张秀珍】我于1998年5月4日就任黑龙江省桦南林业局东风小学校长。当时的东风小学欠账较多，面临着教学设施简陋、生源数量减少、教育质量下滑等多重困难。当时我最大的愿望就是让林区的孩子能享受优质教育，把学校办成师生向往的理想学校。因为林区条件太苦，职工工资平均220元，一年仅能开10个月的工资，林区的孩子根本没有条件到一些名校读书。所以我们班子成员共同研究制定了学校发展的宏伟蓝图，并与全校教职工达成了共识：无论我们的孩子将来成为政治家、科学家，还是做一名普通的劳动者，都要让他感受到在东风小学的六年是他人生中最快乐、最幸福的时光。我们的办学宗旨是：育人为本、和谐发展。办学理念是：为每一个学生的终身幸福和发展奠基，为教师终生成长铺路。同时确定了这样的育人目标：培养具有可持续发展的能力和具备信息技术素养、民族精神与人文内涵的小公民。向社会庄重承诺：让每一名学生每一天都有新的进步！

【陶继新】真令我感动！我也是出身于贫苦农民之家，我的一个弟弟和两个妹妹，因为家中无钱供他们上学，没有接受必要的学校教育，甚至连起码的小学教育都没有完成。所以，能够让大山里的孩子走进学校，且让他们能快乐地学习与生活，该是多么幸福的事情啊！你们有着深深的农民情结，是真正的以人为本者，所以才有了如此的培养目标。孩子只有一个童年，童年时段不但关乎其当下的幸福，也指向其未来的幸福。从这个意义上说，您与老师们是特别值得敬佩的。

【张秀珍】敬佩谈不上，是作为一名教师的良知使然。目标确定了，好长时间我们都在思考这样的问题：如何才能让林区的孩子享受优质教育？如何才能使学校得以发展？在大量论证的基础上，我认为，学生、教师、学校乃至家长各得其所的“四赢”，才是学校办学的全面发展和最高境界。我们学校正是基于这种认识来实践的。

【陶继新】《周易》有言：“二人同心，其利断金；同心之言，其臭如兰。”的确，合则赢、散则输啊！您的“四赢”所形成的合力，不但在外显层面，更在人的心里，当四方都心往一处想、劲往一处使的时候，学生成长了，教师成长了，家长幸福了，学校也就有了真正意义上的发展了。

【张秀珍】校长应是“登高一挥，应者云集”的一面旗帜，要善于把每个人的追求和集体的事业结合起来，把全体教师的积极性鼓动起来，用一步步的可持续发展目标凝聚人心，激励斗志，才能实现“四赢”。国运兴衰，系于教育；三尺讲台，关系未来。学校发展的快慢很大程度上取决于师资队伍建设的水平。只有从长远发展的角度来规划师资队伍建设、精心营造教师健康成长的人文环境、积极创设和谐的校园工作氛围、坚持不懈地加强师德师能建设，才能全面提高教师整体素质，形成“名师效应”，铸造“名师品牌”，从而提高学校发展的整体水平。为此，我们建立了以学科带头人为核心、以中青年学术骨干为中坚，结构合理、勇于创新、师德高尚、治学严谨的教师队伍的培养机制，以确保学校各项事业的可持续发展。

【陶继新】教师是学生生命行走的引路人，教师品格的高下、水平的优劣，直接影响着孩子的成长。所以，教师队伍建设，一定要抓好。而且，教师的成长，还会让他们感到生命的意义与价值，会让他们更有信心、更负责任地教育好孩子。

【张秀珍】学校千方百计地为教师创造机会外出学习。他们先后到北京、上海、杭州、北戴河、大连、无锡、哈尔滨等地学习，聆听全国知名专家的报告，观看于永正、支玉恒等特级教师的优秀课例。特别是去上海时，老师们坐了32个小时的硬板，又接着从凌晨时分站了10个小时才到达目的地。他们住最便宜的旅店（一天20元），一日三餐是自带的大煎饼和咸菜。虽然学校只给报销硬座的费用（年轻教师当时每人只开155元的工资），可教师们仍然兴趣盎然，收获颇丰。

【陶继新】你们的这种学习精神太感人了！我甚至觉得，你们去学习的时候，几乎是怀着一种朝圣的心情去的。为什么会这样呢？因为您与老师们太爱学习了，太想提高教学水平了。可以想见，您与老师们会何等珍惜这种学习的机会！不是为了孩子更好地成长，不是为了自己更好地发展，不是为了学校更有信赖度，你们是不会去甘愿受这些苦的！也正是因为如此，你们学习的收获是巨大的。而且，这种精神本身也是一种无形的力量，它不但会让教师的教学水平提升，更会让教师的整个生命状态更加优化。

【张秀珍】对于教师职业发展，在专业层面我们全力打造“名师工程”，坚持以学习提高为基点，以教师实现专业化成长为目标，创新思想，搭建平台，为教师成长提供广阔舞台。学校要求每位教师都要有明确的个人专业化发展目标和名师为榜样的追求目标，以全面发展为方向，实现自我发展。学校重点开展了一系列的教研活动，比如，实施名师战略，强化对教师的培训，提高队伍素质，锻造不败金身。通过“读”（阅读教育专著）、“听”（听课学习）、“带”（老带新）、“培”（集体培训）、“竞”（良性竞争）、“研”（研究教学方法）、“写”（撰写教学论文）七大战术，培养一批能承担重任、成绩突出的教学骨干，一批循循善诱、懂心理、懂管理的班主任，一批精于教学、精通管理的干部，一批教育思想先进、教育风格新奇的教师队伍。

【陶继新】怎样才能“锻造不败金身”？七大战术当是有效之法。其中的读，显得尤为重要。有的人认为，只要好好研究教材，就可以成为一个优秀的老师。可是，这样的教师却往往不够优秀，甚至一生努力，也只能在教书匠的怪圈里行走。为什么？还是苏霍姆林斯基说得好：“每天不间断地读书，就是最好的备课。”因为仅仅看教科书与教参的话，就会因为缺少必要的语言“给养”而在自己的语言王国里出现“青黄不接”的现象。相反，如果书读得多了，特别是好书读多了，就会在潜移默化中形成优质的语系，进而形成自己的语言风格。而且，我还主张老师力所能及地读一些教育之外的经典著作，这样，便可站在一个更高的视角，来窥观教育的本质，来领略语言大师的无穷魅力，从而走进“横看成岭侧成峰”的高层境界。

【张秀珍】这些年来，我们一直要求教师读好四类书：读经典名著，充实文化底蕴；读理论专著，提高理论修养；读儿童文学，体会童心童真；读报纸杂志，了解世事风情。为了促进全体教师的阅读，我们开展强化“两个一”活动，即每天一次快餐学习、每月一篇教育随笔，每学期期末评选“优秀随笔集”。定期开展教师读书汇报会、读书交流会、教师论坛等，让教师与大师对话、与经典同行，在读书中丰富自己的文化底蕴，提升自己的文化品位。

【陶继新】我之所以一直主张教师要多读一些经典名著，是因为现在很多教师读的名著太少了。名著多是世界大师的作品，其中内蕴着丰富的思想内涵，语言也多有着“清水出芙蓉”的美质，长期阅读这样的书，就会不知不觉汲取智慧，取到“真经”。这样，在教学的时候，就会因文化底蕴深厚而走进驾轻就熟的境界之中，就会受到学生的欢迎。在这种状态下教学的教师，不再感到教学是一个苦差事，而是一件其乐无穷的事情。而学生也会由此爱上课堂学习，进而享受学习的特殊愉悦。

【张秀珍】我们坚持科研兴校，努力实施“科研育师”的发展战略，以“打造科研型教师团队”为抓手，积极鼓励、大力支持教师参与课题研究。通过开展教学研讨、举办理论讲座、开展学术沙龙、建立网上论坛、组织著书立说，提高教师的教研反思能力；鼓励教师积极参加教育学会及各种学术团体，通过参与学术交流提高学术水平；组建教研组研究共同体，引导教师抓住教学中突出的问题，有目的、有层次、有重点、有实效地开展研究。我们编写的校本教材《礼仪教育》已成为合江林区通用的校本教材，参与编写的《情系黑土》被教育部确定为“十一五”重点研究课题。

【陶继新】虽然没有看过这些校本教材，但我对它有着很大的期待。因为我相信您与你们的老师，是用爱与智慧来编写这些教材的。所以，收获累累硕果也就成为一种必然。

为理想课堂观摩研讨

【张秀珍】2005年，我们就提出“构筑理想课堂”，通过推行“研、帮、赛、评、思”五字方针，逐步把学科教研组打造成为“专业共同体”，创建新课程背景下的充满“合作意识、成长意识”的新型教研组。首先，开展对比课，资源共享。教师同备一节课，共同讲授同样的教学内容，展示不同的教学风格。骨干教师授课，观摩研讨；青年教师授课，明晰思路。建立“以校为本”的教育科研制度，采取分科研讨与协作教研相结合的方法，通过公开课、观摩课，全面提升教师的业务素质。

【陶继新】对比课，也称为同课异构课，它可以让不同的教师在备与教同一课时，更好地发现自己的优长与不足，从而积累经验与吸取教训。其间有竞争，也有合作。竞争的目的不是打倒对方，而是学习对方，或者向对方传递经验。同时，在备课与反思的时候，还要更好地帮助对方，在合作中实现共赢。加之其他教师的参与评价，上课者更加明白这些课的优点与不足，从而在以后的教学中“更上一层楼”。

【张秀珍】通过几年的尝试，我觉得视频课例研讨有一定成效。我们利用学校电教设备——录像机，在听推门课时，把教师们日常的教学片段拍录下来，课后让教师一遍又一遍地观看自己讲课时的录像，从另一个角度审视自己的教学行为和教学表现，大到整堂课的教学设计，小到课堂教学的规范语言，甚至是一个眼神、一个动作，让教师自我诊断、自我评价、自我反思，不断地自我查找教学中存在的问题，从而有效地改进了自己的教学。您认为这方法可取吗?

【陶继新】非常可取。这可以让教师真切地看到自己在课堂教学上的种种“表现”，他们会为自己的精彩而兴奋，也会为某些不足而遗憾，特别是在看到自己未必留意的不雅之言与不雅举动，就会生成非改不可的心愿，从而迅速改之。于是，改进课堂教学就不再是他人的要求，而是变成了自己的主动诉求。这种主动自觉的状态，会让教师的课堂教学在比较短的时间内有一个较大的提升。

【张秀珍】我们还扎实开展“抽签听课”工作，也是提高教师专业特长的有效途径。我们组织全校教师在没有授课任务的情况下，每星期在电教室听课2节。通过抽签听课活动，我们真实地了解了教师课堂教学状况，促使教师在常态教学上下功夫，努力提高每节课的教学效率，切实提高教师们的业务素养，促进了有效课堂的建设。

【陶继新】“抽签听课”至少有两个好处，一是给每个教师一个信号，你的任何一节课，随时都有可能被“抽”到，如果讲得不好，就可能暴露于大家的评课之中，所以，每节都要好好准备。二是它让课堂教学走向常态化。现在一些公开课、观摩课，因为有了太多的“打磨”，已经异化了。从表面上看，也许比较精彩，可是，因为非常态，就失去了真，没有真的课堂，就不是成功的课堂。而你们的课堂有了真诚，也就有了由真向更美更好发展的可能。

【张秀珍】多年来，我们一直坚持校本研修，促进教师自主发展。为了让更多的教师适应课程改革的步伐，使他们尽快成长，我校以“聚焦有效教学，构建生命课堂”的工作为中心，将着眼点放置在课堂教学的实效性上，以做好课堂常规教学、促进教师专业成长为目标，提高课堂教学质量为核心，连续五年开展了“希望杯”教学能手大赛活动。

【陶继新】现在谈高效课堂者非常多，可是，我更欣赏您的“实效”说。因为表面高效的背后，往往有应试的“魔力”在起作用，而且，当下的高效，也未必是未来的高效益。没有“实”，就不是真正意义上的高效课堂。当然，“实”并不是死，而是与“活”联系在一起，要有生命的张力，即要构建生命的课堂。

为收获“希望”群体突围

【张秀珍】每年的“希望杯”教学能手大赛都历时一个半月，全校教师踏着深秋的寒露，顶着初冬的风雪，送走清晨的星晖，迎来万家的灯火，每一个东风人在“希望杯”中历练、成长。从开赛之日起，电子备课室、电教室的灯光总将教师们备课的身影投映在窗上，常常到晚上八九点钟，“更夫”最无奈的一句话是：“你们啥时候走？我好锁门呀！”从开赛之日起，参赛教师使出浑身解数，“吃”教材、研教参、拜名师、游网海……见面第一句话：“你给我导导课？”从开赛之日起，指导教师甘做绿叶衬红花，以全教研组突围为荣，以真心助人为乐，见面就说：“还能为你干点啥？”从开赛之日起，评委席就成了参赛教师忐忑不安的期待，点评麻辣犀利、妙语连珠，建议中肯而不失亲切，老师们下课第一句就问：“校长，您给我评评课？”

【陶继新】您让我似乎看到了那一个个动人的场景。老师们具有如此之高的参赛热情固然可贵，更加可贵的是，他们的这种积极向上的精神。他们不是迫于外在的压力，而是起于内在的动力。有了这份热情与精神，就没有教不好的课，就没有当不好的老师。我特别欣赏集体热情的状态，它犹如一个火炉，将每个人的热情都点燃起来。而有这种热情与没有这种热情是大不一样的，有则积极向上，收获人生的幸福；无则混天聊日，感叹生命的无味。可以说，一所学校能够持续地发展，与教师的群体积极状态是紧紧联系在一起的。看来，东风小学之所以越办越好，与你们已经形成的整体优质状态是分不开的。

【张秀珍】对一所学校而言，校长既是学校发展的掌舵人，又是教师专业成长的引领者，更是全面实施素质教育、促进师生共同成长的组织者和领导者。基于此，每年的“希望杯”教学能手大赛，我不仅坚持听课80%以上，而且亲自为获奖教师撰写颁奖词，每年我们都隆重地举行颁奖仪式。一年更比一年好的“希望杯”教学能手大赛，我更愿意把它看成是一场感动的盛宴、一次精神的洗礼。

【陶继新】校长听课，可以提升课堂教学的话语指数，也是对教师的一种精神支持。为获奖教师撰写颁奖词，就更让教师感到来自校长的莫大鼓励。况且，您是真心在听、真心在写，所以，您在为老师所感动的时候，也在感动着老师们。由此而形成的感动场，则会构成一种高品位的和谐、积极、努力、团结、向上。

【张秀珍】选两例颁奖词请赐教：

1. 他有最缜密的思维，磁性的声音，善良的品格，坎坷的经历，贫寒的家境，然而他用坚强的意志支撑，搏击人生的挫折。刚强和坚韧是他心中不变的信念；爱心和责任，使他让每一个生命鲜活起来；他用勤劳与智慧，挑起了一届又一届毕业班的辉煌。学困生因他走出了泥泞，学校因他多了灿烂的阳光。看着他的工作，听着他的课，你会觉得，他如同《秦兵马俑》，平淡就是这样化作了一片“神奇”。他就是四年级（2）班班主任刘玉军！

2. 她如一朵激情燃烧的玫瑰，自从走上教育岗位的那一刻，她倾注了自己的智慧和汗水，培养了一批又一批美术特长生，为学校争得了国家级艺术教育先进集体这一殊荣。听她的课犹如读一篇经典的美文，她最大的特色是用激励性的语言千方百计地拓宽学生自由创造的空间，激起学生创造的智慧火花。她用扎实的专业知识、一点小笔墨与孩子们在方寸中畅游，让艺术的熏陶完善学生的人格。她就是六学年美术教师王敏！

【陶继新】两个颁奖词写得激情洋溢。细细品味又会发现，前者有“大江东去，浪淘尽千古风流人物”的壮观，后者则有“杨柳岸晓风残月”的优雅。我感到您读懂了这两位老师的心，也读懂了他们的精神，所以才解开了他们成长的内在密码。如果不是对教师知之深与爱之切，就不可能写得如此动人与真实。我想，这些老师在听到您的颁奖词的时候，定会激动得热泪盈眶。这将成为他们一生的铭记，也将成为他们一生的骄傲。

【张秀珍】颁奖词是我对每个教师的真实评价，由于水平有限，不能淋漓尽致地表达，但每次颁奖大会上，总有许多的教师泪花闪闪。

【陶继新】“夫缀文者，情动而辞发。”是因为您动情了，所以，写出来的颁奖词也就有了情感，老师泪花闪闪也就情在理中了。

【张秀珍】学校通过大赛达到磨炼师资队伍、提升教学技能、展示教学技艺、实践教学理念、尝试教学新法、落实教学实效的预期目标，实现了培养骨干、树立名师的双重任务。通过“希望杯”教学能手大赛，使教师由“要我成为骨干教师”的被动发展状态，转变为“我要做骨干教师”的自主发展状态。在省级教学能手评比大赛中，我们取得了震撼人心的成绩：张媛媛在全省小学语文素养大赛中获得特等奖，刘玉军在全省小学数学素养大赛中获得一等奖，周金凤在全省小学数学网络说课大赛中取得第二名的佳绩。目前，我校有国家级骨干教师1人，省级骨干教师6人，总局级骨干教师15人。

黑龙江省魅力教师张媛媛与孩子们在一起

【**陶继新**】成绩斐然啊！这令我想到，如此骄人的成绩背后，您与老师们不知流了多少汗水！有耕耘，就有收获，这是一个不破的定律。所以，你们取得令人匪夷所思的成绩，当是水到渠成的事情。反过来，这种成绩又给你们以巨大的鼓舞，让大家更加努力。这就形成一种良性循环，老师们越来越努力，收获的成果越来越多。而从中受益的，则是山区里的孩子。我在想，他们有这么好的校长，这么好的教师，接受这么优质的教育，该是何等的幸福啊！

【张秀珍】虽然我们这个地区还贫穷落后，但我们学校那些“咬定青山不放松”的教育人的可贵精神和“匹夫不可夺”的爱心，让我们学校拥有了一份独特的风景和辉煌。13年前，东风小学只是一所仅有782名学生的不起眼的林业小学，而如今已一跃发展成为一所拥有1352名学生的“省级标准化先进学校”、“省德育先进学校”、“省电化教育先进学校”、“省师德建设先进集体”、“省文明标兵单位”、“全国创新教育实验学校”、“全国艺术教育先进集体”、“全国三八红旗先进集体”。2011年又被评为“全国特色语文示范校”、“全国综合实践活动先进集体”。先后被省级杂志《林区教学》、《黑龙江教育》、《黑龙江林业报》、《企业文化》和国家级刊物《中小学语文论坛》、《中小学管理》等作为典型示范校进行报道。

【陶继新】“桃李不言，下自成蹊。”你们并没有着意宣传自己，可是，您与你们教师的精神与成绩，却悄悄地走出了大山，走向了黑龙江省，走向了全国。我更欣赏这样的典型，也更愿意关注与报道这样的典型，因为我也是一个有良知的知识分子。能够通过我们的对话，给您与你们的老师一点精神鼓励，我当感到万分荣幸；能够将你们的事迹与精神宣传出去，让更多的学校与教师去学习，我当感到特别欣慰。

（原载于《学校品牌管理》2012年第6期）

07

培育学生的精神品质

——上蔡二中由薄弱变优质的内在密码

↑王宇校长

王宇，1977年8月出生，河南上蔡人，中共党员，大学文化，上蔡县第二初级中学校长。先后获得过省市级优质课和辅导奖，被评为驻马店市教科研教改先进个人、驻马店市优秀班主任、驻马店市优秀校长、上蔡县拔尖技术人才、驻马店市优秀教师、河南省学术技术带头人、河南省校园文化建设先进工作者等。多篇教育教学论文在报刊上公开发表，组织编写并出版了《作文训练教程》、《国学启蒙读本》。教学科研成果获全国及省市优秀成果奖十余项。

【按语】河南省上蔡二中以加强传统文化教育、教科研教改和规范学校管理为突破口，组织全校师生励志图强、奋力拼搏，把学校打造成了教育教学管理严谨、师德高尚、学风优良的优质学校，从昔日学生不愿入读的薄弱学校一跃成为上蔡县优质初中，成为驻马店市薄弱学校发展的一面旗帜。是什么力量让上蔡二中在较短的时间里发生了如此巨大的变化？我们可以通过这篇对话，揭开这所学校从“薄弱”走向“辉煌”的面纱。

落实德育为先：教会学生做人

【王　宇】现在的教育我觉得更应该重视学生的德育，幼儿园、小学的德育重点是学习礼仪，到初中加入法律和社会公德，先让学生知道什么该做什么不该做。“人之初，性本善，性相近，习相远。”小孩子开始还是一张白纸，老师、家长和社会的教育以及影响都会在孩子心灵上留下很深的烙印。

【陶继新】孩子小时候正是因为像一张白纸，才易于“绘事后素”。现在社会道德指数日趋低落，这虽然与社会大环境有关，但是学校教育也难辞其咎。在古代，孔子的教学是将做人放在第一位，他的教学大纲“志于道，据于德，依于仁，游于艺”更多的是在培育有德之人，学问只是从属的位置。而现在的一些学校不是更好地教学生学会如何做人，而是一味地为了应试而追求分数。所以，重视德育，应该是当下学校教育迫在眉睫的大事情。

【王　宇】确实是这样，现在有不少学校穿着素质教育的外衣搞应试教育，当然这和当前教育的评比方式以及家长的错误认识有关。尤其是在初中，因为升入高中的人数和比率是教育部门衡量学校好坏的主要依据，这样的评价就造成了学校仍然以分数论英雄，教师的绩效考核也是按成绩定的。不少地方从小学开始只讲语、数等“主科”的成绩，那些体育、音乐、美术、微机等“副科”的教学时间都被迫让给了“主科”。还有一个因素就是家长从幼儿园就以孩子认识字的多少、运算能力的高低来评价孩子学习的好坏以及聪明与否，让孩子从小就认为学好“主科”就是学习好。

王宇校长带领学生参加社会实践活动

【陶继新】认识与评价的错位和急功近利的心理，给实施德育与“副科”教学横亘了一条又一条难以逾越的鸿沟。可是，越是这样，也就越需要有良知的教育工作者矢志不渝地“逆风”而行。学校是培养人的地方，如果只是为了学到知识，只是为了升入高一级的学校，培养出来的就是缺失人格道德与艺体爱好的人，就是畸形的人。你们在这方面进行了大胆的尝试，也取得了可喜的成绩。你们并没有因为德育等工作的开展，使学生的学习成绩每况愈下；而是在两手都抓、两手都硬的时候，取得了“鱼和熊掌得兼”的效果。

【王　宇】我们学校以德育为龙头来带动其他各项工作的顺利开展。我对“德育为首”有着很深的认识，学生的思想认识提高了，学习成绩自然也就上去了。我们每个月都要组织学生去敬老院看望孤寡老人，学生用自己的零花钱为老人买礼物，为老人洗脚、洗头、聊天，给老人表演节目，让很多无依无靠的老人感到了家的温暖。同时，我们也通过开展这样的社会实践活动，教育了学生，让同学们知道关爱老人是一种传统美德，是每个有社会责任感的人应该具备的基本素质。我们还组织学生开展社会实践活动时走进植物园、科技馆，去感受大自然的神奇和科学的神秘，通过活动激起学生求知的欲望。

【陶继新】一个学生能够爱自己的老人，可谓孝矣；而爱其他老人，则有了“老吾老以及人之老”的美好品德，做人就有了一种境界。所以，组织学生去敬老院看望孤寡老人，对于学生人格的形成，有着巨大的作用。这虽然与平时的考试没有多少关系，可是，如果长期这样做下去，学生具备了高尚的人格，就会在心理积淀成一种为自己、为他人负责任的品质。这种品质具有相对的稳定性，它可以让学生持久地努力学习，并在学习中获取理想的成绩。让学生参加社会实践与走进植物园与科技馆，是超越教科书之外的一种学习，通过这种物化了的“文本”的学习，会让学生对学习产生浓烈的兴趣，也会对教科书文本的学习起到“推波助澜”的作用。

王宇校长带领学生去郑州市动物园参观考察

【王　宇】我们学校还成立了“爱心基金”，靠老师和同学们的捐款以及社会上爱心人士的募捐来救助那些残疾、重病和家庭贫困的同学，我们通过这项活动来培养孩子的爱心和责任感。现在家庭致贫的主要原因是疾病和突然的变故，但对一些因父母的不务正业而导致家庭贫困的学生的救助，我们采用了“授之以鱼”不如“授之以渔”的办法，组织这些学生去餐厅洗碗，然后在餐厅免费吃饭，让学生懂得劳动才有收获的道理。

【陶继新】“爱心基金”不但可以培养学生的爱心，还可以培养他们的同情心。现在，面对那些弱势群体，有的人已经漠然置之了。可是，长期的漠然，消减掉的不只是同情心，还有一个人的基本品格。而从小培养这种同情心与爱心，就等于为学生的生命成长奠基。资助弱势群体，如果只是物质层面的帮助，会让他们感到受之理所当然，自我努力向上的精神就在这种不断地接受救助的过程中淡去了。你们的办法太好了，它让这些受助者通过自己的劳动，来获取应当得到的帮助。这样，一方面解决了他们的困难，另一方面也培养了他们自食其力的能力。

【王　宇】上个月我们搞了一次拔河比赛，很多同学为班级呐喊、加油，嗓子都喊哑了，仍然张大嘴巴吼着，运动员摔倒了、擦伤了、出血了，依然咬紧牙关、坚持到底。输了的学生抱头痛哭，互相安慰，赢了的学生欢呼雀跃但又集体向输了的学生鞠躬，这让我感到了集体的力量和同学们友好相处的和谐，也让我深深体会到“通过集体的力量去教育集体的每一个成员”的伟大力量。

【陶继新】每个学生都不可能独立于群体之外，如果为了个人利益而置群体于度外的话，也就会被群体所抛弃。所以，培养学生的集体主义精神，培养他们的集体荣誉感，当是学校教育的要义之一。拔河比赛则是一种很好的活动。在这些活动中，还“于无声处”培养了学生的合作意识。学生最终是要走向社会的，如果从学生时代就缺失合作意识，以后就无法立足于社会。从这个意义上说，你们的这些活动还是面向未来的。

继承优秀传统，提高思想素养

【王　宇】前几天是圣诞节，学生给我送的平安果堆了满满一桌子。我打开校长信箱，收到了很多学生送的圣诞贺卡。到班里转转一看，不少班级学生都在准备平安夜狂欢的东西。我不禁纳闷了，学生怎么对西方的节日如此迷恋呢？后来看新闻，平安夜那晚，全国不少地方大街小巷热闹非凡，甚至有人拿来面粉在街上到处乱撒，这就有违道义了。

我们五千年的文明古国，有悠久的文化历史和传统节日，现在的学生怎么就对西方的传统和文化感兴趣呢？关键原因还是西方人性的自由和疯狂。节日过后，我马上在学校组织了写中国传统节日的征文比赛，并通过板报、校园广播宣传我国传统节日的由来，让学生了解我们自己的传统文化，继承优秀传统。

【陶继新】西方有西方的节日，东方亦然。作为中国人，更应当关注中国的传统节日。过这样的节日，是对中国优秀传统文化的一种“温习”，让人有一种“温故而知新”的美感。再说，中国传统节日大都有着深厚的文化底蕴，组织学生写中国传统节日的征文比赛，让他们自己认真地搜集与研究中国的传统节日，从中发现其博大精深之美。这不但是弘扬中国的传统文化，也会让学生为我们中国能有如此灿烂的文明而自豪。这种正向的引导，比一味地压制要好得多，既体现了您的教育智慧，也让传统节日自然而然地走进了学生的生活中，走进了他们的心里。

【王　宇】传承文明、诵读经典是我们学校的第二课堂。我们组织老师编印了《国学启蒙读本》，专门安排经典诵读课，班级每星期组织一次国学经典诵读，学校每月组织一次集体大诵读，把国学经典教育与语文教育和德育教育紧密结合起来。让学生传承经典，并在经典学习中提高思想素养和社会道德素养。

【陶继新】诵读国学经典是可以让生命有根的，它对提高我们的心智很有帮助。因为其中不但内蕴着丰富的智慧，也流淌着思想的光华。诵读时间长了，就会“随风潜入夜，润物细无声”地走进师生的心里，让他们的人格不断升华，心灵不断净化，智慧渐渐生成。你们让国学经典走进学校，走进课程与活动之中，师生生命快速成长也就有了必然之势。

【王　宇】校园是文化的沃土，文化可以创生，文化可以给学校发展与学生成才以力量。我们提出了“文化立校，文化立人”的口号，把校园文化作为学校的灵魂来抓。我们学校地处千年古县蔡国故城城墙脚下，孔子困于蔡就是说的我们上蔡县，这里有孔子当年亲手栽下的白果树，这里有孔子七十二贤中的六贤弟子，这里是千古一相李斯的故乡，这里是重阳节的发源地……所以，我们上蔡县有浓厚的文化氛围。

我们在学校敬立了孔子像，修建了孔圣亭，一圈的围栏上雕刻了《孔子世家》及《论语》里面的经典内容供师生景仰，让学生心目中有中华优秀传统文化的先贤，于日常学习之中敬重先贤、学习先贤，常怀一颗尊重中华传统文化之心。还修建了文化长廊，创办了校报《晨曦》，出版了师生作品集《拾贝集》，让文化成为学校发展的生产力，让文化成为学生成长的潜在能量。

孔圣亭揭幕仪式

为了加强校园文化和精神文明建设，培养学生良好的生活和学习习惯，我校开展了“四个一”素质教育活动：课前一支歌，每天一分钟英语对话，每天一分钟经典诵读，每天一分钟静思。

课前一支歌。学校要求各班在预备铃过后齐唱一支歌。齐唱校歌或者选择内容积极向上、适合中学生唱的歌曲。通过课前一支歌活动，一方面振奋师生精神，活跃校园文化生活，同时也提醒老师和学生做好上课准备。

每天一分钟英语对话。初中生学习英语，口语是一大难关。很多学生笔试成绩较好，但听力和口语水平低，日常生活中更不敢开口讲英语。为了解决这一困难，帮助学生度过英语口语关，让学生养成用英语对话的习惯，学校要求全校同学每天坚持用一分钟时间进行英语对话，由英语教师进行指导和监督。

每天一分钟经典诵读。为了坚持开展经典诵读、建设书香校园，学校要求学生每天坚持用一分钟开展经典诵读，诵读以我校编辑出版的校本教材《国学启蒙读本》为主要内容，通过经典诵读让学生接受优秀的古典文化和中华民族优秀的传统美德教育。

每天静思一分钟。要求学生每天抽出一分钟时间静思，思考自己学习和生活中哪些是应该做的、哪些是不该做的，有哪些收获、哪些过错。从而通过总结得失成败，促使自己进步，养成良好的反思习惯，并要求学生每天根据自己的静思情况写一篇日记。

“四个一”活动开展以来，全校师生积极行动，认真按照学校要求扎实推进。校园里读书的声音高了，歌声亮了，学生对英语的学习兴趣提高了，师生们积极向上，学习风气不断增强，文明礼貌行为和争做好人好事蔚然成风，师生的精神状态焕然一新。

【陶继新】孔子周游列国为上蔡留下了非常可贵的文化遗产，你们弘扬孔子思想，就有了地利之便。来你们学校采访，看到你们修建的孔圣亭，感觉很有品位，让人顿生敬仰之情。学生课余时间在这里瞻仰大师风采，诵读《论语》章句，无疑是一种精神的陶冶。学校是文化的圣地，通过文化来“化”人，可以起到很好的效果。其实，您与张书记等人身上，就有着儒家风范，给人一种“温、良、恭、俭、让”的感觉。这种文质彬彬的形象，也自然而然地影响着你们学校的老师与学生，他们在耳濡目染之中，也就有了“发愤忘食，乐而忘忧”的情怀与近仁知礼的向往与行动。

关爱弱势群体，聚集正向能量

【王　宇】学生是一个个有思想的个体，每个孩子都渴望被关注，老师不仅要了解学生的学习，还要了解学生的思想和家庭状况。有个学生给我写信说她是个留守儿童，她班里有82名学生，她排在第80名。经过一学期的努力她成绩进步了40名，可是老师却没有表扬她。她座位靠后想往前坐，因为她进步了很多，想着老师会关注她，结果事与愿违。回到家，爷爷问她在第几排坐，她欺骗爷爷说，因为她成绩不错，老师让她坐前面了，她感觉爷爷天天为她操劳，她想让爷爷高兴，但事后她心里很压抑。

接到这封信后，我马上找这个学生谈心，也找了她的班主任，让她的班主任表扬了她并真的把座位往前调了。这位学生给我写信感觉很有信心，说下回成绩还会进步。通过这个事，我感觉老师需要关注学生的心理，马上就成立了学生心理咨询室，鼓励学生大胆地说出自己的真实想法，尤其是那些性格内向的学生。

我的前任校长张重阳说过这样的话：“爱自己孩子的人是人，爱别人孩子的人是神，我们二中的老师不可能成为神，但是我们力求做一个既爱自己的孩子又爱别人的孩子，更爱自己学生的人”，“百分之百地关爱学生，关爱百分之百的学生，才能让学生感受到老师百分之百的关爱”。我觉得这话说得太好了，“亲其师，信其道”，学生愿意亲近你，你的教育才能起作用，才能达到育人的目的。

【陶继新】我很感动！这个女孩多么懂事，又是多么无助！如果没有您的关注，真不知道她以后会走到哪一步。这里面有一个深刻的哲理，那就是人都希望受到关注，特别是属于弱势群体的那些学生，更加需要关注。您把这个问题解决得非常好，说明您是真爱孩子的，而且也是会爱孩子的。教师爱孩子，还要讲究方法与策略，让学生感受到老师的爱。如果方法不当，爱也不一定产生好的结果。而且，爱也有反作用力，您爱这个学生，她也更敬重您，而且也对老师产生敬爱之意。我想，沐浴在爱中的教育，一定有着巨大的能量，孩子们从小在爱的环境中生活，长大了一定会心怀着爱；相反，没有爱的教育，则会产生一些负能量。教育，就要让这些正能量不断地聚集，让爱在更多的人那里升华。

开办家长学校，改变错误观念

【王　宇】前天去擦鞋，擦鞋店的老板是个五六十岁的老者，本来在北京有个擦鞋店，生意也不错，但孙子上学是个大问题，因为没有北京户口将来不能在那边报考，只有回来上学。我说在北京不能上小学吗？他说能是能，那里搞素质教育，学生课外活动和兴趣小组多，周末根本不留作业。咱这里老师要求严，什么活动也没有，一天到晚就是抓学习，晚上留的作业得两个小时完成，为了将来考学，只有让孙子回来上学了。

现在素质教育已经推行了很多年，那种应试教育的遗风仍然驱之不散。家长的认识也很片面，学生只有智力开发了、综合素质提高了，才能成为有用的人才。曾经有过学生考上大学不会洗衣服的报道，我感觉这样的“人才”将来说不定还会成为社会的累赘。作为教育工作者，我们应该为社会培养德才兼备的人才，有才无德的“人才”不是真正的人才，说不定对社会更具有危害性。

我们学校开办了“家长学校”，定期给家长上课，让家长知道教育的规律，树立正确的人才观，改变错误的认识，改变自己的教育方式。虽然我们的家长学校不能覆盖到每位家长，但是我相信，如果我们的媒体、我们的社会都参与到教育当中，我想总会有效果的。

【陶继新】这是一个悲哀，素质教育推行了这么多年，很多人的认识还是像这个擦鞋店的老板一样。究其原因，考试评价出了问题。近几年来，关于升学考试评价方面的论文不知刊登了多少篇，课题不知立项了多少个，会议更是开了一个又一个，可是，依然没有找出一个考试素质教育的方案来。所以，你说你的，我做我的，“应试教育”照旧“红火”。要想解决这个问题，就要从考试评价上动大“手术”。当然，这种“手术”动起来有时会“伤筋动骨”。可是，没有巨大的痛苦，就不可能更好地解决问题。

在这种情况下，解决家长的认识问题就显得尤为重要。让家长明白，如果只盯着考分与升学，对道德品质与习惯养成等一概不问，孩子就不可能真正发展，甚至还要付出巨大的代价。不过，这两年我与不少家长交流的时候，发现已经有了一些好的转变，他们开始关注孩子的健康与品质。你们的“家长学校”已经初见成果，相信以后会更好的。

（原载于《教育时报》2012年4月12日，第1版）

08

“功夫在诗外”

——驻马店市一高科研兴校之路

↑李文忠校长

李文忠，1962年出生，河南省确山县人，河南大学中文系本科毕业，国家级骨干教师，河南省特级教师，全国第六届优秀校长，全国语文教改实践先进个人，河南省学术技术带头人，驻马店市“十大教育领军人物”，驻马店市“驿城功勋校长”，教育部国家教师科研基金“十二五”规划重点课题“动态校本语文课程开发实验研究”课题主持人。出版《动态语文课程开发：理论与实践》、《高中语文基础知识解读》、《文章谈片》等多部教育教学论著。

【按语】河南省驻马店市第一高级中学，始于1927年育英中学，是一所有着八十多年历史的老校。该校秉承“以人为本，关爱每一位学生，追求和谐发展”的办学理念，走出了一条“以课改促科研，以科研带动教师成长，以高素质的教师托起学校腾飞”的办学之路。近几年来，学校先后被评为全国教育系统先进集体、全国语文教改示范校、教育部国家教师科研基金“全国科研示范单位”。连年被评为驻马店市“教学质量先进学校”，并多次受到驿城区区委、区政府通令嘉奖。这篇对话，对该校的课改之路进行了一次多维梳理。

小荷才露尖尖角　早有蜻蜓立上头
在新课改大潮中的起步

【李文忠】我认为学校的任务说白了就是两大项：提升学生的生命质量，为学生一生发展奠基；提高教师的综合素养，让教师享受职业快乐。怎样实现这一目标，切入点非常重要，经过自己的教学实践，我觉得从课程建设入手，就是一个很好的切入点。课堂教学改革与课程建设是学科教育的两翼，只有两翼都强健了，才能带动一个学校腾飞。所以，我校最初的改革走了从课堂到课程的道路。

【陶继新】从课程建设切入很有道理，课堂改革改到深处，必须进行课程改革。课程改革有几个问题需要注意：一是国家课程的校本化；二是教师以及学生不但是课程的实施者，也应当成为课程的建设者；三是要体现“因材施教”的原则，力所能及地进行选课走班，从而让不同特长的学生各取所需，实现其生命的真正成长；四是要深入人心，得到师生的广泛认同，从而形成一种课程文化。

【李文忠】我最初进行的课程改革是从动态校本语文课程开发开始的，感觉到国家统编教材容量太小，课文选择不能完全适应时代发展和学生发展的需要，必须进行校本语文课程开发，以弥补国家课程的不足。也许当初我步子迈得太大，组织了一批教师自己编写了教材，叫做动态语文课程，取消了一切训练题，让学生集中精力进行阅读和写作。结果学生说突然不知道怎么学语文了；家长说孩子是要考大学的不是要当作家的，我们要的是分数；班主任拿着有关南京进行素质教育高考成绩下滑的报道对我说，语文是主科，如果考不好谁负责？面对各种质疑，我与学生进行了长达数小时的沟通：语文有其自身的特殊性，没有大量的读写做基础，语文成绩的提高是不可能的。学语文一定要摒弃急功近利的功利主义，要静下心来潜心读书、写作。语文学习的目的不是单一的，诸如积累语言、知识与思想，提高阅读能力（核心是对文本及媒体的理解能力）、吸纳能力和表达能力等。从功利的角度，时下学习语文是为了高考能得高分，这当然没错，关键是高考语文怎样才能得高分？做题只是完成了得分的一个方面的训练，即通过做题达到提高熟练程度的目的，但不能从根本上解决语文考试得分的问题。

跟着我实验的老师也有了动摇。我们进行了广泛的沟通，我对他们说，我们的语文课越来越无法吸引住学生，就是因为我们把语文教学仅仅是当成了做习题。到底是什么在强拽着学生还能拿出语文课本学习语文，如果只剩下考试，那是语文教师的悲哀，也是语文教育的悲哀。教师拿什么吸引住学生？拿什么引起学生学习语文的兴趣？唯有不断充实自我、提升自我，不断创新教学方法，开发全新的语文课程。

我还通过开家长会，向家长解释我们为什么这样做，最终取得了家长的认可。家长们说："我们明白了，我们相信你，你按自己的想法去做吧。"学校的课改就是在这种情况下开始的。

【陶继新】赞同您的看法，一个学期教二三十篇语文课文，绝对不可能提高学生的语文水平。为什么很多学校、很多老师依然在那里盯住那寥寥无几的语文课文喋喋不休地讲个没完呢？一个关键的问题就是，教科书是尚方宝剑，几十年都是这个样子，这是毋庸置疑的。可是，大凡对语文教学有点真正研究的人，都会明白一个起码的常识，没有大量的读写是不可能学好语文的。没有一个人是通过学习语文课本而成为作家的，反而有相当多的人是通过学习语文课本而不愿意读书与写作的。

语文有语文的特点，大量的习题训练，会让学生越来越讨厌语文，会让语文教学走进死胡同。山东省潍坊市有个韩兴娥老师，一本语文教科书只教两周时间，其余时间全部教自选的相对经典的作品，其数量比同年级段的学生多了几十倍，其学生的读写水平也高出很多。她的“海量阅读”取得了成功，潍坊等地推广她的经验，全国各地学习者也是络绎不绝。我在听她的课时，发现她教得兴趣盎然，学生学得津津有味。语文学习，成了老师与学生的最爱。

习惯的力量是可怕的，特别是高中语文教学，打破常规进行大量读写，会不会影响高考成绩？这必然成为人们的一种疑问与担忧。所以，您进行语文课程改革，显然是要冒风险的。可是，是害怕承担责任，还是真正为了学生的发展，这是考量一个校长有无教育担当的重要标尺。

您是一个担当者，同时，也是一个智慧者。通过一系列的工作，您破除了家长与老师们的顾虑。改革，没有从一开始就被扼杀在摇篮之中，反而有了极其强劲的生命活力。

鸟欲高飞先振翅　人求上进先读书
课改的核心是以学立人

【李文忠】课文只是个例子。叶圣陶先生是这样说的，我们也是这样做的。如何用好这个例子，由对课文的解读扩展到广泛的阅读，需要找到一个结合点。把课文作为示范，通过课文的解读激发学生的阅读兴趣，培养学生良好的阅读习惯，训练学生阅读的方法，课文在学生语文学习中的作用也就是这些。关键是怎样利用课文完成这些任务。比如，我给学生讲现代诗歌，课文讲完了，用了近一个月的时间，补充了大量的现当代诗歌，一下子把学生带入到诗歌的王国。我决定举办一次现当代诗歌鉴赏会，结果学生自己去找材料，自己买书，自己吟诵，自己点评。一位家长给我打电话说：“现代诗歌高考不考，可孩子读诗都快读疯了，他说是你让读的，这是不是在浪费时间？”我告诉他：“孩子爱学语文了，你应该高兴，如果整天做题语文又学不好，那才是浪费时间。”学到古典文学部分，其中有一篇《群英会蒋干中计》，我给学生放“百家讲坛”《易中天说三国》录像。放完后，学生说我们想读《三国演义》，班主任说不准读课外书，怎么办？我给学生买了几十本《三国演义》，每本书上都盖上我的书印，我说，你们只管读，如果班主任把你们的书没收了，你们就说是借我的书，书上有印章作证。班里掀起了读书的高潮。后来，有的学生又自觉地去找《三国志》去读。我适时地引导学生，边读边写书评，我觉得这才进入到真实的语文学习状态。

【陶继新】现代诗歌高考是不考，可是，学习优秀的现代诗歌却可以提升学生的语文水平，这对学习其他文体的作品、对于写作，都会起到重要的作用。有的人多是看一些表面的现象，多是急功近利，而没有从深层去思考，没有从长远处考虑。人们经常说为了学生一生的成长，可到了与应试有冲突的时候，为什么就不再为了学生一生的成长了呢？

特别赞成您让学生读《三国演义》。我上初中的时候，学校没有图书馆，自己又没有钱买书，后来来了一位柴老师，他有一套《三国演义》，且借给我看。结果，这一看，完全着迷了。我不但为其人物形象塑造与故事情节所吸引，也被其多是四字一句的异常精美的语言所折服。于是，开始了大段大段地背诵。没有想到，此后语文水平直线上升。如果不是遇到柴老师，如果没有《三国演义》的阅读甚至背诵，也许我不一定爱上文学，也不会有今天的写作水平。可是，一般的老师并不了解其中的要义，因为他们也不太会写作，所以，班主任要没收课外书就不足为奇了。您的可贵之处在于，您为他们的阅读做了最为有力的支持，让他们毫无顾忌地去领略《三国演义》的奥妙。我认为，如果一个学生能够认真阅读一遍《三国演义》，比老师那种毫无情趣地讲上一个学期的语文课收获还要大；如果再阅读《三国志》与写书评，就比老师教上两个学期的效果还要好。20世纪80年代上海育才中学段力佩校长不就是在语文课上让老师教学四大名著吗？由此看来，一个真懂语文教学且敢于为学生提供支持的人当了校长，不但是学生当下之福，也是其一生之幸。

【**李文忠**】是的。读经典可以影响学生的一生，可以为学生找到心灵的皈依与灵魂的栖息地。学生为什么不爱读经典，却去读玄幻、怪异、武侠之类的小说？就是因为老师没有让学生感受到经典的奥妙、魅力和美丽。学生对经典的喜爱不是靠逼迫，而是靠引导。首先教师要热爱读书，尤其热爱经典。不但爱读，还要读出水平，形成对名著、对经典的独特感悟，能给学生讲出使他们恍然大悟的东西，能把学生带进经典的奥妙之中，这是引导学生读经典的前提。我的学生读经典，大多是听了我的讲座后开始的。语文教师的首要任务是让学生热爱语文、热爱读书，把读书当成生命的重要组成部分，让学生对经典、对智慧充满敬畏。

李文忠校长与老师们研究课堂改革

已经上大学的学生返校谈起高中的学习生活时说："高中三年最大的收获是扎扎实实、认认真真地读了几年书，养成了一个好的读书习惯，真的很怀念老师带领我们在唐诗、宋词、元曲的世界里遨游的那些日子。"

【**陶继新**】《学记》上说："虽有佳肴，弗食不知其旨也；虽有至道，弗学不知其善也。”学生为什么不爱经典？是因为他们没有很好地学；为什么没有很好地学？是因为老师没有将他们引上阅读经典的道路。开始读经典的时候，他们也许会感到有点深奥，也许有的还不会特别有兴趣，可是，随着阅读的深入，他们就会越来越喜欢经典，真正爱上经典。从本质上说，经典文化是可以改变人的生命走向的，因为其中充溢着无限的智慧，也有着思想的亮光，读得越多，思想境界就越高，心灵越净化，生命也就越优化。而且，这个作用不止于当下，还有延续效应，甚至可以惠及人的一生。人的生命有限，如果让学生读一些没有多少思想与文化含量的书，无异于限制甚至阻隔了他们的生命成长。只有阅读经典，才会让他们的生命越来越精彩。

汝果欲学诗　功夫在诗外
课改的终极目标是形定于不教之学

【李文忠】当然，阅读仅是语文学习的一个方面。语文学习的另一个方面是表达。怎样让学生的写作充满个性、充满活力，是语文教改的另一个重要内容。我认为，只有老师把写作变成学生的一种冲动、一种责任，作文教学才能找到根本的出路。学生写不出感人的作文，是因为他的内心世界不丰富，缺少真实的情感体验，缺少生活的积累，自己都感动不了还怎么能感动别人。所以我们在作文教学上就开始了引导学生观察生活—参与生活—阅读名著—勇于表达—培育情商这样的一个路子。

【陶继新】《文心雕龙》的作者刘勰说：“夫缀文者，情动而辞发。”可是，现在不少学生写作是无病呻吟，当然写不出好的作文来了。那么，怎样才能有这种感情呢？除了必备的生活储备之外，还要有意地培养学生高尚的品格、良好的习惯、丰富的情感，这是作文的“诗外功夫”。为什么说文品如人品？为什么将做人与作文联系在一起？一个关键的因素就是，作文不是为文造情，而是因情生文。人做不好，没有真情实感，是写不出好的作文来的。

【李文忠】为了让学生写出真情实感，写出高品位、有分量的作文，我精选了一部分优秀影视作品，比如《帝企鹅日记》、《肖申克的救赎》、《千与千寻》、《活着》、《九寨沟风光》、《中国法治人物颁奖晚会》等，题材涉及面非常广泛，让影片将学生带入到广阔的社会、人生、自然之中去。借助影片，引导学生励志达才、关爱社会、敬畏生命、热爱自然。让影片作为引子激发学生写作的欲望。观看结束后，我组织学生发言谈自己的感受，在互相的碰撞中学生的表达欲望被激起，发言滔滔不绝，我趁机让学生把没有说完还想要说的话写出来。而且，我告诉学生，大家写的东西可以给我看也可以不给我看，没有硬性的任务，有话想说就写，无话就不写。结果学生写得比平时的硬性作文还要长、还要精彩。后来，给学生放完影片，还没要求学生怎么去做，就有不少学生边感触边写起来。

【陶继新】“要我写”与“我要写”的结果之所以天地之别，是因为前者是为文造情，后者是因情生文。为文造情要搜索枯肠，所以为文也难。更重要的是，长期为之，还会在学生心里烙下一个很不好的思维定式，作文就是造假，甚至有人说，作假始于作文。为情生文者则因有情在喉，不吐不快。由于皆系真情，也向学生传递一个信息：作文就是抒发自己的真情实感，久而久之，作文与做人也联系在了一起。您的高明之处在于，您不但知道这些作文之道，而且选取了有效地激发学生情感的载体——优秀影视作品。学生沉浸于影视片故事情节的过程中，感情情不自禁地被调动起来。而且，这些情感都是与人生成长的美好品德联系在一起的。所以，当学生执笔成文的时候，不但可以写出情感充沛的优美文字，也在潜移默化中提升了人生的境界。

【李文忠】影视资料、名家名作毕竟是间接体验，“纸上得来终觉浅”，所以要引导学生走入社会、走进生活，“绝知此事要躬行”，直接体验和感受。把民间故事、传说、典型方言等乡土文化资源和社会热点、家长里短、角角落落等社会现象引入语文教学。我给学生布置采风活动，学生走村串巷，搜集到大量的一手材料。在此基础上让学生对搜集的材料进行整理、加工、研讨和再创作。学生有的写成了研究性论文，有的写成了社会调查报告，有的写成了时事评论，也有些学生写成了文学作品。一个学生在他们村里听说了一个老队长的故事：老队长解放前给地主当大令（工头），每到麦收季节便让工人在地头一字排开，他高喊一声“开镰了”，麦收开始了。解放后，他当队长，在麦收时仍然延续这种习惯。这些年实行了机械化，他就经常念叨：这还是麦收吗？有一天，麦子成熟时，他站在地头高喊一声“开镰了”便倒在地上再也没有起来。学生以此为素材写成了一篇人物散文。里面有倒叙、插叙和补叙，运用了多种描写手法，人物刻画非常细腻，大家听后都很感动。从文学创作上看俨然大家之作，但问他每处使用了什么写作方法，他却说不出个所以然。

研究性学习答辩会

还有一个学生，采访了一位抗美援越老战士，也是采用了好几种表现手法，写成了一篇很成功的人物通讯。学生在不自觉之中就学会了人物通讯的写作。这才是真实的作文教学，学生全身心地投入进去，不是在应付差事，也不是在完成老师已经定好的作文题，各种写作技巧也在不知不觉中运用自如了。

【陶继新】写作需要技法，可是，如果没有"道"的支撑，大都显得苍白无力。那么，什么是写作之"道"呢？那就是文化积累与生活积淀。读书，特别是读好书，就是积累文化；让学生开展采风活动，就是积淀生活。这两个方面做好了，写出好的文章就有了"道法自然"的美丽。现在不少学生害怕作文，写不好作文，有的还参加了这样那样的培训班，依然写不好作文，关键就是没有在"道"上下功夫，只是在"技"上做文章。这显然是舍本逐末。您则不然，您是让学生在"道"上做文章，尽管没有讲解多少方法，可很多方法尽在其中了。我有一个报告题目，就是《近"道"写作：开启审美人生之门》。重点在讲写作的时候，如何与"道"相接。如果接触多了，特别是走到了一定的境界之后，写起文章来就会游刃有余，而且感到写作原本是一件其乐无穷的事情。长期的写作，非但不会太累，反而感到是一次又一次的审美活动。它不但可以提高人的写作水平，也可以提升人的生命质量。您说的两个学生写的作文何其美也！哪还有什么负担？完全是一种审美经历啊！

有意栽花花不发　无心插柳柳成荫
成绩是课改的自然之果

【李文忠】学生的兴趣提高以后，自学的能力也上去了，成绩自然也就有了。在我做课改第一轮实验将要结束的时候，赶上河南省中学生作文竞赛，我们学校3个年级共有11名学生获奖，我所教班级的学生就占了8名。学校领导、老师和学生们都很吃惊。但是课改能不能进行下去，能不能带动更多的老师投身课改之中，没有高考成绩是不能让众人信服的。2000年高考结束后，在等待成绩的那些日子里，我一直忐忑不安、提心吊胆。我明知道学生肯定不会考砸，但还是放心不下。成绩下达的那一天，我偷偷地跑到教务处把全年级的成绩拷贝了一份，自己先核算了一遍，看到我所带班级的语文平均分高出全年级50分（标准分满分900分），而且有个学生考了895的高分，我激动得热泪盈眶。其实，即使我班学生和其他班级考的成绩一样，实验也是成功的，因为我用了同样的时间，却让我的学生得到了分数之外更多的东西。

【陶继新】尽管高考作文的评价没有客观的标准，主观色彩比较重，可是，阅卷者在总体评价的时候，还是会看出作文水平高下的。从这个意义上说，有这样一个高考结果当在情理之中。其实，学生与学生之间的作文水平原本差异是不大的，为什么您教的学生考得这么好呢？我想，这正是遵循了作文教学之道，而不是一味地为了应试。一般人认为，为了应试当然可以考出高分了。其实不然，那种急功近利之法是不可能全面提高学生作文水平的。只有学生自己拥有了写作的内功，才能在面对不可预知的作文题目的时候，以不变应万变。您明白这个道理，您是真正为了学生的一生着想啊。

【李文忠】实验的成功，为大家走出了一个语文教改的路子，也树立了其他教师的信心。动态语文实验的成功也证实了：语文试卷只能是一种检测形式而不是一种有效的学习方法。我们学校的语文教学改革也由此全面铺开。几乎每天都有老师去听我的课，有些课我在讲，有些课学生在讲，有些课干脆就是学生在阅读、在写作。有时我不得不事先提醒来听课的老师：今天不讲课，是学生自读。有老师说：自读，我也就陪着你们班的学生读书吧。

有老师想模仿我的课，但是模仿不成。他们说："你与学生对话，一堂课下来，如行云流水，不着痕迹，而且能将话题不断引向深入，在我们班为啥不行？"我说："问题其实很简单，从学生角度来说，没有给他们留下充足的读书时间和充足的思考时间，老师就先布置了一大堆问题，把他们的思维给框住了。"要想办法突破阅读定式，放开阅读视野。从教师的角度来说，自身的储备不够，对文本的理解不透，没有自己的独到见解和感悟，备课只是把教参的东西搬到教案本上，再从教案本上搬到学生笔记本上。课堂没有思想冲击，没有感情参与，没有思维的激活，课就成了死课。

【陶继新】人们多看结果，特别是多看高考的结果，这不是什么好现象，可是，对于您的改革，却起到了推波助澜的作用。这个时候，不再需要您苦口婆心地宣传动态语文改革的好处，一个又一个的老师却已经是"太公钓鱼，愿者上钩"了。老师们的这个转变，其实还有功利思想的因素，他们是在探求您取得高考高分的某种"秘方"。正是因为这个认识上的错位，加之平时没有写作教学的真正研究，往往是只能学其表，而不能学其里。这说明一个问题，要想教好作文课，要想让学生写出好的作文来，就不能急功近利，应当从根本上解决问题。那就是您所说的，要让学生多读书、读好书，不然，不可能"腹有诗书气自华"。而老师呢？更应当多读书，不然，就不知道文章的妙道在于何处，也没有多少属于自己的精彩语系。同时，我还赞成叶圣陶先生关于老师写"下水文"这个要求。很多语文老师，一年甚至几年不写一篇文章，即使给学生布置了作文题目，自己也未必写得好。相反，如果经常写作，在学生作文的时候，也同题作文，且有远远超越学生之上的佳作，再指导学生写作的时候，便可得心应手，且让学生心服口服。

潮平岸阔催人进　风好扬帆正当时
成功在于不断将课改引向深入

【李文忠】我很赞同您的看法。为了能够使语文课改在全校推开并延伸到全校各科，我把语文教师组织起来做了几件事。一是请进来、走出去。让教师学习外地的课改经验，吸纳专家学者的新课改理念，转变教师的观念。转变没转变观念，就从考察学习和报告听后写的汇报材料上看。二是开展读书活动。不但读教育教学理论书，还要读文化历史书，让教师有宽阔的视野和深厚的文化积淀。三是鼓励教师写读书随笔。几年下来，语文教师写的读书随笔积攒下来出了一本集子《众里寻她》。四是举办教师沙龙活动。每周一个话题，提前一两周通知各位参会教师，并要求带一名本班学生，校长或业务副校长参加。老师们针对话题纷纷发言，改变了以往研讨乱无主题、只说教案、只研究试题的做法，对教学中的问题往往能够形成更加深刻的认识。在短短几小时的沙龙活动中，有些问题不能立刻解决，我们就把它作为一个课题让教师拿出更长的时间进行专题研究。学校申报的省级和国家级课题大多都是从这里产生的。

【陶继新】您太用心了！请进来、走出去既可以让一部分老师开阔视野，还可以让全体教师领略专家的教育智慧。老师当然需要读教育理论的书，可是，如果只读这方面的书，对其他类的书所知甚少的话，往往会陷入“不识庐山真面目，只缘身在此山中”的怪圈里；而读书的范围广了、深了，就可以走进一种“横看成岭侧成峰”的高层境界里。这样，再教学和看各种各样教育现象的时候，就会有了另一种视角、另一种心怀。教师不但要读书，还要会写文章，这两个方面是教师生命成长的两翼，缺一不可。特别是写读书笔记，会让老师更好地读书，更多地读书，读更好的书。这样，读与写就会互相促进，让教师拥有更高的文化品位。教师沙龙可以让教师“各言尔志”，说者在传达自己的思想与智慧，听者在享受这种思想与智慧。而且，有的时候也可以有讨论甚至争鸣，从而让思想在这种参与中碰撞与升华。

【李文忠】动态语文在全校铺开以后，我们就把动态语文作为一个全校性的课题进行研究，给老师进行分工，购买图书资料，制定科研计划。在这之前，跟随我实验的教师往往有始无终，坚持到底的寥寥无几。为了保证课题的进行，我想了个办法：每个人选一个点，签字画押，愿意参加就参加，不参加可以退出。我每周对开展情况监督和协调，以至于有老师说：“你催啊催，像要狗肉账，上研究生也没恁难！”我开玩笑地说：“人而无信，不知其可。既然签字了就得完成。”后来，我们将教师的成果汇集到一起出版了《动态语文课程开发：理论与实践》，当散发着墨香的书送到大家手里的时候，大家高兴得眉飞色舞：“李校长，下一步我们往哪走？”过去是逼着老师做科研，现在是老师喊着要课题。

组织学生开展研究性学习

【陶继新】“签字画押”当是无奈之举，但却可以看出您的拳拳用心。在课程改革的过程中，有时候也是需要一定的强制手段的，当然，要让老师慢慢地体会到这种强制背后的良苦用意，并最终尝到这种强制之后的甜头。而出册子，则是一个更加高明的办法。每一个教师都希望自己的文章变成铅字，可是，这种希望往往是很难实现的。而您，让大家实现了这个愿望。况且，这个册子是可以传递的，每个教师都要阅读，也就是说，一个老师的文章见诸册子之后，就有了全校老师这个群体的读者。同时，每一个教师也可以在阅读他人的文章时汲取有用的营养，从而让自己的教育教学水平“更上一层楼”，甚至还可以提升自己的思想与心灵境界。所以，再做科研的时候，就不再是逼他们，而变成了他们积极主动地搞科研了。

【李文忠】有了语文教改的成功经验，其他学科的教改就容易多了。实际上，有些学科是在学校没有安排的情况下自主进行的，像政治组、历史组，分别开展了“动态政治”实验研究、“动态历史”实验研究，甚至化学学科也进行了“动态化学”实验研究。由于学科的特点不同，这些实验研究在操作过程中、在课堂教学模式上、在校本课程开发上，虽不尽相同但仍有一个共同的特点：都注重了课本之外课程资源的开发与利用。在课程开发的过程中，课程生活化、课程社会化、师生共建课程，已经成为我校课程建设的一大特色。

种瓜得瓜　种豆得豆
课程改革收获的不仅是分数

【李文忠】以课程建设为切入点的科研、教学并重局面的形成，提高了教师的整体素质，提升了学校的办学实力。河南省教研室高中学科中心教研组组建后，让各地市推荐兼职教研员，在全市推荐的9个学科教师中经过省教研室的审核，我校占了6名。市哲学社会科学规划项目、省级教科研课题和国家级项目我校占据全市高中半壁江山。我校先后被评为全国教育系统先进集体、全国语文教改示范校、教育部国家教师科研基金“全国科研示范单位”、河南省校园文化艺术工作先进单位、河南省文明单位、驻马店市社科教育基地、驻马店市教科研五星级学校等。学校的教育教学质量也走进了全市的先进行列，学校连年被评为驻马店市“教学质量先进学校”，并多次受到驿城区区委、区政府通令嘉奖。这些成绩是多种因素促成的，但也在很大程度上得益于一路走来的新课程改革和校本课程建设。

【陶继新】“榜样的力量是无穷的”，动态语文改革的成功，必然带动其他学科的改革，而且这种改革还不只是学生的考学成绩好了、大家科研的水平提高了，还有一点就是老师们的课程意识普遍提高了。于是，就形成了一个共识，那就是主动积极地向教科书之外要课程资源。由于这些课程多是基于问题的研究、基于学生的发展而诞生的，所以有着特别强的生命力。教师的开发与实施有着持续的热情，学生也在这种课程中有了更好的成长。开发课程会占用老师一些时间，可是，由于是主动快乐的，所以就有了“工作是最大的休闲活动”的良好生命状态。

世间有一个看不见的规则，那就是种瓜得瓜、种豆得豆。你们播种下教师成长的种子，也就结下了成熟的果实。有的人也许对你们取得如此骄人的成绩觉得不可思议，其实，任何学校这样做都会收获相应果实的。而且，老师们在收获这些成果的时候，会更加自信，更喜欢科研，还会取得更大的成绩。

【李文忠】陶教授，我想说点题外话。通过我们学校的课改，我感到，一个学校某一学科的课改可能有一两个有权威的教师就能带动起来，但是，整个学校的课改必须是由上而下的，这也是到现在我还在给学生上课的原因之一。我现在上的是选修课，也是想摸索出上选修课、编制选修课教程的路子。而且，为了带动教师的写作，我自己坚持写随笔，并且不断发在博客里，接受师生的"检阅"。

【陶继新】您说得很有道理，校长有其不可替代的优势，这是一般老师没有办法做到的。他们在其职权范围内，可以有效地推行其改革的思想与方略。校长也是最能出教育家的职业。孔子、陶行知、苏霍姆林斯基等大教育家就都是校长，却很少有教师成为教育家者，尽管有的是非常有名的名师。从这个意义上说，您既是非常幸运的，也有了更大的责任。希望您的改革更加深入，希望您本人有着更加广阔的发展前景。

（原载于《中国教育报》2012年2月19日，第4版）

09

为孩子的未来埋下可能的种子

——肥城市白庄矿学校“情效大课堂”解析

↑邱绪岩校长

邱绪岩，1968年11月生，中学高级教师，山东省肥城市白庄矿学校校长，1990年7月毕业于菏泽师范学院。兼任现代学校教育发展联合会副会长，泰安市教育科研专家库成员，发表文章二十多篇，多次应邀赴北京、山西、河南讲学。曾荣获中国百佳创新校长、全国综合实践课题研究先进个人、省校本教研先进个人、泰山名校长、泰安市“感动校园十大人物”等荣誉称号。多年来他秉持“教孩子一时，想孩子一生，想民族永久”的教育理念，创立了“情效大课堂”教育模式，确立了“素质教育十个一工程”，实现了学生素质全面提升和学校的优质化发展，荣获泰安市特色鲜明学校 、省规范化学校、省绿色学校、 省语言文字规范化学校、省校本教研先进学校、 省创新教育先进单位、中国创新型学校等二十多项市级及以上荣誉称号。

【按语】每一所学校的发展，都有其对教育独特的思考和实践。肥城市白庄矿学校的“情效大课堂”，基于其“对未来负责”的校训，经历了反复的实践、思考、提升的艰难历程。陶继新老师从2005年开始，多次深入白庄矿学校采访，这次陶老师和邱绪岩校长的对话，既是对“情效大课堂”的解析，更是对这一品牌形成的见证，期待着他们的实践能为每一所行走在路上的学校带来新的思考。

“情效大课堂”之基本理念

【邱绪岩】从2002年5月我担任校长至今已有九年时间，这九年在您的引领下感觉到自己有了实实在在的成长，从一个学习者、模仿者开始慢慢地有了自己的教育理念，也有了自己审视教育的视角和观点，慢慢地形成了“情效大课堂”的理念和主张。

【陶继新】很多创造都是从模仿开始的，愈到后来，这种模仿的痕迹愈淡，创新的成分就愈多。你们的“情效大课堂”的诞生，就经历了这样一个过程。这其中有您的一次又一次的实践，也有您的一次又一次的思考，而且你们的实践并不是在一个平面上滑移，思考也随之有了一次又一次的升华，最终形成了这个品牌。

【邱绪岩】最初的想法就是想解决教师苦教、学生苦学的教学现状，期盼着课堂能成为师生生命相互润泽的情感场、氛围场、智慧场，让课堂教与学成为师生共同的期盼，教师能够愉快地教、学生能够快乐地学，让教师能享受到教之乐、学生体验到学之乐！

【陶继新】学习本应当是生命个体探索未知的幸福之旅，可是，很多已经演变成了心力交瘁的苦役。而苦教与苦学的结果，不但不可能产生高效的学习效果，也会在教者与学者心里积淀一种很不快乐的情绪。所以，让师生体验快乐的思考，意义是非常重大的。

【邱绪岩】是的，让师生体验学之快乐应该是教育的追求，也是教育的意义所在，为此，在最初我们提出了“师生情感正效”的课堂要求。为了实现这个想法，我们曾经有过疯狂的学习期，也曾跟随着各种教育盲目地奔跑过，最后我们还是静下心来思考，在深刻分析了教育的目的、性质及现状后，认识到我们姓“基”，我们的任务就是为学生的生命发展筑基，打好知识基础、能力基础、思想道德基础、精神价值基础之后，才有了我们今天对“情效大课堂”新的理解。

承办全国中小学生创新大赛

【**陶继新**】认识到姓“基”才能遵循基础教育的规律，才能冷静下来思考基础教育究竟如何来办。有的学校只是关注学生的知识与能力基础，没有特别关注精神价值基础。可是，对这个问题的忽略，带来的负面效应之大是可想而知的。《大学》有言：“自天子以至于庶人，一是皆以修身为本。”可是，并不是人长大了才考虑修身的问题，如果小的时候没有为其打下良好的精神底色，以后的修身就无从谈起。而修身做人问题解决不好，即使有了再多的知识、再大的能力，都不可能对社会做出好的贡献，甚至还会对社会产生危害。你们重视这个问题，会让学生既有今天的幸福，也有明天的幸福，而且也是对社会负责的一种体现。

【邱绪岩】是的，道德的高度决定了人生的高度。做教育不能偏执于一端，既要面对今天，也要面对明天；既要面对学生生命发展的需求，也要面对社会发展的需求，培养有道德的高素质公民，这是国家、社会的要求，需要我们正确地面对。我们反对曾经倡导的为了明天的幸福，牺牲孩子们当下幸福的“吃得苦中苦，方为人上人”、“头悬梁，锥刺股”式的教育；也反对借口为了孩子当下幸福地生活、快乐地学习、健康地成长，一味地“尊重、期待、激励、欣赏”式的教育。教育如果缺乏了与“严格要求”相结合，缺乏对生命成长基础的夯实，虽然能让孩子们暂时“幸福”地生活，但可能会如同绚丽多彩的肥皂泡沫一样，随时面临破灭的危险，完整的人生需要酸甜苦辣。教育是艺术，更是科学，需要“实中求实”，让学生在实实在在的教育中获得实实在在的知识增长、能力增强、精神丰润，让学生具备进一步发展自己的各项竞争力，这既是对学生的负责，也是对社会的负责。

【陶继新】“吃得苦中苦，方为人上人”从本质上讲，是功利追求，这里的甜，多指个人获取功名利禄的感受，而非自己生命价值的实现与对社会的贡献之。所以，是不足取的。“头悬梁，锥刺股”式的教育显然是行不通的。在这种状态下的学习，人是昏昏然的，是极其低效的，而且长此以往，会对人的精神心理造成伤害；相反，劳逸结合状态下的学习，是快乐的、高效的。我这些年休说“头悬梁，锥刺股”，就是夜班也不加，休息好、锻炼好，有了饱满的精神，读书背书效率高，写作的时候也多能文思泉涌。而且，不管干什么，当下非常快乐，感到工作与生活得很有意义。我希望学生有这种状态，这样，他们不只是当下快乐，未来也会幸福的。

只有“尊重、期待、激励、欣赏”而没有“严格要求”的教育，是缺失的教育。《学记》认为“严师为难”，孔子的形象就是“温而厉，威而不猛，恭而安”。您看看，从外在形象上需要温和，也需要威严，在实际教育教学中，就更应当严格要求了。对学生爱而严，才能让他们真正成长起来。而且，在做这些的时候，正像您说的那样，要实中求实，而不是华而不实。教育不缺少空头的理论家，缺少的是脚踏实地的实干家。实践出真知，实践也出名师、出名校长、出专家，甚至出教育家。

【邱绪岩】教育不能脱离现实，教育的思考不能脱离实践，正是本着宽严并济、实中求实，让学生真正成长的思路，使我们的教学由最初的“师生情感正效”发展为以“情智并重、追求正效”为理念的“情效大课堂”，期待能够实现学生情商、智商的和谐发展，期望能够把孩子们今天的幸福与明天的幸福连接起来。同时也由最初“师生情感正效”的思考，不断延展至“自我认知正效、学习认知正效、信心正效”，在思考的不断延展中豁然跃动出“教育效应”四个字。任何教育行为和方法都会对受教育者产生或强或弱的效应，这是我们的“教育效应说”，可能不够恰当，但正是这种教育效应的认识，让我们感到教育者的责任重大、如履薄冰，因为教育是有痕的。

服装表演

【陶继新】“情智并重”是因，“追求正效”是果，有因就必然有果。一个人的智商是相对稳定的，可是，一个人的情商却是可以培育与提高的。纵观世上成大事者，往往智商不是多么高，情商却非常好。所以，“情感正效”对于一个人的成长太重要了。师生情感和谐了，学习就会事半功倍；相反，则会事倍功半。而且，这种表面之“效”的背后，还会对生命个体形成更大的影响。长期快乐愉悦且高效的话，会无形之中增加自信，会让生活、学习与工作变得很有意义；而那些“情感”方面出现问题者，不但不会高效，还会感到生活、学习与工作了无意义。久而久之，便会在心理深层形成一种生命毫无意义的定势，会令当下甚至一生难以享受到生活、学习和工作带来的快乐，也就是说，有可能失去终生的幸福。从这个意义上说，您所说的“情感正效”，不但在当下的课堂上，也在日常的行止中，更在未来的生命里。

【邱绪岩】积极的情感是健康、快乐生活的保障，也是高效学习的保障，更是人成功的保障。国外学者曾经对国际成功人士进行过统计，最后的结论是人的成功70%取决情商。美国神经科学学会Eric Jensen在他的著作《聪明的秘密》一书中，从脑科学的角度证实愉悦的情感会增加神经元的生成、促进脑细胞的繁殖，从而促进人智力的发展。这更需要我们的教育者始终呵护孩子们的情感，为孩子们创建一个愉悦学习的氛围场、情感场，这个场不仅会影响学生学习之效，更会影响学生将来的生命之效。

【陶继新】要想呵护孩子的情感，就要真爱他们，而且要让他们充分感受到这种爱。有爱与没有爱，感受到爱与感受不到爱的感觉是大不一样的。当然，这里所说的爱，并非溺爱，有的时候，适当的批评教育也是爱。不过，要让孩子感到，这不是害他，而是利他。一个生活在爱的氛围里的孩子，思想与心理是健康的。而且，这种健康还会呈现在身体层面，也会延伸到未来的生命中。这样，学生就不仅有了学习的高效率，也有了生命的高效益。由此可见，您所说的创建一个愉悦的学习的氛围场、情感场是关乎孩子一生幸福的一个正效工程。

“情效大课堂”之多元课程

【邱绪岩】是的，教育需要关注学生一生的幸福。我们的校训是“对未来负责”，我们的想法就是不仅要关注孩子当下的幸福，还要关注未来的幸福；不仅要思考当下我们应该为孩子做些什么，还要考虑我们的教育能够为孩子留下些什么。因为谁都无法预测孩子们的明天，我们不能凭着想象或我们的一厢情愿办教育，今天的儿童可能什么都是，也什么都不是。爱因斯坦四岁才会说话，七岁才会写字，老师对他的评语是：“反应迟钝、思维不合逻辑，满脑子不切实际的幻想的孩子。”谁能想到他能成为伟大的物理学家。华罗庚在小学毕业时因为成绩不好没有拿到毕业证书，念初一时，因为数学不及格不得不补考，谁能想到他成为了中国著名的数学家。基于这种“儿童的今天≠儿童的明天”的认识，我们认为，基础教育需要实施全方位教育，开发多元课程，让学生多元经历，促进学生多元智能和谐发展、个性发展，为孩子未来的发展埋下一颗颗可能的种子，期待将来他们面临人生抉择时，曾经埋下的某颗种子能够生根发芽、开花结果。为此，我们提出了“情效大课堂”多元内容、多元经历的课程建设思路。

【陶继新】教育改革走到深处，就必然要进行课程改革。不过，这会大大增加学校的工作量，也会大大增加工作的难度。所以，一些只是关注“应试教育”的学校，对于课程开发多是充耳不闻，或者表面赞成而实际应付。不为学生提供丰富多彩的课程，并形成课程文化，学生就很难享受到真正优质的教育资源，也很难更好地成长。你们所开设的多元课程，为孩子更好地成长提供了有效的载体。孩子有共同点，也有不同点；有共同的需求，也有个性化的需求。教育就要满足孩子这种多元的需求。这两三年来，几次到你们学校参观采访，颇为学生在这些新开发的课程中乐此不疲地学习而感动。这会不会影响学生的考试成绩呢？回答是否定的。从时间安排上看，确实挤占了一些必考科目的学习；可是，学生从新的喜欢的课程中，享受到了一种前所未有的快乐，也收获了一个又一个令老师与家长称赞不已的成果。于是，这就自然而然地在他们心里生成巨大的自信能量。这种能量往往能大大提高学习效率，并使他们再一次领略到课程开发带来的喜悦，从而提升其幸福指数。

【邱绪岩】是的，多元课程的开发在一定程度上增加了教师的工作量，但同时也促进了教师的专业成长，促进了教师的多元发展，使一大批教师形成了自己的品牌。像冯国庆老师的快速作文、张绪文老师的科技辅导、张立谦老师的诗词课、李伟老师的高效记忆等，这便是无心插柳柳成荫的意外收获吧。同时，各种智能之间也是一个互相促进、互为基础的关系，如果把每一种智能都比喻成一块砖，只在一块砖上往上摞是摞不高的。多元课程的开设，不仅促进了学生多元智能的发展，而且带来了需求的满足和成功的愉悦，在情智都得到和谐发展的状态下，高效自在情理之中。

【陶继新】昨天听冯国庆老师的课，很是吃惊，老师任意命题，学生用15分钟时间竟然能够当场完成一篇作文！而且，有些作文写得相当精彩，极其感人。刘勰说："夫缀文者，情动而辞发。"可见学生是动了真情，写了真文的。作文贵在真，也贵在自然。如此发展下去，会有更大收获。在听李伟老师的高效记忆课时，也是让我们有大开眼界的感觉。当时我们同行的一位专家写了20个成语，李老师只是在课堂上读了一遍，竟然有不少学生当场背诵了下来。这在一般人看来是不可思议的事情，可是，它却成了实实在在的存在。看来，学生的潜能是巨大的，关键是如何有效地开发这些潜能。如果不予开发，时间长了，便会处于沉睡乃至死亡状态；而有效开发则会让不可能变成可能，也会让学生感觉到自己的"伟大"。有了这种感觉，学生孜孜以求地乐学，不就变成现实了吗？

【邱绪岩】是的，从我们的教学实践中，真切地感受到每一个孩子都是潜能无限，大多数孩子是教什么会什么，但潜能无限并不代表能力无限，潜能要转化成能力，需要我们教育工作者为孩子们创设多元课程，让孩子们在多元经历中去挖掘自身潜能。在这方面我们的认识也差点走入歧途，在学校的发展过程中我们曾经面对过，是为了学校尽快有影响力、彰显特色集中精力做单一特色课程，还是致力于学生生命发展的需求开发多元课程，让每一名孩子的潜能得到开发？我们有过犹豫，但庆幸的是我们最终选择了后者。

【陶继新】单一特色课程面对的是少数学生，多元课程面对的是全体学生，前者能满足部分学生的需求，后者则能满足所有学生的需求。前者费力不一定太大，也可能会出些成绩，为学校赢得荣誉，可是，以牺牲多数学生需求而获取的荣誉，在你们看来，不是真正意义上的荣誉。为了全体学生的发展，即使没有荣誉称号，也是最大的荣誉。况且，你们已经“全面开花”，每个学生都投入其中，取得了一个又一个令人惊喜的成绩。昨天参观张绪文等老师辅导的学生的科技成果作品时，令我们异常振奋，一所农村学校，竟然获得那么多省级乃至全国级的大奖！这一方面看出教师所下的功夫以及相当的水平，另一方面也让我们欣喜地发现，农村的孩子一点儿也不比城里的孩子差，只要给他们一点阳光，他们就会灿烂起来。

【邱绪岩】学校存在的意义就是为每一名孩子的多元发展创造机会、搭建舞台，让孩子能够健康、快乐成长。因此我们围绕我校“培养具有国际视野和民族情怀的现代中国人”的学生培养目标，“扎根民族教育，以弘扬和发展中华优秀传统文化为己任，博采众长，培养学生的学习能力、实践能力和创新能力，培养学生现代生活、生存技能，培养学生的国际视野，做具有国际视野和民族情怀的现代中国人”的培养思路，确立了“一体两翼”的课程建设思路。以国家课程校本化、师本化、生本化为主体，确保正确的育人方向；以“涵养民族情怀、传承传统优秀文化”为一“翼”，设计开发了“书法、纸绢花、京剧、民乐、剪纸、经典诵读、泥塑、武术”等展现中华传统文化艺术的系列学校课程，让生命筑牢民族文化之根；以“培养学生国际视野与现代科技创新能力”为另一“翼”，培养学生的国际视野、生存技能，为提高学生创造能力，挖掘学生潜能，开发了以航模制作、创造发明、科技实践、无土栽培、菌类培植等为主的综合实践性课程，引进了以国际数棋、高效记忆、诗词速写为主的潜能开发课程，为孩子的未来尽可能埋下更多可能的种子。

【陶继新】“一体两翼”的课程犹如鸟之双翼，缺一不可。“涵养民族情怀、传承传统优秀文化”这一“翼”，是为学生植根，根深才能叶茂，民族才最具有生命力。优秀传统文化历久不衰的一个重要原因，就是它经过大浪淘沙，已经深深地烙印到了中国人的心里，并且成为中国人发展的精神支撑。遗憾的是，有的人，甚至有的“专家”对这些中国优秀的传统文化不屑一顾，甚至极尽攻击之能事。可是，当排拒了这些优秀的文化之后，“舶”来的一些外国文化就没有了扎根之地，甚至有可能将不好的文化移植而来。没有根的人，是不可能在中国这片大地上长成参天大树的。你们重视这个问题，而且将这些优秀的传统文化落实到具体的课程之中，可谓目光远大，当然，学生也会因有根而有一个很好的发展前景的。

竖笛表演

“培养学生国际视野与现代科技创新能力”这一“翼”也很重要。孩子是要走向世界的，是要走向未来的。作文课上好多学生就写了专家给学生出的作文题《我们要做具有现代视野的中国人》。当时我真有点担心，孩子能写好这样的作文吗？事实让我们大吃一惊，他们竟然写得舒卷自如，视野相当开阔。“冰冻三尺，非一日之寒也”，没有平时这方面的教育，没有大量的科技创新活动，就不可能出现这样的作文。

两“翼”并重，同时发展，形成学校的品牌文化，也就有了学生未来美好的前程。

【邱绪岩】“国际、民族、现代”是我校的文化特征。“位卑未敢忘忧国”，面对国人对传统文化的漠视、民族精神的流失以及钱学森“为什么我们的学校总是培养不出杰出人才”的质问，我想，我们每一位教育者都应该敢于担当，而不应无动于衷。我们“两翼”并重的课程思路也正是基于对孩子和谐成长之情、国家民族关注之情而设置开发，以求每一个生命和谐成长、国家民族未来振兴之效。

【陶继新】有无历史担当意识，是衡量一个校长人格高下的试金石。而且，有了这种意识之后，不但会有高远的目标，还会有持之以恒的行动。即使有的时候遇到困难，也会一往无前。而且，还会将这种思想传递给老师们，让他们也有一种担当意识。而老师有了这种意识之后，就会认真工作，很好地培养学生，从而让他们成为国家的有用人才。

“情效大课堂”之多元经历

【邱绪岩】任何一名教育者都需要有历史担当的意识，唯如此才能培养出致力于实现中华民族伟大复兴的人才。但“纸上得来终觉浅，绝知此事要躬行”，学校的办学理念、学生的培养目标以及多元的课程开设的目的，只有让孩子们在经历和实践中才能内化成他们内在的素养和能力，因此我们尽可能地为孩子们创设了多元经历和实践的机会。

【陶继新】是的，实践是关键。每当我听到某个专家或教授在毫无根据地指责某个校长或教师的时候，我就感到非常不可思议。我常常想，如果让他当上几天或几周校长与教师，他就会知道说与行会有多么远的距离，就会感到自己的话是多么可笑。这并不是说校长与教师不需要理论学习了，而是强调实践是检验真理的唯一标准。同理，学生没有多元的实践经历，也就不可能体验到走向成功的苦与乐。

【邱绪岩】只有来自于实践的问题才是真问题，只有来自于实践的办法才是真办法，只有来自于实践的体验才是真体验，只有来自于实践的理论才是真理论。一味地说教不是真教育，需要知行统一、学做结合。为此我校通过校园节日（体育节、英语节、科技节、艺术节、读书节、生活技能节）、高水平竞赛（省市乃至全国的书画比赛、艺术展演、作文大赛、航模比赛、创新大赛、创意大赛、小实验家比赛、机器人大赛等）为孩子提供展示的舞台，通过重大节日（三八妇女节、清明节、端午节、建军节、国庆节、父亲节、春节）以及到煤矿井口送温暖、今天我当家体验、清明到烈士陵园扫墓、举办红领巾超市、校园班干部竞选、校园解说员竞选……让孩子们在收获成功的同时，实现多元的实践与经历，在多元的实践和经历中挖掘自身潜能、找到真正的自我。

【陶继新】你们开展的这些活动，让学生学到了课本上学不到的东西，也让他们体验到了课堂上体验不到的感受。古人主张“读万卷书，行万里路”是很有道理的，这里的“万里路”，不只是游览祖国的名山大川，更包括人生各种各样的经历、各种各样的活动。前一段时间看海伦·凯勒的《假如给我三天光明》，很是感慨。这个盲、聋、哑集于一身的女性，不但学了大量的书本知识，更有常人很少有的各种各样的经历。正是在这种经历和苦难中，锤炼了她的意志，让她有了特殊的历史担当，取得了一般人难以想象的成就。史上成大事者，几乎没有一个是从书斋里走出来的，都是在各种各样的人生磨难中走向成功的。你们从小让孩子拥有更多的人生经历，经历更多失败与成功，这对他们走向幸福的人生、走向更大的成功，都会起到很大的作用。

【邱绪岩】经历是一笔财富，我回想起个人的成长也常常感慨，小时候我在临沂农村长大，很小就帮着母亲下地干活，放学后的第一件事就是到地里拔草喂长毛兔，有时还要拣柴火。正是童年的苦和累磨炼了我的意志、增加了我的体验，让我今天能够始终怀着感恩的心快乐地工作、生活，因为今天再苦再累也比不上童年时的苦和累。多元的内容、多元的经历是我们“情效大课堂”的宏观特征，教育需要宏观的把握，也需要微观的精雕细琢；需要谋大道，更需要把小事做好、把细节做实，既谋道也谋术。具体的课堂也是孩子多元经历的重要途径，因为孩子在学校的大多数时间是在课堂中度过的，需要我们对课堂精雕细琢、正确认识和具体把握。

【陶继新】有人说，每经历一份苦难，都有上帝的美意在。您小时候受过这么多的苦，我更是啊！从上小学到高中毕业，几乎没有吃过一顿饱饭。当了十年地地道道的农民，而且受了很多年的批判，直到1977年高考前的日子，还挂着牌子游行了五十多天。可是，这些让我刻骨铭心的经历，让我更加善良，因为受过别人批判者，更知道如何更好地善待别人，包括更好地善待批判过自己的人。而且，正是这份经历，锻炼了我百折不挠的精神，成就了我与人为善的品格、“学不可以已”的意识，也才有了今天这点成绩。现在的学生不可能再经历我们经历的那种苦难了，可是，我们应当让他们尽可能地拥有一些磨炼其意志与增长其见识的经历，让他们也拥有更加健康的心态、更加坚强的意志，从而为自己的一生打点幸福的底色。

“情效大课堂”之特征流程

【邱绪岩】温室的花朵不敢直面烈日，鸡笼内的雄鹰无法飞翔到天空，没有多元经历就无法磨炼孩子们的意志，更无法增长孩子们的见识，如果能够充分地把握好具体的课堂，课堂也会成为学生多元经历、多元发展的良好场所。我们认为课堂是一种场，是知识场、情绪场、情感场、精神场、习惯场、智慧场、生命场……每一个人都受场的影响，并相互影响，也反作用于场。虽然知识的来源有多种渠道，但有一点永远不可能改变：课堂是传承基础知识、提高基本能力的主阵地。基础教育就是基础教育，让学生牢固地掌握基础知识、提高基本能力是基础教育课堂的责任。

【陶继新】生命在不在场，是大不一样的。不在场，就没有切身体验；在场，就会有生命感受。一个人在场，与更多学生在场、师生一起在场也不一样，群体场效往往比个体场效更有能量。所以，构建生命成长的群体场，当是课堂教学的一个极其重要的责任。让学生不但学到知识，也要生成智慧，没有了“独学而无友，则孤陋而寡闻”的遗憾，而有了“友直，友谅，友多闻”的生命升华。

这些年，基础知识有被弱化的趋向，不过，诚如您所言，基础教育姓“基”，如果基础打不牢，以后是要付出代价的，甚至当时就要付出代价。处于成长期的小孩子，是基础知识不牢的时候，也是为其打牢的关键期。他们没有思维的定势，没有固定的模式，接受新的事物非常快。所以，在这个年龄段让他们打牢基础知识，费时少、见效快。不过，要真想牢，绝对不是一蹴而就的事情，有的时候是需要反复的。所以，教师要紧盯、要抓紧。抓而不紧，等于不抓。这个基础打好了，犹如打好坚实的地基之后，才有了高楼大厦横空出世的可能。

【邱绪岩】对基础知识弱化不是对学习的解放，教育不能偏执于一端，这几年的课堂对基础知识的重视出现了两极分化，对课堂教学中教与学的认识也出现了分歧。我们认为，课堂教学中，教师的教学应该处在上位，教师教学的起点应该是学生生命发展的需求、社会发展的需求，在关注知识能力的同时，更要做到目中有“人”。学生学习的起点应该尊重生命由简单到复杂的成长过程，从知识学习开始，在学习的过程中发展能力、养成习惯、涵养人格、完善和发展生命。如果教师教学的起点从属于学生学习的起点，从知识出发，往往会成为“目中无人”的知识课堂；如果把学生学习的起点提升到教师教学的起点，则往往会成为一个弱化知识、表面繁荣的课堂。有的人形成了“新课程改革或素质教育降低成绩”的错误认识，我们认为症结就在于把教师教学的起点混同于学生学习的起点。

【陶继新】目中有“人”中的“人”有群体之人，也有个体之人。总体来说，教师教学面对的是活泼的生命体，在教学知识的时候，不能无视人的在场，不然，知识只是知识，而人被视作没有生命的僵化的接受者。

孔子主张“因材施教”的一个要义，就是目中要有不同的人，还要有个体的人。《论语》中有一百多次谈到“仁”，可是，孔子的回答没有一个是一样的，甚至没有给它一个明确的定义。因为在孔子看来，个体不同，即使同样的问题，也不能是同一个答案。因为不同个体的人是有差异的，甚至是有着比较大的差异的，要因人而教。为什么这样呢？因为每一个学生的认识起点与思想性格起点是不一样的，要根据不同的起点来有的放矢地设计与回答问题。于是，就有了“中人以上，可以语上也；中人以下，不可以语上也”的经典之说。而且，课堂不是一个狭小的空间，也不是一个单纯的教室，而是处处皆课堂，处处皆教学。同时，在孔子看来，做人的教育是第一位的，学文是次要的。所以，就有了“弟子，入则孝，出则弟，谨而信，泛爱众，而亲仁。行有余力，则以学文”之说。从这个意义上说，您所说的课堂关注点，显然已经有孔子之教的要义了。

【邱绪岩】谢谢陶老师的肯定。正是基于教育需要目中有人、目中有全人的认识，才有了我们“情效大课堂”、“情智并重、追求正效”理念下的具体课堂特征：“小组合作、学生主讲（主持）、全员互动、及时评价、情智并重、追求正效”，“自学尝试、展示交流、检测反馈”三大环节，“剔除负效、减少低效、追求正效”的要求。明确了情效大课堂的五个关注（关注情感、关注习惯、关注弱势群体、关注思维、关注效益）、八个有效性（目标的有效性、师生课堂时间使用的有效性、学生自主学习的有效性、学生参与互动的有效性、学况掌握的有效性、书面巩固的有效性、弱势群体关注的有效性、生命体验的有效性）的多元评价要求；落实了课堂中的分层教学，让学生在充分的“自主、合作、探究”中培养其自主管理、自主学习的创新能力和良好习惯，培养学生平等、自由、民主、公正、包容、欣赏、合作、共赢意识，实现师生生命的和谐发展。

【陶继新】在听你们教师的课时，很是振奋。学生真正成了学习的主人，他们不再是被动地接受，而是主动地探索。其实，学生本然就有探索的欲望，只不过有些被教师的越俎代庖扼杀了而已。从前置性学习，到小组合作学习，再到课堂展示，以至于课堂检测，你们的学生都处于一种特别积极的自主学习与探索的状态中。他们清晰整个的学习流程，有的也有了掌控流程的能力。特别是展示，真是异彩纷呈。当学生有了一定的“知”后，几乎都希望有一个展示的平台。当展示得到师生的认可与欣赏之后，他们就会特别的自信与快乐。这种情绪，反过来又激发了他们更大的主动学习的积极性，以求再次展示时能有“更上一层楼”的表现。而且在小组合作中，不但所有成员都有了进步，而且增进了彼此之间的友谊，生成了一种合作精神。有了合作精神之后，在未来的生命旅程中，就会更好地与人合作，也会在与别人的合作中享受共赢的喜悦。

【邱绪岩】谢谢陶老师对我们课堂改革的认可。开发多元课程、创设多元经历，打造素质教育个性化品牌，为孩子的未来埋下尽可能多的种子，是我们“情效大课堂”不变的追求，虽然还不够尽善尽美，但我们坚信，只要执着追求，梦想将越来越近。

（原载于《创新教育》2012年第1辑）

10

行进在理念与自由之间

——临沂第二十中学“教师个性发展”策略解读

↑姜怀顺校长

姜怀顺，1963年9月出生，中共党员，中学高级教师，现任临沂第二十中学校长。山东省特级教师、山东省十大年度教育创新人物、首届齐鲁名校长、山东省初中骨干校长、山东省十佳科研创新校长、全国教育科研创新杰出校长、山东省教育厅教育创新工程专家组成员、中国教育学会理事、山东省教育学会常务理事、教育部西部教育顾问。多次在全省教学示范学校会议、全省素质教育论坛、全省初中骨干校长培训会议、全省课程建设会议等会议上做典型发言，在全国各地作过多场学术报告。结合工作实践撰写的多篇论文在《山东教育》、《山东教育报》、《创新教育》、《当代教育科学》等报刊发表，主编的《追求卓越》一书已由东北师范大学出版。《人民教育》、《中国教育报》、《中国教师报》、《现代教育报》、《创新教育》、《山东教育》、《山东教育报》和省、市、区电视台对其先进事迹进行过专题报道。

【按语】在革命老区山东省临沂市，有这样一位校长，他不仅把学校办得有名气，而且言谈举止中不时透出独特且带理论光芒的哲思。他始终坚持“让教师和学校一起发展，让教师和学生共同成长；为学生的持续发展奠基，对学生的终生幸福负责”的办学理念，坚持“最优秀的教师创造最优质的教育”的追求，不断创造着骄人的业绩。短短的几年时间，学校就发展成为山东省基础教育的一颗明星，一大批独具个性与特色的国家、省、市级名师、骨干与能手也迅速成长起来。他，就是临沂第二十中学校长——姜怀顺。这篇对话，则对姜怀顺校长以及学校的“教师个性发展”进行了深入的解读。

凸显个性　激发教师的成长热情

【姜怀顺】在市里召开的科研兴校座谈会上，我谈了我们学校的三个现象，也是三个人物。第一个是语文教师王丽花，她用2/3的教学时间和学生一起研究《莎士比亚全集》，学生乐此不疲，且语文成绩名列全校前茅；第二个是地理教师官景进，他整合了地理的全部教材，实施开放的大地理教学，95%的学生喜欢地理，能够用地理的语言表达且积极敏锐地捕捉地理资源的相关信息，十几位同学写出了很有见地的考察报告；第三个是数学教师刘建宇，他是我们的副校长，今年代初一一个班的数学，并且担任班主任，他用26节课的教学时间，在不布置一道课外作业题的前提下，已经完成了初中2/3的学习内容，学生普遍感觉到数学不难、数学好玩，喜欢和老师在一起研究数学，连入校时学习最困难的孩子也能参与到学习数学的活动中去。几位很有名气的专家听课后感到前所未有的震撼，很多家长莫名其妙：自己的孩子为什么在这么短的时间内发生如此大的变化？不可思议！这些现象究竟说明了什么呢？

【陶继新】相同的学生，因了不一样的老师而呈示出截然不同的学习状态。有的学校，教师布置了大量作业，对教科书讲了又讲，结果呢？教师教得苦，学生学得累，考试成绩也并不理想。学习成了一场心力交瘁的苦役。而你们的教师教学时间并不长，可是，学生学起来却兴味盎然，考试成绩也一直名列前茅。这说明，你们的教师获取了教学之道，而不只是在教学方法上下功夫。《周易》有言："形而上者谓之道，形而下者谓之器。"孔子说："君子不器。"那些在教学苦海里挣扎的教师，只是在器的层面行走；你们的教师，却在触摸"道"的要义。比如教学语文，难道就是学好教科书上那几篇课文吗？没有大量的"取法乎上"之读，就不可能真正提高学生的语文能力。王丽花老师用2/3的教学时间和学生一起研究《莎士比亚全集》，可谓深得语文教学妙道者也。数学教学难道就是做一道又一道的练习题吗？不是的，尤其不是做那些没有质量的练习题，做得越多，学生越厌烦学数学。学数学的关键是做高质量的、以一当十的、与数学内在规律紧紧联系在一起的题目。刘建宇，一直在数学生命规律上探索，而且找到了烙印着他本人个性特征的"道"。官景进老师教授地理课，不但独辟蹊径，而且真正寻到了地理教学之"道"……之所以有这么多的教师脱颖而出，我想，与您这位大气而又深得教育之道的校长一定有着内在的联系。

【姜怀顺】校长的"道"应该融入老师的教学之中，呈现在学生的生命素质里。徐铎厚主任参与了建宇课堂教学的全部过程，他曾激动地告诉我："校长，我们正在进行一场伟大的教育实验。"我在听完课并看了学生的学习心得以后内心波澜起伏，我曾自豪地告诉前来考察的天津教科院的陈雨亭教授，刘建宇的实验在某种意义上有可能颠覆传统的教育教学理论和实践程式，也为其他学科教学改革提供了依据和可能。实践证明，上一堂课的知识未必一定是下一堂课的认知基础。学生学习的主要困难更多来自心理障碍，而非知识的前后逻辑链接。而这些障碍好多是由于老师对学科教学的低浅把握和对教育教学规律的无知造成的。唐史学不好，宋史就一定学不好吗？散文单元不想学，小说单元就一定跟不上吗？初一思想政治课没学，就一定不能学习初二思想政治课吗？基础很重要，但这个基础更多地不只是知识本身，而是态度、兴趣和爱好；是方法、习惯和思维品质；是责任动机、价值追求和人生目标。教学要有"序"，但这个

“序”并不是教师、教材、教研部门的强势所为，而是由整个教学系统内部各要素之间非线性的相互影响所确定的。刘建宇对好多知识内容能够进行有机整合、删减，对学生暂时无法理解且对下一步教学构不成障碍的内容，能够大胆地告诉学生这些内容不用学、跨过去，而待一段时间水到渠成的时候再提出这些内容，问题迎刃而解。让学生思考当时为什么不会，让孩子发现规律、运用规律，尝试解决新的问题。刘建宇提出了全息诗意教学的核心理念，把学生的学习态度、心理情绪、方法习惯等一切与学习数学和人生发展相关的要素，全部纳入其教育教学设计之中，思维所到，剑锋所指，八方联系，浑然一体，创造了诗意盎然的教育篇章，个人成长和团队进步的互动机制促进了一批又一批教师的成长。美国有一个著名的民间教育组织叫“美国教育”，它用十几年的研究得出一个结论，那就是：老师的作用比学校大，教师是教育的第一资源，只有教师发展了，才会有学生的发展，只有师生发展了，才会有学校的发展，教师的发展和学生的发展是学校发展的基础。

姜怀顺校长赴美学习考察

【陶继新】刘建宇老师之所以能够创造出如此的奇迹，关键是他真正领悟了数学教学的真谛，以及这个学科更深层次的生命规则。任何学科教学，如果不从根本上解决问题，都不会产生这种质的飞跃。

刘建宇关注学生学习的兴趣，而且有效地激发了内蕴于学生之中的这种兴趣。记得在2001年我采访他的学生时，他们说学习数学太有趣了，太想学了。兴趣是最好的老师，想学是学习好的内在力量；相反，学起来味同嚼蜡，再好的知识都不可能学好。现在很多人在谈高效课堂，可是，疏离了内在情感的因素，只是讲技巧、讲方法，永远不可能抵达真正高效的境界。

养成良好的学习习惯至关重要，叶圣陶先生说："教育是什么，从简单方面说，就是一句话，养成良好的习惯。"这不只囿于道德人格的形成方面，也包括了学习习惯的养成。我发现，真正学习好者，特别是有学习潜质者，不是那些智力非常好的学生，而是那些学习习惯特别好的学生。从某种意义上说，有了良好的学习习惯，不但会当下学习好，而且一生会学习。学会与会学不在一个层面上，前者更多是在被动地接受，后者则有了内在需求与主动意识。

责任动机、价值追求和人生目标呢？则是学生学习好以至一生幸福的核心品质。有了这种品质，即使遭遇困难，甚至重大的打击，都不能让他退缩，甚至还会有愈挫愈坚的美质。而且，有了这种品质，主动积极学习就不再是临时的，也不再是为了应试，而是持久的，甚至是一生的、指向高远的。更重要的是，这些品质与优化的学习会相辅相成，成就一个人的幸福人生。

刘建宇老师在让学生掌握学习数学的内在规律的时候，又让他们具备了这么些属于"道"的生命规则，让人"震惊"的奇观出现也就不足为奇了。

【姜怀顺】我完全同意您的看法。我们在"344"个性优质课堂教学策略中把习惯养成作为四个标准之一融入我们的课堂要求之中，把情感孕育和习惯养成看成是课堂教学的核心要求，这应该是具有很强的现实针对性和发展前瞻性的。教育的目的是分离，教育就是培养良好的习惯，教育的全部意义就是使学生离开老师、离开课堂后还想学习、会学习、能学习。我们首先要思考的问题应该是——什么样的习惯和什么样的习惯养成教育是我们所需要的？我们的老师如果想让学生课下主动学习、有能力学习，就必须思考我们在课堂上究竟做了些什么。我们有多少老师能够知道在学生进入校门的第一天，第一节课要在自己的学科阵地上有针对性地培养学生的学科学习习惯，而且这些习惯要一脉相承，构成体系。养成什么样的习惯，从表面上看是老师的教学策略和技术性要求，从更深刻的意义上则反映了老师的教育价值观和学科教学观。而实施什么样的养成教育则体现了一个教师的专业水平和学科品质。

【陶继新】您的“分离”说得很有道理，学生不可能跟老师一辈子，师生分离是必然的。如果在学校里只是接受式地学习，离开老师之后就不再会学习。这好像是一个笑话，其实，这种现象比比皆是。君不见，有多少学生毕业走上工作岗位之后还在积极努力地学习？不是不需要了，而是早就厌倦了学习，跳出学习的苦海，再也不愿跳进去了。从这个意义上说，教师不但要教会学生学习的方法，还要在学校里培养他们一生愿意学习、乐于学习的品质。我一直认为，优质的学习，是生命个体的审美活动。所以，很多人问我，你天天如此紧张地工作与学习，累不累，烦不烦？我说，不但不累，而且很美啊！所以，我从参加工作之后，不是中止了学习，而是开始了另一个更高层面的学习的征程，而且几十年如一日，一直快乐地行走着。由此看来，你们做了一件伟大的事情，不仅仅是让学生在学校里乐学好学，而且在着意培养他们一生审美学习的品质。这，才是素质教育的本质要义啊！

发展个性　提升教师的职业素养

【姜怀顺】对！我非常景仰您的人生态度和生命情怀，和您在一起就会感到一种从容，一种挺拔，一种大度，一种自然流淌的律动！我感觉到这才是您事业成功的基石和真正意义。但是，从您身上我也触摸到了另外一种更为急迫的东西，那就是应该怎样引领我们的老师成长为像您这样的教育大师。刘建宇、王丽花、张夫玲、刘晓凡、朱金欣、宋磊等优秀老师的成功，引发了我一系列的思考，其中之一就是我们究竟需要什么样的老师，成功教师的真正特质到底是什么？我归纳了三条：一是能帮助学生建设远大的人生目标，强化做人的信念、荣誉和责任，并且不屈不挠地帮助学生实现人生目标，在趋向目标的过程中实现其人生价值。为实现人生目标的学习和仅仅为考试分数的学习是有天壤之别的，教育如果不能启发一个人的理想、信念、热情、志趣……不能变成学习的渴求和对老师的依恋，不能成为获取新知识的方法、兴趣、习惯和能力，是无效的，也是无谓的。二是有持续的学习热情和能力。教师应该成为最热爱学习的动物。学习不仅仅是读书，也是积极地获取教育资源信息，更是敏锐地捕捉教育所需要的一切经验、方法，更重要的是在研究的状态下工作，提升自身的职业品位和生命质量。三是从容达观，自身的幸福指数高。教师的不幸从表面上看是个人私事，但客观上却控制着一间教室，影响着一堂课，伤害着一批又一批的学生甚至更多。教师应该像凯鲁亚克所说的——“永远年轻！永远热泪盈眶！”教育需要丰富的安静，也需要强烈的审美冲动。我们提出的教师要从教学走向教育是具有强烈的时代意义的，教师的生命体里应该充溢着精神的元素和道德的血液，从某种意义上讲，中国人的命运掌握在中国教师的手里。

【陶继新】高度赞赏您所归纳的三条成功教师的真正特质。要帮助教师树立远大的理想与目标，从而矢志不渝地奔向这个理想与目标。如果没有热情与信念，就有可能在困难重重的时候败下阵来；相反，则会挑战困难，并从破解困难的过程中，享受一种特别的人生幸福。窥观当下教师的状态，前者居多，后者太少。这并不是说老师不能抵达成功的彼岸，而是学校特别是校长没有为其提供走向这个理想目标的舞台，以及持久的生命动力。我觉得，您是一位很有事业心、责任感，特别有高远追求与非常大气的校长，具备了为教师走向成功提供思想支撑的条件。从这个意义上说，你们学校里这么一批老师能够濒临成功的辉煌殿堂，也就是自然而然的事情了。

有持续的学习热情和能力是一个人不断提升人生品位的必要条件。对于如何走向成功，很多人是心知肚明的。可是，不少人往往是三分钟的热度，所以，最终与成功擦肩而过。学习热情需要外在的帮助，更多是要有内需，而且是持久的内需，能力的提升亦然。任何人，包括大人物的能力也不是生而有之的，而是在生命的历练中一点点提升起来的。所以，真想成功，不但要收获成绩，也要接纳失败。没有一次又一次的失败，就很难走向更大的成功。领悟这个规则，且又奋争不止，就能成大事、成大功。

教师的从容达观，自身的幸福指数高太重要了。这不只是对他们本身有利，还会影响着一批又一批的学生。一个幸福指数高的教师，会在各种场合有意无意地向学生传递这种幸福感，从而让学生也拥有幸福感。有了幸福感，生活与学习也就有了诗意。特蕾莎修女之所以说“工作是最大的悠闲活动”，是因为她自己感受到了工作的价值以及将这种幸福传递出去的意义。可以说，一个不幸福的教师，是不可能培养出幸福的学生的。从这个意义上说，培养教师从容达观的品质，提升他们的幸福指数，也是为了学生一生的发展。

张扬个性　凝练教师的人文情怀

【姜怀顺】一所学校，校长很重要，除了自身的人格魅力、学术修养、领导艺术、专业作为以外，学校运行机制应是校长领导力的常态呈现。什么是机制？机制应包含制度和它的运行状态。没有健康有效的制度，方向错了，执行力再强也走向了它的反面；反过来，制度再高明，如果运行不好，束之高阁，也是书生意气，茶楼枉谈。现在第一个问题是在我们众多学校林林总总的一系列制度中，究竟有多少制度促进了学校、教师和学生真正意义上的发展。第二个问题是在大的社会和教育环境下，即使有一个好的制度，要达到持续的强化，要形成浓郁的学校文化，要出现最优化的效果，一个校长得付出何等的坚忍和牺牲！我们的师范教育是有缺陷的，我们的教育行政部门有关教师继续教育的机制也是不健全的，教师的职业素养主要是在教师进入岗位以后形成的，因而，如果没有深刻意义上的教师继续教育，就根本谈不上学校的持续发展。如今的教育，并不缺少先进的教学方法和教学设备，并不缺少所谓的教育思想和教育著作，也不缺少教育学的教授和指导，但唯独缺少有灵魂的教育，关键是缺少苏霍姆林斯基所说的“教育过程的真正能手、艺术家和诗人”。在教师的专业发展中，我在实践中所得出的感悟可以概括为三点，那就是价值引领、个性关怀和理性自由。

姜怀顺校长深入课堂听课

【陶继新】您谈的问题可谓一针见血，切中时弊。在制度文化层面，一是制定制度时的参与度不高，即使参与度高了，参与者也并未意识到这些制度一旦形成将会以“法”的形式出现，所以，应付者有之，听之任之者有之。可是，制度形成且触及其利益的时候，往往意见来了。其实，制度成为文化，需要从一开始就有相当的参与度，就要非常认真。因为制度真正产生作用，一个重要的指标就是要内化到所有成员的心里，开始制订制度的时候，就是一个内化的过程。二是在制度实施过程中的内化，一要让它深入人心，二要有“莫斯科不相信眼泪”的决心。这样，久而久之，制度就会内化到大家的心里，从而自觉主动地维护制度的神圣性。

现在，几乎所有的学校都在说重视教师继续教育，可教师的素养为什么依然得不到有效的提升呢？我觉得，就是您所说的“缺少有灵魂的教育”，不是“教育过程的真正能手、艺术家和诗人”，而是教育过程的受苦受难者。其实，有了心灵的净化、思想的升华，才能生成对教育事业的爱之深的情结，才能不断地提升自己的文化品位，从而让教育教学变成“游于艺”的享受，感受艺术家与诗人的创造之美。这个时候，继续教育就不再是一种外在的要求，而是变成了一种自我的需求。

【姜怀顺】是的。让老师参与学校规划和制度建设就是一种引领。引领价值取向，实现文化认同，形成共同意志，让教师个体拥有学校集体。实践证明，个体拥有集体的程度越高，参与集体活动的积极性、有效性和创造性就越大。著名心理学家威廉·詹姆斯说过，人性最深刻的原则就是希望得到别人的赏识。一个校长要鼓励人们参与自身目标和组织目标的制定，重视人的基本特征和基本需求，把人安排到最具吸引力和富有意义的岗位上工作，把责任最大限度地交给教职员工。要用信任代替监督，以启发和诱导代替命令与服从，把个人的成长和集体的进步牢牢地捆绑在一起，方能呈现教育大合唱的无穷魅力和华彩乐章。有时候想想，做教育真难，它的目的性、不可逆转性和复杂性构成了教育特有的矛盾、对立与统一。但是，教育得种植自己想收获的东西，没有目的的行动等于在黑暗中前行。多元、多样、多变的当今社会形势在激发教师无穷的创造活力、强劲的奋发精神的同时，更需要对教师进行科学鲜明的价值引领。我记得一位教育专家说过，要提升一所学校，首先要提升这所学校的校园精神；要提升一个教师，首先要提升他的价值追求；要提升一个学生，首先要提升其人生期望。要警惕当前教师中存在的普遍问题，如重方法轻方向、重成绩轻成长、重效果轻效率，尤其要注意伪成绩对教师发展的不良影响，成绩是成长的见证，但不是成长的本质追求，成长的本质追求应当是精神的生成、境界的提升和专业的成熟。从某种意义上讲，经验是可贵的，也是可怕的，当熟知变成了经验、错误成了变革的支点的时候，想想看，其结果是多么可怕！价值引领不仅体现在“培养什么人，怎样培养人”的核心价值观形成方面，更是体现在一些具体的教育教学过程中，学科价值取向的确立、优秀教师标准的认识、教师合理需求的满足、从教学走向教育的跨越，无不考验着教师的认识能力和智能水平，考验着管理者的才能与谋略。德国存在主义心理学家、教育家雅斯贝尔斯说，“如果一种教育未能触及人的灵魂，未能引起人的灵魂深处的变革，它就不能称其为教育”。

【陶继新】重方法轻方向、重成绩轻成长的现象并非个案，甚至相当普遍。方法与成绩并非可有可无，可是，如果迷失了方向，方法与成绩越好，就会迷失得越厉害。有的学校在研究再研究中，总结出了某种方法，这种方法的指向，就是让学生考出高分，甚至毫不掩饰地说这就是为了考试。可是，当师生都为这个“方向”努力的时候，尽管有的时候也可以考出高分，可是，由于价值的错位，却有意无意地为师生埋下了一颗可怕的种子，以致还会形成不健全的人格。

经验也有优劣之别，好的经验当然可取，它可以让人们少走很多弯路。不好的经验呢？则会成为一种固执己见的束缚。一个校长有了这种“经验”，会让一所学校徘徊不前；一个教师有了这种“经验”，会让学生体验不到“苟日新，日日新，又日新”的生命再生的奇观。而且，经验如果缺少了核心价值观的引领，即使做出一些成绩，也多是表面的、临时的，而非本质的、长久的。从这个意义上说，在一些学校宣传其“宝贵”经验的时候，还需要一个良知的考量，一个价值观的判定，一个生命成长的辨析。

【姜怀顺】比如，在教师专业发展方面，有的教师只着眼于名师的方法技巧，现象遮蔽了本质，技术掩盖了精神，欲望代替了信念，知识远离了智慧，止步于设计一个自己满意的教学流程，一味地在表面层次和枝节末梢的一些技术环节上打漩涡，必定会长期停留在匠师这个层面，直至走向肤浅、僵化、停滞和平庸。我认为，对于教师发展，学校应该首先帮助教师确立自己的教育理念，把握学科精神，通过培养学生良好的学习习惯，综合考虑师生实际，制定好学科教学策略，才能设计出满意的教学流程，并通过历久弥新的方法技巧锤炼，才能生成教师个性化教育智慧。教师专业发展所内含的这条主线，又可以称之为规律，简单表述为：确立教育理念—建构学科思想—培养学生学科学习习惯—制定教学策略—设计教学流程—形成方法技巧—生成个性智慧。这是一个由外加到内化的自然而然的过程。这种注重顶层设计的引领，才是正道。

姜校长和学生在一起

【陶继新】谈谈您所说的“欲望代替了信念”，因为这是一个非常重要的问题。现在很多学校都启动了名师工程，也确实有不少名师走了出来。可是，这些名师是真正意义上的名师吗？他们确实有高尚的人格吗？有淡泊名利的心怀吗？有真正的文化底蕴吗？答案往往是否定的。就是在全国已经有了一定名气的老师，有的也需要在这些价值天平上再次衡量。过早过急地成名成家，让一些人的心灵喧嚣起来了，欲望膨胀起来了。什么道义，什么积淀，都不重要，只在意一次又一次荣誉的争取。这样的名师，不会成为真正的名师，而只能是昙花一现的。为教师生命成长计，为学生发展计，一定要让教师有耐得住寂寞的定心，一定要有持续发展的潜力，一定要好好去走正道。

【姜怀顺】又比如，在课堂教学实施过程中，有的学校无视教师迥异的个性、专业基础和发展取向，强行推广“××模式”或“××流程”，貌似统一，实为绑架，必定严重影响教师发展。我认为，教学有模，但无定模，无模之模，乃为至模。所以，我始终认为应让教师在先进教育思想指引下，自主探究符合自身特点、满足学生需要、展现个性特色的课堂教学过程，形成异彩纷呈、学科独具的模式群。我们在个性优质课堂建设中提倡的“344” 教学策略，即“遵循学生成长规律、认知规律和学科规律，依据以学定教、独立思考、多维互动、展示评价四项原则，把握情感孕育、方法生成、知识建构、习惯培养四个标准”，就非常受教师欢迎。我在这里再强调一次“344”，它不是模式，它是一项原则，更是一种引领。

【陶继新】1985年，我在采访著名特级教师于漪的时候，就曾问过她一个问题：“您从事语文教学几十年，可以说享有盛誉，您构建了什么样的教学模式？”她如是回答：“我没有构建什么模式，以后也不会构建什么模式。因为这个老师与那个老师的个性、思想水平与文化积淀不一样，学生的认知水平也各不相同，所以，教师要因材施教、应机而变。重要的不是模式，而是要有一颗善良的心，要有丰厚的文化底蕴。这样，就可以以不变应万变。”现在有的学校出现了一个问题，不考虑教师的人格生成，不要求教师积淀文化，只要求掌握某种模式。长期下来，这些教师除了知道某种模式之外，还有不断增长的文化吗？还会考虑学生的人格锻造吗？而一个没有文化升值的教师，教学的时候能够游刃有余吗？未来的生命真正幸福吗？而一个没有人格生成的学生呢？未来的前程无疑是黯淡的。

【姜怀顺】您说出了我的心声。这个社会到底怎么了？我们为什么在美轮美奂的“皇帝的新衣”的梦呓里，总是说一些不关痛痒、莫名其妙的话语，当利己主义、机械主义和实利主义的冰水已经淹没了那种本应对生命的终极关怀，对人的自由、公正和生存尊严的教育，我们教师这个群体又该做何感想！一个人的专业发展是生命生活的重要组成部分，选择了教育这个职业，就是选择了引领和铸造社会文明的光荣职责，进而选择了一种教育特有的生活方式。教师首先应该成为会思考的职业，而不是低智商的人群。停止思考，意味着教师职业生命的死亡。马丁·路德·金曾说过一句话："我们这一代人终将感到悔恨，不仅是因为坏人的可憎言行，更因为好人的可怕沉默。"当未来一群有知识无智慧、有目标无信仰、有规范无道德、有欲望无理想的公民浮出水面时，教育的责任何在，教育者的良知何在?

【陶继新】您所说的这类"公民"已经浮出水面了。纯然的利己主义者，也扯起教育教学改革的旗帜。更可悲的是，教育上的一些人，分不清是非，在急于成名之心的诱惑下，也跟随着摇旗呐喊。结果，孰是孰非，竟然成了一个难解的"方程"。所以，这个时候，更需要有良知的教育者，更需要我们冷静下来，思考教育到底是为了什么？人生在世到底是为了什么？而且，要用我们的绵薄之力，去呐喊、去呼吁，让更多人的良知从乌云的遮蔽中显露出来，让更多的人走上真正的教育之道。

【姜怀顺】一个教育工作者既要仰望星空，又要脚踏实地。教育不仅仅是理念和口号，更应该是行为和实践，教育的全部意义都蕴含在那些常态的细节里。我们讲教育要精细化，我认为，精细化包含细化和内化。细化体现责任和态度，内化体现专业化和价值取向；细化决定直接效果，内化决定教育内涵，在某种意义上讲细化是为内化服务的。现在，舶来品和简单借鉴太多，教育者没有经过咀嚼和思考，教育行为的内化不够，我们的努力没有转化为学生的精神追求和主动发展，教育的成本意识淡薄！基于此念，我们在"344"个性优质课堂教学策略中对关键细节都做了明晰的规定。比如，在"展示评价"的要求中就明确指出，展示评价不是一个环节，而是一种策略，是一种思想，是教育价值观的深层次体现。展示评价不仅出学习积极性和成绩，更出师生关系、兴趣、方法、习惯、思维品质和创新精神，健康有效的评价既促进一般学生的一般发展，也促进特质学生的特殊发展，我们的老师不能成为“跳蚤效应”中的那个盖子，我们的评价也不能只停留在赛跑计时员的水平上！我曾经调侃地指出，新中国没教育出诺贝尔奖获得者，应该从教育活动的评价里去寻找原因。评价离不开奖惩，而奖惩的内容和方式都是需要我们的老师作为一个专业领域的有心人不断研究和开发的。我们的老师离开金钱就无法奖励吗？离开体罚就无法惩戒吗？很多时候是由于我们自身的浅薄和思考上的惰性造成了我们现实中的种种无奈！教育是应该有所作为的，教育的功效应该在教育者孜孜不倦的思索里。

【陶继新】欣赏您的“展示评价”。为什么呢？展示是激发师生积极性的非常有效的一种载体。可是，如果为激发而激发，让教师在展示中志满意得，让学生在展示中热热闹闹，而不是从深层次上让教师有“更上一层楼”的期待，让学生在展示中有比较深入的思考，特别是在展示中让师生的人格升华，展示就失去了它最为重要的品质。比如，展示者可能是某个教师或学生，可是，这个教师或学生成长的土壤是什么？由此给大家的启示在哪里？是否生成了合作精神与集体意识？如此等等。如果不在展示中思考是否有了教育价值观的深层次体现，就会让展示异化成一种自我炫耀的杂耍场。从这个意义上说，你们的展示评价确实拥有了特别富有推广的价值。

教育需要奖惩，可是，奖励需要物质支持，更需要精神支撑。如果一味地用金钱进行奖惩的话，久而久之，被奖励者就会只盯着金钱。有之则努力，无之则不干。而且，在这种思想支撑下的老师与学生，就不再为良知与道义而谋，而是为物质与金钱而想。教育需要必要的惩戒，而惩戒与惩罚不是一个概念。惩戒者因爱而惩戒，惩罚者因恨而惩罚。没有爱的教育不是真正的教育，没有惩戒的教育也是不完整的教育。

【姜怀顺】刘建宇成功了，大学毕业走上岗位仅两年的宋磊也正在走向成功。在我看来，他们的成长无不印证了这样一个道理：新教师在他任教的前五年是其专业成长的重大战略机遇期，职业进程中的任何压抑扭曲或引领助推，都会对他的职业信念、专业精神和教学思想产生重大影响。因此，对青年教师，尤其是新教师，我们始终坚持“少一点关卡，多一点关怀；少一点批评，多一点帮助；少一点评估，多一点引领”的管理方式，把表现的机会给予他们，彰显他们的成果，鼓励他们的进步，目的只有一个，那就是离真正的教育近些、再近些！教学首先具有个体劳动的属性，我所说的“个性关怀”，就是深入探讨教师的需要、内驱力、个性情绪、思想和人际关系等方面的管理和教育价值，尊重个体之间的差异，珍视个体之间的多样化。共性与个性的辩证关系表明，只有尊重多样化，才能尊重个性。因为个性总是多样化的，而且多样化中就包含着即使是最好的单一化。

【陶继新】“三少三多”管理方式很有价值，特别是“少一点评估，多一点引领”，这是青年教师以至所有教师更好成长的保障。现在各种各样的评估与检查名目繁多，有时非但起不到评估与检查的作用，反而影响了教师正常的教学，阻碍了教师的自由成长。《学记》有言：“未卜禘，不视学。”意思是说，夏祭未实施以前，不急着到学校去视察，为的是让学生有充足的时间发展志向。可是现在，有的时候一所学校一天就要迎接一次甚至几次检查，教师则要接受各种名目的评估。结果，教师被这些评估捆绑得没有了自由之身，遑论更好地发展了。更加可怕的是，一些评估已经异化，搞得教师不知所措，以致有的评估还会产生副作用。所以，少一点评估，多一点引领，可以给教师更多自由发展的空间，让他们更好更快地成长起来。

【姜怀顺】教育是“人”的教育，也是个性的教育，没有个性的教育不是真正的教育。教育是完整的教育，将人的知识、情感、品德、能力肢解开来的教育，还不如不教育。对于教师个人来说，如果没有强求一致的压力，每个人都有发展自己一切天赋、一切本质力量的广阔场所。物竞天择的自然定律，说明了一个浅显的道理：每一个有生命的组织，其发展的根本前提是使每个生命个体实现个性优质发展。一所学校如此，一个民族更是如此。因此，让教师和学校一起发展，让教师和学生共同成长，就不会是一个简单的口号，而应是实实在在的行动。

【陶继新】工人可以制造出完全一样的零件，教师则不能培养出一模一样的学生。孔子为什么主张“因材施教”？就是看到每个个体是各不相同的。不过，每个个体都是可以成才的，所以孟子说：“得天下英才而教育之。”其实，学校也应当视每一个教师都是英才，都可以将他们培养成才。关键是要知道某个教师在哪些方面可以成才，从哪个视角切入才能快速成长。而且，有的时候，教师并没有这个自由，如果校长强求一致，如果不能扬其所长，个体生命中的那些潜能就会被扼杀掉。你们学校之所以有这么多的教师有了这么大的突破，一个重要原因，就是您这个校长知道某个教师是“这一个”，而不仅仅是某一类。而且，根据其发展可能，尽可能地为其提供平台，从而让其有了自由成长的天地。

【姜怀顺】要积极倡导教师专业发展过程中的自主选择，倡导高水平的差异发展、较高共同标准基础上的多元发展，致力于和谐生态建设。

和谐本身是一种价值追求，“和”的本质是“人人有饭吃”，强调生存权；“谐”的本质是“人人有话语权”，强调民主权。和谐的本质是“和而不同”，和谐就是一元与多元的统一。

提倡和谐生态就是把学校的每个人都看得很重要，每一个学生、每一个教师都很重要。我们提倡尊重个体差异，倡导多元选择，就是“和而不同”的一种统一。“和”让我们得以共存，“不同”让我们得以共长。从某种意义上讲，最好的学校是自主发展的学校，最好的学生是自我管理的学生，最好的教师是自我发展的教师。

【陶继新】教师的和谐发展，首先应当是心灵的和谐。没有心灵的和谐，就不可能有全方位的和谐的发展。而且，一个心灵和谐的教师，不但可以与他人和谐相处，而且还会自我营造一个快速发展的和谐场。取得成绩，不会沾沾自喜；遭遇波折，不会垂头丧气。其工作与学校效率是高的，效益是长久的，于是，工作就不再是一场苦役，而是成了一种实现自身价值的快乐之旅。有了这种感觉者，几乎都可以创造出令人们匪夷所思的奇迹，并在这种创造中让自己的生命一次又一次地产生飞跃，让学生从中也享受到来自教师的那种巨大的生命推动力，走向快乐学习、健康生活、积极向上的人生境地。

【姜怀顺】对教师的个性关怀，不仅要满足教师在物质层面的合理需求，关注教师因性格、性别、年龄、民族、智能结构、学科属性等方面的差异而客观存在的实际需要，更要满足教师诸如被尊重的需要、自我实现的需要等精神层面的实际需要。马斯洛把人的需要由低到高分了五个层次：生理需要—安全需要—社交需要—尊重需要—自我实现需要，从管理学角度说，满足需求的管理就是最好的管理，而适时、有效地刺激教师专业发展的健康需求则是一个校长最重要的使命之一。

【陶继新】教师的倦怠原因之一，就是享受不到实现自身价值的愉悦。一个教师在一所学校工作数年以至十几年、几十年，如果不能拥有持久的发展动力，就有可能在某个时段渐渐懈怠下来。而且，这种懈怠情绪，还会在无形之中影响到学生，让负能量也在他们那里流转。所以，要对教师进行“适时、有效的刺激”，让他们感到生命不应当在原地徘徊，而应当拥有不断再生的奇观。所以，看一个教师是不是优秀，不是看他工作了多少年，而应当看他发展了多少年，看他的价值实现得怎么样。

【姜怀顺】蔡元培先生说过，“教育者与其守成法，毋宁尚自然，与其求划一，毋宁展个性”，陶行知先生也说过，“不要把学校办成似是而非的、不自然的鸟笼和鱼缸”，“一个出色的教师，从某种意义上讲，就是他的个性被张扬到了极致”。因此，对教师进行简单机械的评估，只能导致教师工作的简单重复，泯灭教师的生命激情。要让教师学会成长。为杜绝教师追求上的摇摆和发展上的平庸，就需要对教师施以关怀个性、关注差异、关心发展的多元异步评价，创造教师发展的良好生态环境，以便让处于不同发展阶段的教师都能找到教学个性发展的生长点，确立好自己的阶段目标，促使教师生发亮点、提升亮点，让一切知识与经验、智慧与技术、个性与特长、热情与创造竞相迸发活力，让每一次思想碰撞的体悟与灵感如水银泻地般融入教师职业生命的永恒乐章，让“满园春色”绚烂持久。

多元异步评价和我们崇尚的理性自由是一脉相承的，人类有理性因而可以做自己的主人，这是自由的真谛。换言之，自由是指一个人不是被动接受别人给的规范，而是在别人告诉自己应该怎么做之后能够独立去思考，想通了之后才接受，然后去实践。自由乃是一种创造的力量，但不是对谁都不在乎，自由必然来自理性，理性思考后再作选择，自由的悖论恰恰在于自由的保障来自于对自由的限制，成熟的自由、权利和责任总是相对称的。现在的问题是该理性的不理性、该自由的不自由，对作为一个社会组织的学校来说，必定需要一些理智的共识，这些共识通过必要的制度加以贯彻，制度规定的应该是最基本的共性的内容，是应该守住的底线。但制度的预设性无法涵盖现实中千变万化的各种动态情况，制度也不应该成为“跳蚤效应”中的盖子，规定太多、太死必定会造成组织的僵化、死板、低效和肤浅，扼杀教师的创造性。制度如果不能促进教师的专业发展、激活教师本身的资源、奠定教师的职业性格、形成学校内在的文化传承，就不会出现端正的工作态度、浓郁的工作兴趣、优秀的个人品格，更不会有教师的创新精神和不竭的发展动力。对学校来说，在严格建设教师职业规范的前提下，应该更多地给予教师自由创造的天空，让他们更充分地把自己的生活阅历、知识基础、强势智能、教学经验等打上生命个性烙印的东西，融入课堂教学的创造之中。唯有如此，才能发展教师、成就学生、壮大学校。

【陶继新】多元异步评价至少有三个优势：一是让评价有了针对性与包容性，从而让老师们感到，评价不再是一把尺子，而是多把尺子；不再是同时同地一个评价，而也有了异时异地的多个评价。这样，每一个人在每一个时段的发展都因适时评价而得到认可。这就会对老师形成持久的发展推动力。二是让不同教师的不同优势都得到了淋漓尽致的发挥，即使在某个节点上一时失误以至失败，还可以在另一个节点上寻求突破与成功。虽然说“失败者，成功之母也”，可是，一般教师如果长期失败而品尝不到成功的喜悦，就有可能丧失继续前行的信心。多元异步评价，则让他们不断地生成走向成功的信心。有了信心，即使当下失败，照样可以去奋力而行，走向成功的辉煌殿堂。三是教师有了更多的自由，不但有了选择的自由、被评价的自由，更主要的是有了心灵的自由。有自由与没自由的状态是天壤之别的。前者会开启生命个体的潜能大门，后者则会将这个大门紧紧关闭。自由状态下的生命，甚至有可能走进灵感频发的巅峰创造天地，从而让自己感到自己的“伟大”与神奇。刘建宇等老师，已经很多次登临了这种“巅峰”领地，享受到了灵感之神的美丽馈赠。

【姜怀顺】教育应该是今天最美的一束阳光，也是一个国家和民族的未来。教育一个孩子，引领一个家庭，影响整个社会。一个校长，要有胸襟和能力让整个校园充满着经久不衰的人性之光。德国教育家福禄培尔在《人的教育》中说：“对于人的当前和未来的生活来说，十分重要的是人在这一发展阶段上一点也不应当吸收病态的东西、低级的东西、庸俗的东西，一点也不应当吸收含糊不清的甚至低劣的东西……因为人常常不能通过他的生活来清除他童年时吸收的东西，清除他少年时期的印象。正是由于他的全部本质犹如一只大眼睛曾为此张开，为此而做出牺牲。人对自己进行的最残酷的斗争，甚至他未来的最不幸和最困苦的命运都能在这一发展阶段上找到原因。”一个教育工作者，对儿童的今天和明天、国家的未来和民族的复兴是应该有所担当的，教育的神圣使命就是要使孩子最大限度地成为他能够生成的最好的自己。最后，我想引用泰勒·本·沙哈尔的一段话作为交流的结束语：“幸福不是拼命爬到山顶，也不是在山下漫无目的地游逛；幸福是向山顶攀登过程中的种种经历和感受。真正的、持续的幸福感，需要我们为了一个有意义的目标而去快乐地努力与奋斗！”

【陶继新】有人说，过程是美丽的。为什么呢？因为在这个过程中，老师们是在自由快乐地攀登着具有无限风光之美的“险峰”。不是到了山顶才有“一览众山小”的快感，而是在每一个山路拐弯处，都有着“横看成岭侧成峰”的壮观。而“险峰”，永远悬在上方，永远吸引着老师们去攀登，鼓舞着这些“不到长城非好汉”的有识之士向上，再向上。

（原载于《创新教育》2011年第12辑）

11

合作·融合·和谐

——引领促进师生发展的东营市第五十九中学文化

↑李连国校长

李连国，山东省东营市广饶县人，中学高级教师，现任东营市胜利第五十九中学校长，先后获得胜利油田优秀教育工作者、东营市优秀教育工作者、先进工作者等荣誉称号。撰写的多篇论文分别在《中学物理》、《山东教育科研》、《创新教育》等刊物发表，多篇论文获奖，其中论文《实现制度管理与人性化管理和谐统一，促进教师自主发展》获山东省中小学教育科研优秀成果一等奖。主持的省级课题《信息技术与学科课程整合的深化研究》获得2009年山东省课题研究成果一等奖，主持的课题《新课程背景下学案导学的深化研究》被列为省“十二五”重点规划课题。

【按语】地处胜利油区的东营市胜利第五十九中学，前身是一所油田学校，具有鲜明的企业办学特点。自2005年以来，先后经历了移交地方政府管理、学校布局调整、人员重组等变迁。面对现实，学校认识到要达到凝聚意志、形成合力的目的，必须通过特色文化建设引领。经认真梳理，他们将学校文化确立为“合和”文化，其内涵即“合作、融合、和谐”。“合和”文化不是仅仅停留在理念的层面，而是实实在在地落实到学校管理、教学管理等常规工作中，并融入了课堂，积极探索基于小组合作学习的“学案式”教学模式，并取得了显著成效。文化建设使学校面貌发生了深刻变化，学校发展蒸蒸日上，社会美誉度不断提高，这篇对话，则重点对学校文化建设问题进行了解读。

合和——学校的文化符号与精神象征

【李连国】合和文化的提出。2005年，学校隶属关系发生变化，由胜利油田成建制移交东营市，之后又经历了学校布局调整，人员变动很大，学校规模也不断扩大，有两千八百多名在校生，教职员工二百多人。为了让来自不同学校的老师尽快融合在一起，我们制定了学校的共同愿景：“让每个老师都具有和谐幸福的人生”、“让五十九中成为人人向往的学校”、“让每个学生都得到充分发展”，提出了“合和”文化建设构想，包括“合作、融合、和谐”三个层次。围绕教育教学、教学管理，制定了一系列的制度，在制度的制订过程中，我们坚持大家的制度大家来制定的原则，组织教师充分讨论、座谈、交流，体现教职工的主人翁地位。

【陶继新】中国儒家文化赋予“和”以丰富的内涵，在两千多年的历史中发挥了巨大的作用。“合和”文化既是应势而生，也是因人而生。在当时的形势下需要合作、融合与和谐，在以后的发展中同样需要。而您个人对中国传统文化有一定的研究，特别是将“合和”作为学校文化进行实践，就赋予了“合和”以深刻的内涵与丰富的意义。所以，它就成了属于你们五十九中的学校文化符号与精神象征，得到了师生的心理认可，并且有力地促进了学校的发展。

【李连国】近几年来，我们围绕“合和”文化建设，一是在校园环境方面，修缮了古香古色的学思阁，修建了文化长廊、鉴湖、合和文化广场、文化墙。同时，我们大力建设楼宇文化、墙壁文化，师生在这种氛围中得以熏陶。在这样的环境中工作、学习，师生的幸福感油然而生。二是开展了一系列的活动，在教师层面，我们开展了读书沙龙、专家讲座、班主任和教职工的拓展培训、年级部座谈会等；在学生层面，我们编制了《校园文化建设方案》、《经典诵读五年计划》，编印了《古韵今诵》、《合和文化简明读本》并进入课堂，积极开展经典诵读活动，并进行学习风气优秀班集体的评比。通过活动的开展，提高了师生的文化涵养，师生的言行、精神面貌发生了明显的变化，学生变得安静了，老师脸上的笑容也多了，师生关系变得更加融洽了。

【陶继新】学校环境的“合和”，虽以物质的形式呈示出来，可是，却透射出一种文化，在无声地向师生传递“合和”精神。而且，由于你们的物质文化建设匠心独运，又具文化内涵，所以，高雅而又不失其和谐，身在其中的师生，会感受到“合和”的美质，并生成一种特别愉悦的情感。

你们开展的活动与物质文化建设有相得益彰之美。通过活动，教师既可从专家与书刊中汲取生命营养，也有彼此思想碰撞之后的特别启迪。而这些精神的滋养，会让你们的“合和”文化更好地深入到教师的思想之中，进而外化成一种“合和”行动。教师由内到外的“合和”，不但对自身发展有益，还会有意无意地传递给学生。而当师生中有了“合和”之水款款流淌时，教育教学也就有了高质量与高效率。

经典文化读本走进课堂之后，学生就有了更多亲近经典的机会。而经典文化之中不但摇曳着智慧的光华，而且也流泻着思想的要义，特别是其中“合和”的思想等，对于提升人格与生成智慧，都可以起到巨大的促进作用。学生是学校的主体力量，只有当学生对“合和”文化有了一定的感知与认同之后，这一精神才能真正在学校里落地生根。

【李连国】我们清楚，校园文化建设是一项长期的工程，其影响力将在今后很长一段时间方能显现，我们“合和”文化建设的路还很长。下一步，我们将开展“校歌唱响校园”活动，设立“合和”文化论坛，组织教师认真学习《合和文化简明读本》，在教师理解内涵的基础上，举行研讨会，结合工作实际，交流对合和文化在工作中的感想，引发老师的思考，让合和文化深入老师的心灵，影响老师的行为，潜移默化，形成共同价值观，达到文化自觉。另外，合和文化进课堂，给学生讲解合和文化，让学生理解校徽、校歌、校训、校风、学风、教风的内涵，使其增强爱校意识，养成合作意识。要让学生在校九年，合和文化影响终生。

开展以“合和”为主题的活动

【陶继新】文化的要义在于内化，学校文化当然也不例外。而内化，绝非一朝一夕之功，需要一个相当长的过程。但这个过程不是消极地等待，而是主动地建设。设立“合和文化论坛”是一个好的设想。老师们共同参与，“论”的过程也是对“合和”文化一步步加深理解、一步步内化于心的过程。而让学生讲解“合和”文化，会有一定的难度，不过，还是有路可行的。学生的记忆力比较强，有些理念方面的东西是需要背诵的。不过，背诵并不等于死记硬背，而是要附以理解，通过一些学生喜闻乐见的活动，让“合和”外化成学生的行动。当知行合一的时候，“合和”就真的成了学校文化了。

【李连国】合和文化渗透到学校的方方面面。作为学校领导，在日常管理工作中我们注意发现老师的长处，尊重老师的人格，珍惜老师的劳动，适时地表彰奖励。如2010年教师节，我们对做出突出贡献的老师进行表彰，学校领导把鲜花送到老师家中，让老师和家人共同分享喜悦与幸福；学校召开大会隆重表彰贡献突出的教师，让大家都看到他们的付出与成绩；我们关心老师的疾苦，替老师分忧解难，看望生病的老师，让老师感觉到学校大家庭的温暖。学校尊重老师，老师尊重学生，并把这种尊重传递给学生，“亲其师、信其道”，教育教学效率自然提高了。

【陶继新】教师属于知识分子，多有一种“士可杀而不可辱”和“士为知己者死”的性格特点。校长如果不尊重教师、看不起教师，特别是侮辱教师，他们往往会“以其人之道，还治其人之身”，至少会在心里形成一种对抗，并会形成对工作的一种抵触，进而影响到对学生的教育。相反，如果校长尊重教师，他们也会尊重校长，而且还会通过积极有效的工作来“回报”校长，甚至多干了很多工作也毫无怨言。所以，校长对教师的尊重，直接影响着学校的发展。尊重也有“合和”之义，因为尊重会形成合力，会生成和谐，会提高校长与教师的生命质量。从这个意义上说，您对教师尊重的言与行，也是在诠释着您的“合和”文化。

给学生一个生命灵动的课堂

【李连国】近几年，学校教育教学质量逐步提高，社会美誉度不断提高，生源充足，我觉得主要得益于以下几点：一是德育为首。多种形式加强学生的日常行为规范教育、养成习惯教育；老师方面，教书先育人，课堂教学中全方位渗透德育，寓教育于教学之中，开展系列活动，每项活动都赋予教育意义。二是加强教学常规管理。落实好教学的每一个环节，夯实教学常规，保证教学的高效性。三是进行教学改革。学校在反复调研论证的基础上，结合学校实际，提出进行“学案式”课堂教学模式的探索。

【陶继新】不少学校也在谈“德育为先”，可是，有的效果并不理想。究其原因，是假大空。德育不重在言，而重在行。孔子说：“君子欲讷于言而敏于行。”你们关注了“行”，也就有了理想的收获。“行”的时间长了，就会积淀成一种心理定式，以至形成一种道德力量。而这种力量，有着超越方法技巧甚至兴趣的巨大能量，会使学生变得非常优秀。

学案式教学的研究，从只关注教师的教，发展到了更关注学生的学。而学生的学习一旦成为主动需求，就会变得从容而简单。教可以让学生学会，而更高层次的是让学生会学，特别是让学生乐学。你们的学案式教学，使得学生不但学习成绩有了提高，更有了学习过程的幸福感。

【李连国】学案式教学的提出。使“以学生为主体，以教师为主导”的教育理念为我校教师所认同，但是在具体落实上还有差距，有些老师教学方式没有从根本上发生转变，过分重视研究自己怎样“教”，而忽视研究学生怎样“学”。带着这样的思考，学校多次组织老师到洋思、东庐、杜郎口中学实地考察，学习教学改革经验，汲取三校的经验。在对洋思中学“先学后教，当堂训练”的课堂教学机制、东庐中学的“讲学稿”、杜朗口中学的“学生自主学习”课堂模式进行熔炼后，按照新课改要求，结合我校实际情况，总结提炼出了“学案式教学”课堂模式。可以说，“学案式教学”是“主体”与“主导”的有效载体，它改变了传统课堂教学的权力结构，“以学生为主体，以教师为主导”的教育理念得到了较好的落实，实现了课堂教学的和谐高效。

【陶继新】你们是深得“他山之石，可以攻玉”的价值，所以才有了一次又一次的外出取经之行。可是，任何经验，都烙印上了他们自身的特点，是很难平面移植的。所以，很多学校“南征北战”地学习了一番，可是，到头来还是没有真正意义上的教学改革，甚至学来学去，学成了“四

东营市第二届和谐高效课堂在学校举行

不像”，以致连自己原有的优势也丢掉了。你们既取他人之长，更结合本校实际，进行了深入的研究，形成了属于自己的“学案式”教学模式。而且，当学生成为课堂的主人，拥有了教学的话语权之后，内蕴于他们之中的学习潜能也就一发而不可收，也就有了令师生都兴奋不已的高效。

【李连国】学案式教学的实践。“学案式教学”课堂模式提出后，学校组织全体教师认真分析教师和学生情况，结合地域文化特点，寻求理论支撑，准确把握 “主体”和“主导”的关系，反复研讨，统一认识，把“学案”和“学案式教学”做出如下定位：

“学案”是集教师的教案、学生的学习方案、作业、测试和复习资料于一体，师生共用的教学文本，是将国家课程、地方课程充分整合后的校本课程，是“教学合一”的载体，是教师对课程的认识、对教材内容的挖掘与教师的知识储存、教学经验、学生学情、教学组织能力等方面的整合。

“学案式教学”是通过改变“常态课”的教学结构和流程，从而改变教师的教学方式和学生的学习方式，减轻学生过重的课业负担，提高教师“常态课”质量，探究一条“轻负担、高质量”的符合素质教育要求的课堂教学之路。

【陶继新】“学案”有共同体的特点，也有师生平等的特质。共同体中，师生都有发言权，教与学的权利都得到了尊重。这样，不但有了共同的目标，也有了共同走向这个目标的合力与策略。在完成这一“教学合一”文本的过程中，教师更好地了解了学生，学生也更好地了解了教师，这无疑给更好地完成教学任务铺平了道路。

“轻负担”不是减质量，而是提高教与学的质量。所以，走“轻负担、高质量”之路，才是真正意义上的素质教育。这里的轻负担还不只是减少了作业量，更多的是体现在学生心灵状态的优化上、会学乐学的进展上。一个处于自由状态与快乐状态下的学生，学习高效是不求自得的。

【李连国】为保证“学案式教学”的顺利实施，学校实行以年级部为单元的管理体制，强化年级备课组的作用，建立了“集体备课—学案式教学—分层辅导”三段式教学新常规。即在备课组集体备课的基础上，形成师生共用的学案；在学生提前预学学案的基础上，根据学案提出的具体学习任务，课堂上小组合作交流，共同完成学习任务；然后，教师在了解学生学习情况的基础上，有目的地组织课上的分层辅导和课下的分层指导，实现因材施教。同时，将这一教学流程制度化、常规化，保证了“学案式教学”的具体实施。

【陶继新】学生预学学案需要一个由扶到放的过程。学生习惯了接受式的学习之后，不太容易在预习中准确且较快地找到重点、难点和疑点，所以，开始的时候，教师的点拨不能少。可是，这种点拨要逐步减少，当学生有了这种能力之后，教师就要悄然退出。另一方面，尽管现在一些学校已经在小组合作学习方面进行了不少探索与实践，可是，停留在表层者还不是一个小数。只有形成小组合作性学习组织之后，合作学习的目的才能真正达到。所以，小组这一级“组织”的建立与小组文化的形成，当是保证学案得以有效实施的关键。

【李连国】为了推进“学案式教学”，除常规检查督促外，学校每学期开展“同案共教，一人一课”暨同课异构活动，定期举行学案设计比赛。同学科备课组教师在同一时间内，现场设计、编制学案，交流设计思路，总结点评学案，相互之间，取长补短，开阔了思路，激发了潜能，初步实现了学案式教学所追求的课堂高效和师生和谐发展的境界。

【陶继新】同课异构活动的开展，不仅要让教师熟悉与“归依”于模式，还要让他们在遵循模式的时候，能有自己的创造。模式固然需要，而不同教师的风格却不能统一。因为各个教师的性格、文化积淀等不同，各班学生的学习状态也不一样。即使同一个教师、同一个班级，不同的课型、不同的课堂，也各有不同。所以，要在这个过程中，很好地培养教师的应变能力，进而让他们形成各自的风格。这是对教师的高要求，也是学校教学改革的必然归宿。

【李连国】为保证学案式教学的效果，真正确立学生课堂学习的主体地位，我们尝试建立异质分组、组间同质、角色分工、优化互动的四人学习小组。为了强化小组长的作用，每次家长会，首先由各个小组长给家长汇报小组成员在校表现：一方面，小组长的工作得到了教师的认可，调动了其积极性，同时培养了学生的能力；另一方面，家长能及时了解到学生校内、校外真实的情况，更有针对性地配合学校落实家庭教育。另外，在评估上把合作小组作为一个整体来考核评价，评价结果按一定比值计入期中、期末考试总成绩，加强学生的过程性评价和发展性评价，更加注重学生学习的过程、方法以及相应的情感态度和价值观等非智力因素的发展。小组建设的不断深化和优化，保证了“学案式教学”课堂的实效。

【陶继新】在家长会上让小组长汇报小组成员在校表现，会让小组长生成一种自豪感与自信心。同时，小组长的汇报内容需要一个采编综合过程，于是也就提高了其分析问题与综合问题的能力，并会密切组长与组员之间的关系。孩子的声音是纯真的，它会增强家长对班级与学校的信任度。同时，家长不但会自觉地加入到解决孩子问题的行列之中，还会因孩子的成绩而感到幸福。

以小组为单位进行评价，可以增强小组内部的凝聚力，形成组兴我荣、组衰我耻的集体荣誉感。表现优秀的学生，就会主动地帮助学困生；学困生也会努力向上，争取为组争光。小组成员之间的这种“合和”，对他们以后进入高一级的学校学习，甚至走向社会工作，都会起到意想不到的作用。而将生成过程及非智力因素纳入评价的范畴，会让学生更加关注学习的过程，形成良好的意志品质。而这些，恰恰是学生走向成功的必需素养。

【李连国】学案式教学的实效性。“学案式教学”实现了“教学合一”的目的：寻求到了和谐高效课堂的最佳切入点和结合点，大幅度提高了教育教学质量。

一是备课方式的变化。以备课组为单元的集体备课模式，使教研真正落到实处，促进了教师整体素质的提升，增强了教师的合作意识，实现了“拥抱式组合，一体化管理，激励性评价，绩效性奖惩”的团队合作评价机制。

二是每个备课组成员相互合作、相互研讨，形成了一种团结、互助、合作的浓厚学术氛围，营造了一种民主和谐、幸福成长、共同发展的工作环境，增强了教师之间的凝聚力，进一步融洽了教师之间的关系。

三是促进了学习方式的转变，提高了学生的学习能力。整个学习过程由被动接受转变为积极主动地探究，由原来等着老师讲到自觉预学，带着问题去读书，提出自己的疑问，积极主动交流自己的想法，提出自己的见解，倾听他人的意见。

四是促进了学校文化建设和内涵发展。课堂教与学的文化是学校文化的核心。“学案式教学”丰富了我校“合和”文化的内涵，逐渐形成了互助、和谐的师生、生生关系，是学校“合和”文化的具体呈现。

【陶继新】“学案式教学”激发了师生内在的积极动力。自主探索与被迫探索，结果是迥然不同的。自主是向内求，被迫是外在的。内求启动的是自身的生命张力。而每个人都有巨大的潜能，可是，如果长期处于被动状态，这种潜能就会处于沉睡状态乃至死亡。有人抱怨教师职业倦怠，这尽管与教师自身不努力有关，可是，没有相应的教学改革机制，也是一个重要因素。“学案式教学”犹如一把钥匙，将教师的潜能大门打开，当教师的潜能被开发出来后，还会生成巨大的喜悦之情，而且，他们会慢慢地自我开发这种潜能。特别是在这种潜能涌动的时候，还可以享受到一种难以言表的幸福。当人人都有这种状态的时候，彼此还会相互传播幸福。于是，教师之间的“合和”场也就形成了。

学生的学习也是一样。他们从被动学习到主动学习的变化，改变的还不只是学习方式，更有内在的生命觉醒。他们发现学习并非以前感觉到的是一场心力交瘁的苦役，竟然还有自我意识到的成长的幸福感。而这种群体意识，自然会在学生中形成一种“合和”场。这些，无疑是学习高效之本。因为任何的学习高效，都离不开由内而发的积极动力。当学生在学习中享受幸福的时候，学生时代的生活也就有了意义。而教师与学生的幸福状态还会融合与交流，于是，就形成了一个更大范围的“合和”场。因此，师生生命成长，学校发展，就有了一种内在的必然。

【李连国】下一步需要抓实抓细的几个问题。一是加强备课组建设，抓好集体备课的落实，设计好学案。二是加强学生学习方法的指导，培养学生的自主学习能力与合作探究能力。三是面对学情变化，尤其落实好二次备课，教师上课前根据学生实际情况和对学案的预学程度，对学案进行调整和加工，从而使学案的应用更具针对性，充分发挥学案的实效性。四是抓好起始年级，培养良好习惯，形成学案式教学的良性循环。从小学开始，教师就有意识地组织小组合作学习，让学生学会合作，逐步养成良好的小组合作习惯、良好的学习习惯，从而逐步培养学生自主学习的能力，为“学案式教学”打下良好的基础。

【陶继新】好习惯的养成，可以让学生受益终生。其实，教育最要紧的就是培养习惯。有了好的习惯，就等于在“生存银行”里拥有了一生取之不尽用之不竭的利息；反之，就等于在“生存银行”里欠下了一生还之不尽的债务。而且，一种良好习惯的养成，有的时候还有渗透性特点，它还会迁移到其他方面，从而形成优质的生命存在。而您所说的合作，不但是一种习惯问题，还是一种品质问题。当今社会，单打独斗闯天下且有大的成就者已经越来越少了，而合作共赢，则成了走向更大成功的必备条件。小的时候如果没有合作意识，走向社会之后也不会更好地与他人合作。而一个不希望别人赢的人，别人也不会希望他赢，只有合作，才能双赢。从这个意义上说，你们培养学生合作的品质，不但会显现于当下，还可以让他们的未来更精彩。

细节决定完美

【李连国】学校明确提出“文化建设引领学校发展，学案式教学推动学校发展，精细化管理保障学校高效发展”的办学思路。无论是文化建设引领，还是学案式教学的实施，都必须做到精细管理，抓实抓细各个关口、各个环节，才能做到精致，才能凸显实效，为此，学校制定了《胜利第五十九中学“学案式教学”课堂教学评价标准》、《胜利第五十九中学学案二次备课基本要求》等一系列的管理制度。

在落实精细化管理中，强化老师的榜样示范作用，强化学生自我教育、自我管理、重视细节。如国旗升降要庄重、规范、无失误；学校广播要正常使用，校园广播能体现校园生活特色，无失误；校园值周师生要规范佩戴标志；班级家长会做好教室的布置等；卫生整洁也是学校最好的宣传，教室、办公室等室内的物具应摆放有序。教育学生做到的，教师在这些细节中也要亲力亲为，不可忽视。强化学生行为习惯教育，尤其是在校外的表现，更能体现学校教育的成效，要求教师在教学过程中做到文明执教，不轻易让自己的形象在学生的心目中打折扣。诗词长廊、文化墙、宣传栏、学思阁、鉴湖、合和文化广场、教室、办公室设计布置、格言警句、名人名言、宣传挂图、书画作品、走廊文化、图书角、路牌、班牌、校牌、校服、课程表、作息时间表等，专人负责，逐项规范，师生能随时随地受到感染、熏陶，体现“学校无小事，处处皆教育”的深刻内涵，规范完善显性文化建设项目。

学校建立了以"合作·融合·和谐"为主题的校园文化

【陶继新】"抓而不紧，等于不抓。"而要想抓紧，就要抓细。有的时候，细节是可以决定成败的。但是，这个细不是人人都管，因为人人都管就等于没有人管。所以，凡事都要有"专人负责"。同时，还要有相应的督察评价制度，甚至一定的奖惩措施。这就是所谓的"跟进"，"跟进"的优劣，决定了制度落实的好坏。同时，要在这个过程中，让师生形成敬畏规则的意识，从而让大家养成凡事都有规可依、遵规而行的习惯。这也是"合和"。因为当人人遵守规则，并以此为荣为美的时候，规则就不再是什么约束，甚至可以抵达孔子所说"从心所欲，不逾矩"的境界。人们之所以将规章制度视作对自己的约束，一是没有对规则的敬畏感，二是没有形成遵守规则的习惯。

结束语

【李连国】我觉得，每个人都有只属于他自己的性格和气质，个人性格和气质的形成，其实就是其本身文化修养、文化素质不断凝聚、升华的过程。学校亦是如此，每所学校都有只属于她自己的性格和气质，学校性格和气质的形成就是学校文化不断凝聚和升华的过程。我校历经二十多年的成长、发展、积累、沉淀，形成了自己特有的性格和气质——合作·融合·和谐。在这种文化氛围中，每个个体相互尊重、相互理解、相互宽容，共同进步，一起成长。同时也希望在这个大家庭里，人人都能用宽容的心态去对待他人的每一个过失，用期待的心态去等待他人的每一点进步，用欣赏的目光去关注他人的每一个闪光点，用喜悦的心情去赞许他人所取得的每一点成功，以平平常常的心态，认认真真地履行自己该履行的职责，在奉献的岗位上寻找自我，在繁忙的工作中追求快乐，在充满人文和谐的校园里施展自己的才华，追求教师职业的幸福。果能如此，我们的学校就会成为有实质内涵的“合作·融合·和谐”的学校，就会成为学生向往、教师幸福、社会满意的理想学校。

【陶继新】“合和”文化不是否定个性，即使否定，也否定不了。“合和”追求的是一种共同的价值取向，追求的是一种共同的愿景。所以，在承认不同个性的同时，应当有一颗宽容之心，因为个性从一个角度说是优点，而从另一个角度说则可能是缺点。所以，要包容别人的缺点，欣赏别人的优点。这样，就会形成一种和谐文化场，不会因为别人的优秀而嫉妒，也不因别人的一般而歧视，从而进入到孔子所说的“己欲立而立人，己欲达而达人”的高层境界。这样的话，不但自己发展了，别人也发展了。更重要的是，有了心灵的和谐之后，人的当下与未来都会幸福。而感到幸福的人，工作质量自然而然地会高起来，学校也就自然而然地发展起来了。

（原载于《创新教育》2011年第6辑）

12

营造生命成长的环境

——“一切为了学生的发展”的深圳市光明新区田寮小学

麦树坤，1970年10月生，深圳公明人。现任深圳市光明新区田寮小学校长、党支部书记。毕业于广东教育学院，小学高级教师。历任深圳市光明新区玉律小学校长、深圳市光明新区长圳小学校长、兼任深圳市光明新区督学。先后荣获深圳市光明新区优秀校长、深圳市先进教师等荣誉称号。

↑麦树坤校长

麦树坤校长2010年任职田寮小学校长以来，本着一个教育工作者的责任和对教育事业的执着追求，以“一切为了学生的发展”这一朴实而厚重的教育信念，扎扎实实地耕耘在田寮小学这方沃土上。学校用“读书”让学校远离尘嚣，用文化润泽心灵，让快乐成为学生成长的主色，密切家校合作功能，为学生成长助力，使这个具有六十多年历史的村小在短短的一两年时间里焕发异彩，在区域内同类学校中显得特别与众不同。田寮小学是光明新区第一所通过办学水平评估的学校，获得了深圳市办学效益奖，现已成为市一级学校。

【按语】在教育日益功利化的年代，能静下心来做教育的教师日渐减少；能在繁杂的行政事务中脱身出来，醉心于教育研究、潜心于学生发展的校长更是越来越稀缺。深圳是个移民城市，在这个“时间就是金钱”的商业城市里，当这些背井离乡、怀着来深圳掘金心态的家长们都在为着自己的生活奔忙，而无暇关注自己孩子成长的时候，麦树坤校长及其带领的田寮小学教师团队，本着一个教育工作者的责任和对教育事业的执着追求，以“一切为了学生的发展”这一朴实而厚重的教育信念，扎扎实实地耕耘在田寮小学这方沃土上。学校用“读书”让学校远离尘嚣，用文化润泽心灵，让快乐成为学生成长的主色，密切家校合作功能，为学生成长助力，使这个具有六十多年历史的村小在短短的一年时间里焕发异彩，在区域内同类学校中显得特别与众不同。

典型引路打造优质师资队伍

【麦树坤】温家宝同志说：国家大计，教育为本，教育大计，教师为本。学生的成长以及学校的发展，教师队伍的建设是关键。我校一直以来非常重视教师队伍中师风师德的建设，注重教师专业化成长，形成“两室三多”的教师培训模式。“两室”是指“青蓝工作室”、“名师工作室”，前者注重对年轻教师的教学进行规范化和专业化培训，后者主要针对青年教师进行精英化培训，促使其向名师发展。“三多”是指教师培训工作呈现“三多局面”，即：多样化、多层次、多角度。在师风师德建设方面，我们立足教育教学实际、教师队伍实际，在学校的寻常工作和生活中去找先进、找典型，挖掘学有所成、教有所长、德有所范的能人、强人来进行宣传表彰，让广大教师能真正感觉到先进就在身边，通过努力我也能达到，这才真正达到表彰奖励的目的，促进我们的队伍建设。

【陶继新】好的典型可以激发教师积极向上的心态，营造勇于开拓创新的教学风气。但是典型如果太高、太远，就会让老师们感到遥不可及。而身边的典型触手可及，真实而又鲜活，会起到事半功倍的效果。

在采访中我感觉你们学校有一些既有人格魅力又有能力的教师，他们的事迹很感人，很有典型意义。而且，你们充分发挥了这些典型的作用，有效地提升了老师们的精神品质。

【麦树坤】一个优秀的教师教出一批优秀的学生，而这批学生可以影响三代人的生活。我们学校之所以有今天的成绩，除了上级领导的关心和支持，还有一个很关键的因素就是这所学校有一批爱岗敬业的老师。其中一位老师尤为突出，他就是体育科组长李军老师，他自2004年到了我校后，在平凡的岗位上勤勤恳恳、兢兢业业，不计报酬、不计时间，甘为人梯，全身心投入教育教学中。他每天起早贪黑，带领着他的篮球队员在球场上摸爬滚打，在各级比赛中拔得头筹。他所带的篮球队员，不但球技一流，而且学习成绩也在班里遥遥领先。学生都以能够参加篮球队为荣，李老师用他敬业刻苦、拼搏进取的精神品质感染了他的篮球队员，这种精神成为一颗种子，通过篮球队员在班里播种，从而开遍整个校园。同时，李军老师的这种精神也成为教师队伍中的标杆，起到了引领的作用。

【陶继新】大思想家、教育家柏拉图说："一个民族只有最优秀的公民才有资格当教师。"因为教师不但会影响学生的一生，还会影响整个社会发展的走向。从李军老师身上，我们感到教师的平凡而又伟大。他是那么谦虚真诚，又是那么热情而又淡然。他高超的体育技能快速地提升了学生打篮球的水平；而他的内在品质，则在"润物细无声"中润泽着学生的生命。他为学生播下的是终生生命成长的种子，从而让学生不但会在当下的学校、家庭与社会上表现优秀，更会在未来的生命行程上表现得突出。在某种意义上说，他是在为孩子们铸造美好的人生。

【麦树坤】典型的作用是无可估量的，所以我们通过形式多样的研讨会、讲座等进行宣传。如：我们通过专题讨论——今天如何做老师、师德演讲——钟永红校长师德标兵事迹报告会、典型引路——李军老师专业研讨会等宣传活动，逐步使教师树立爱岗、敬业的思想。学校通过"树典型、促先进"的做法，让优秀者得到更大的发展平台，让先进者无论在精神还是物质方面都得到尽可能的满足，让优秀教师感受到自我的价值，从而使优秀教师觉得自身的努力是有所回报的，从而激发整个教师队伍的活力。

【陶继新】形式的多样，会增强典型引路的作用；而典型的内在品质与实际行动，更是感动人的本质力量。你们是形式、内容二者“得兼”啊！所以，就收到了很好的效果。而且，典型的作用还不只止于这些活动，它更在平时的教育教学场景中，在教师的一言一行中。这种隐性的教育，则可以起到“此时无声胜有声”的作用。

【麦树坤】我们除了挖掘身边的典型外，还非常注重对教师的专业培训。教师的专业成长是队伍建设的一个重要方面，社会的发展要求教师要不断地更新知识结构、丰富知识内容，所以每一个教育工作者都应该树立终身学习的意识，把学习作为自己工作和生活的重要组成部分，这样才能与时俱进，才能顺应教育发展的要求。我们学校积极宣传加强教师继续学习、终身学习的重要性，让不断学习的思想深入人心；认真制定教师学习的规章制度，拟订教师各种业务学习规划，在年初或者学期初进行布置，加强检查督导。

【陶继新】教师应当是在社会上最有文化的群体，可是，由于“应试教育”的逼迫，以及一些教师对学习的重要性认识不足，致使有的教师长年读书甚少、进步缓慢，一直在平面上滑移。如此而为的结果，不但自己享受不到学习进步的快乐，还不能更好地担当起教育现代学生的重任。你们高度重视教师的学习，既是对教师负责，更是对学生负责。通过持续的学习，教师不但优化了自己的知识结构，还提升了自己的人格，因为好书之中，不但有专业素养的内容，还多流淌着高尚的思想。有了人格修为，又有了学识文品，教师的生命状态会变得更好，学生也就会受到更加优质的教育。

【麦树坤】对于教师的培训，我们坚持“走出去，请进来，注重校本教研”的战略。我们在每学期（年）期初制定好一个学期（年）的教师培训计划，按照计划定期组织教师进行学习。近几年，我们分别组织了教师外出到佛山、广州、韶庆、北京、上海等地学习，回来后要求他们每人把学习体会心得在科组会议上交流。无论时间多紧、事情再多，我们都组织外出培训的教师在全校教师大会上作学习心得报告，既达到知识共享的目的，又锻炼了教师的业务研究能力。同时，我们还邀请教育专家到校进行讲座、上示范课等。在校本培训方面，我们将重点放在对教师平时教学过程中遇到的一些实际问题进行的研究讨论活动和对新教师的培训、跟踪、辅导工作上。几年来，学校平均每年投入的教师培训经费达35万。通过这些活动和措施，教师的教学技能和业务水平得到了很大提高，参加各级教学比武大赛和班主任工作能力竞赛等屡获佳绩。

区公共事业局领导到我校指导工作

【陶继新】外出学习，学到的不只是知识，还开阔了视野。古人强调“读万卷书，行万里路”，正是在沿途之中，领略到了各种各样的“风景”，增加了生命的阅历。而这种阅历，可以在平时的教育教学中，不经意间起到意想不到的作用。

请专家来校开设讲座，请名师到学校上课，让全体教师都可以从专家与名师那里学到超越自己的知识甚至是智慧。而且，真正意义的专家与名师，都是首先在修身做人上为人师表的，这种隐性的人格影响会在老师们的身上显现出来。

“快乐英语”课堂模式日趋成熟

【麦树坤】教师的成长是学校发展的基石，而我们进行教师培训的根本目的是为了学生的成长。我们认为，学生的童年主色调应该是快乐的。学校寄希望于学生快乐地学习、快乐地成长。心理学研究表明，在快乐中成长的孩子思维活跃而富有创造力。为此，学校探索“快乐英语教学”课堂模式，目的是突出以学生发展为本，重视从学生的生活经验和已有的知识中学习英语和理解英语，把英语作为人们日常生活中交流信息的手段和工具，把学生生活体验融进课堂，使之成为学生学习的有效资源，融合学生生活的快乐因子，激发学生快乐学习的原动力。同时，教师通过参与“快乐英语”的创建，使小学英语课堂教学走出一条新路子，最终实现学校特色教育的目标。

【陶继新】在一般人看来，学习是很苦的事，而学习英语尤甚。可是，真正进入到理想的学习境界，不是苦，而是乐。所以，抵达“快乐英语”的境界不是梦。但是，人们大多还徘徊在这个境界之外，还在品尝着学习的苦果。如何让学生乐学呢？毫无疑问，需要教师教学的艺术，同时，也特别需要教师的精神投入。如果教师在教的时候不快乐，学生就不可能在学习的时候快乐。教师的教学状态优劣，会直接影响到学生的学的状态。教师上课时的阳光心态与快乐情绪，会有效地传递给学生，让他们也有了这种优质的心态与情绪。师生这种快乐的和谐，结出累累的高效之果也就有了水到渠成之势。

【麦树坤】陶老师，我认为教育不能急功近利，教育应是草根形态的，是带有泥土气息的原野，正是我们有一批老师把头都扎进学生堆里，用心经营，才使得学校有学校的样子、学生有学生的样子。我校的钟永红副校长是小学英语学科带头人，自她1994年来到田寮小学后，一直在这里潜心钻研、扎根课堂、用心教育，有很多次调动和升职的机会她都放弃了，深深地爱着这方热土，享受教学带来的快乐。

【陶继新】麦校长说得好！教育绝对不能急功近利。孔子说："无欲速，无见小利；欲速则不达，见小利则大事不成。"真正做出点成绩的教师，几乎都不太浮躁，有一颗文化定心。第一次见到钟永红副校长，就感到她有一种从外到内的沉静与从容。她爱你们学校，爱英语教学，爱教师，爱学生。所以，她不会因为地位、荣誉等离开田寮小学，她的生命之根已经深深地扎在这所学校里了。她紧张地工作着，也天天快乐着。还有什么比这更幸福的呢？一个可以享受幸福的地方，又有谁舍得离开呢？

【麦树坤】是的，钟副校长已经深深扎根在这片热土里了。自2000年起，她开始了创建"快乐英语"课堂教学模式的探索，"十年磨一剑"，如今"快乐英语"课堂模式已日趋成熟，并逐步形成了学校的品牌特色，在深圳区域内有一定的影响，特别受到同行的赞誉，深受学生的喜欢和家长的好评。快乐英语就是让学生在快乐中学习英语，在学习英语中享受快乐，教师在教学中也享受到成功的喜悦。

【陶继新】品牌是一笔无形的资产，对于提升学校的美誉度起着巨大的作用。而学生与家长的好评具有更大的价值，它是教师之所以优秀、学校之所以优质的要件。即使获得大奖，也不能与之相媲美。田寮小学之所以越办越好，这当是一个重要原因。

【麦树坤】教育的本意是能够让老师和孩子幸福快乐，如果我们的教育带给老师和孩子的是痛苦和折磨，这样的教育还要它干吗？所以孔夫子早就说："学而时习之，不亦说乎！"因此，田寮小学的英语教学美其名曰"快乐英语"，包括快乐环境、快乐课堂、快乐作业、快乐评价。钟校长带领英语老师用英语单词卡片把教室走廊装饰一番，根据不同类型的词开辟各种主题学习区，如有关色彩的单词就命名为"缤纷的色彩"、与农业有关的单词就命名为"欢乐的农场"等，学校的每个角落里分布着"职业村”、“奇妙的水果”、“会说话的文具”等主题学习区，让学生在这些学习的地方流连忘返。

【**陶继新**】看过你们学校用英语单词卡装点的走廊，真是既美又有童趣。孩子们步入其中，好像不是在专门地学习，而是在快乐地做游戏。正是在这种“游戏”中，他们渐渐爱上了英语。在这种快乐的英语环境中，孩子们当然乐而忘返了。之所以有如此精彩的设计，是因为钟校长有一颗活泼的童心，有对英语学习驾轻就熟的把握。于是，孩子们学习英语就不再是一场心力交瘁的苦役，而变成了探索未知的幸福之旅。快乐心境的持久，还会在孩子们的心里生成一种乐观的性格，从而让他们更快乐地对待今后的学习与生活，进而有一个幸福的人生。

【**麦树坤**】快乐英语课堂不同于传统的教学模式，教具色彩鲜艳、课件风趣夸张，让学生过目难忘，刺激的游戏、多样的教学手段使学生始终处于兴奋的状态。钟副校长要求老师要课课有新招，让学生保持持久的兴趣，构成了高效的课堂。

山东胶州校长团到我校观摩学习

【陶继新】孩子们的有意注意时间较短，如果不能引起他们的兴趣，课堂上走神甚至昏昏欲睡也就不足为奇了。这种状态下的学习质量一定是非常低下的。所以，研究儿童心理，探索如何激发学生的兴趣，则成了优秀教师共同的追求。钟副校长是当之无愧的名师，既让学生保持了长久的有意注意，又让他们感到上课原来如此快乐。在这种状态下学习的学生，高效就有了不求自得的必然。

【麦树坤】快乐的评价让孩子们在快乐中成长，多元的评价让孩子们能跑则跑、能飞则飞，不让一个孩子掉队。

【陶继新】孩子本来就是各不相同的，如果用同一把尺子衡量，就会出现削足适履的可笑之事。而多元评价，则可以激发每一个孩子发展的动力。

经典文化润泽学生快速成长

【麦树坤】每个孩子都有自己的个性，我们学校一直以来都非常重视学生的个性发展。我校创建于1946年，半个多世纪以来，学校积淀了丰厚的历史人文气息。在2010年原村小改造工程完工后，学校站在了新的历史征程上。在这个历史性发展的一年，学校领导班子未雨绸缪，结合本校实际，实施田寮小学“3433”教育工程，并聘请了韩珍德校长为学校顾问，根据学校的发展历史和实际情况，开始梳理校园文化。经过学校教师的共同参与和深入探讨，总结并确立了田寮小学以“读书”为起点的文化主线。

【陶继新】你们学校确立的这个文化主线的确很有价值。深圳经济发展迅速，越是这样，越需要文化的支撑。因为文化可以以文“化”人，让人变得更有品位、更有思想。当你们的孩子在文化的熏陶下越来越有修养、越来越有文化的时候，也会在潜移默化中影响到他们的家长。当家长有了文化追求的意识且付诸行动之后，又会反过来促进学生的读书、学生的成长。

【麦树坤】学校是育人的场所，以学生为本是办学的根本宗旨。从横向看，学校的一切工作，诸如教育教学、常规管理、后勤服务等，都应该围着学生转，为促进全体学生发展服务；从纵向看，小学教育是一种奠基工程，学校的每一项工作，都要有超前性，站在为学生的未来发展服务的高度，让每一个学生在已有的基础上得到充分发展，不断超越自己，挑战新的高度。所以，我们把“一切为了学生的发展”确定为学校的办学理念，把“崇文厚德”定为校训。

【陶继新】既然“一切为了学生的发展”，就要从他们的当下幸福与未来发展进行思考与行动，就要为其人格的成长与智慧的生成而努力。这自然也给教师提出了一个很高的要求。只有具备优秀人格与智慧的教师，才能培育出更加优秀的学生。“崇文厚德”来自儒家先师之语，对于人的生命成长有着极其重要的意义。有了知识并不等于有了文化，有了好的学习成绩也不等于有了道德品质。而“文”与“德”两者具足，才能让学生成长为真正对社会有用的人才。

【麦树坤】是的，在中国，大凡有卓越建树之人，多是在其小时候就积淀了丰厚的国学基础和中华民族传统美德底色。我们确定“崇文厚德”为校训，就是考虑到儒家文化是我们中华文化的精髓。为了使这个校训深深地烙进学生的心里，从而形成田寮小学学生独特的精神气质，我们实施了“经典诵读与田寮文化”考级制度，有步骤、有计划地引导学生背诵《唐诗三百首》以及《弟子规》、《千字文》、《三字经》等经典篇章，通过学生互检、家长督查、教师验收等方式把考级制度落到实处，让学生自小接受经典文化的熏陶。

【陶继新】《弟子规》、《千字文》等启蒙读物，学生读起来朗朗上口，易于记诵。正是在这个过程中，不少有益于学生人格提升与智慧生成的东西走进了他们的心田。《唐诗三百首》押韵合仄，且有很强的审美情味，学生诵读的时候，会很有兴趣，并会不知不觉地对诗歌产生兴趣，生成属于自己的审美体验。而审美品位的提升，对于提高学生的审美素养将起到很大的作用。

【麦树坤】博大精深的文化经典及诗文经过了几千年的流传，是具有永恒价值的人类文化精品，让孩子从小接触、诵读这些经典，对孩子的性情陶冶、气质涵养、人格培养、智力开发都有着潜移默化的作用。让他们诵读经典，在名篇佳句、锦绣华章的书香中熏陶浸染，既感受汉字内涵之深厚，又领悟人生哲理之睿智，也有助于学生行为习惯的养成、道德情感的成长、公民道德意识的增强。我们把这一“考级”系列活动作为学校今后重点工作开展，让学校逐步积淀浓厚的文化氛围，达到以“文”化人之目的。

【陶继新】对学生诵读经典进行“考级”，足见你们对经典诵读的重视。这样，可以激发学生诵读的热情，让他们在考级中生成一种成长的感觉。而经典文化一旦内化到学生心里，外化出来就是又一道绚丽的风景。因为经典文化之中，既摇曳着智慧的光华，也流泻着思想的要义。所以，学生经典诵读的过程，也是思想品位与智慧指数不断提升的过程。而且，这一方向是正确的。国家语委与教育部已经下发通知，以后将要在中小学开始中华诵读活动，还将构建应知应会系统。你们的考级，与这种精神不谋而合。

【麦树坤】同时，我们围绕“崇文厚德”这一校训，以“读书”为主线，整体规划了学校的视觉文化。根据年级段的特点，学校的文化主线就形成了读书养成、读书正心、读书明理、读书益智四条分线。无论是主线还是分线，在整个校园文化中都始终贯穿一个教育的根本——教会学生怎样做人，做什么样的人。

【陶继新】有人认为，读书是为了丰富知识，这固然有一定的道理，可是，它的最主要的意义，则是让人变得更有思想、更有品质。“崇文厚德”的校训，正体现了这样一种指向。能够做到养成、正心、明理、益智，读书就走向一个理想的高层境界。

【麦树坤】我们将新教学楼的二层设计为读书养成篇，主要提供给刚入校的一年级学生进行养成教育。这是我们教育的根本，所以要放在最底层，内容主要是让学生养成十大行为习惯。将新教学楼三层设计为读书正心篇。主要教会学生通过读书悟出道理，运用这些道理去做一个仁、义、礼、智、信，忠、孝、节、勇、和的人。将新教学楼四层设计为读书明理篇，主要是针对高年级学生人生观、价值观形成时期而实施的教育。将新教学楼五层设计为读书益智篇。在音乐室、舞蹈室、科技室中主要悬挂著名科学家、艺术家的画像，让学生生活在名家的氛围里，积淀名家底蕴。

【陶继新】一年级是养成教育的重要时段，关键要知行合一，通过读书，要让学生知道养成教育的重要性，同时付诸行动。而一个好的习惯往往需要一个持久的过程才能形成，所以，不要急，也不要等，读行结合，定会收到良好的效果。正心篇的设计突出儒家文化的核心要素，是让学生从小就要做一个“正”的人。有了这个“正”，也就有了成长的根基。人生观、价值观的形成，需要明理，也需要实践，二者合一，才能产生比较好的效果。你们的益智篇，既着眼于对学生智能的培养，也会引领学生走进艺术审美的天地。而拥有审美情趣的人，未来会生活得更加幸福。

【麦树坤】我们认为小学教育的首义在于习惯养成和道德启蒙，但这还不够，学生发展的终极目标应该是报效祖国、服务人类，为世界的和谐发展做出贡献。因此，培养学生热爱祖国的朴素情感和胸怀世界的宽广胸襟，拓展其国际视野，成为小学启蒙教育不可或缺的元素。因此，我们在教学楼一楼设计了“中国有多大，让我告诉你”及“世界有多小，进村就知道”这两个大型主题文化区。课后，孩子们喜欢在主题文化区内“指点江山，激扬文字”，畅游祖国大好河山，了解世界各国的名胜古迹和历史文化。

【陶继新】现代教育培养的人才，不能再是“一心只读圣贤书，两耳不闻窗外事”的书呆子了。不但要让他们了解中国，还要让他们认识世界。你们的设计，就有了面向世界的教育意识。当学生从小拥有国际情结之后，就为其未来在世界这个大舞台上驰骋才思做好了一定的准备。而这里所说的国际情结，还不只是了解世界名胜古迹与历史文化，还要关注当今国际的风云变幻，从而拥有承担大任的使命感与责任感。

【麦树坤】是的，视野的宽度决定思维的高度。在“崇文厚德”这个校训的统领下，我们提倡“博学创新”的校风，小学生正处于“博学强记”的黄金年龄，是多读书、读好书、开阔视野的最佳时期。我们认为，小学教育内容应遵循儿童的身心发展特点，宜“博”不宜“专”。同时，要使学生“博学”，教师首先要“博学”。博学的重要途径就是读书，崇“文”。在教学方面，我们确定了“循循善诱”的教风，在学校中倡导教师善于有步骤地引导、教育学生。在学生的学习成长方面，我们倡导“知行合一”的理念，让学生在学习科学文化知识的过程中，要理论联系实际；在道德方面，要言行一致。

【陶继新】“博学创新”的校风可谓古今融合。《学记》上要求学有五年的学生要“博习亲师”，现代社会又需要创新精神。两者都非常重要，缺一不可。“循循善诱”语出《论语》，系孔子最得意门生颜回称赞孔子之语。孔子就是循循善诱教育自己学生的。而且这种教风，传承两千多年来，依然闪烁着光辉。儒家先师特别强调“知行合一”，特别是王阳明，更是对此做出了高屋建瓴的理论论述，并付诸教育实践之中。后来，陶行知师承杜威，对王阳明的这一理念进行研究，又结合自己的教育活动，进一步对“知行合一”进行了教育阐释，对现代教育产生了很大的影响。你们对此进行研究，实实在在地在“知行合一”的路上行走，真是难能可贵啊！

“三位一体”生成优质效益

【麦树坤】校园文化的作用在于引领、发展和美观，只有通过师生的内化才能转化为正确的行为文化，但学校的教育毕竟是在教学时间之内，要使学校这种文化渗透到学生心灵的最深处，缺少不了家庭的熏陶。我们学校处于从农村迈向城市化的过程之中，学生多是外来工子女，家长文化素养参差不齐，为了使学校的教育理念得到更好的贯彻和落实，我们扩大了学校的教育功能，大力发展家庭教育。

【陶继新】家庭教育与学校教育形成合力，才能产生良好的教育效果。可是，你们学生中的很多外来工家长的工作大都比较紧张，没有多少时间教育孩子，而且还有不少家长对家庭教育的重要性认识不足，对如何教育孩子所知甚少，这就增加了学校教育的难度。你们知难而进，大力发展家庭教育，真是令人感动。如果没有“一切为了孩子的发展”的理念，没有让这些孩子受到优质教育的理想，是绝对不可能如此而为的。

【麦树坤】深圳是一个经济快速发展的城市，生活节奏快，家长们的忙碌无疑给孩子的教育带来了不利因素。我们于1998年开始探索家庭教育，经过几年的探索，在2002年我们学校在深圳市首先提出了“创建学习型家庭”的概念并付诸实践，通过以创建“学习型家庭”为契机，对家长进行培训，培训内容涉及科学教子方法、校园办学理念以及学生心理等方面，促使家长提高重视孩子教育的意识。同时，我们通过入户访问等方式，指导家长尽可能为孩子提供学习场所，并养成和孩子一起学习的习惯，做到家长和孩子一起成长。

【陶继新】入户访问至少有两大优势：一是密切了家校关系，家长会为教师的到来感动不已，从心理上拉近与教师的距离，进而会比较主动地与教师探讨问题；二是教师可以将孩子的具体情况详尽地告知家长，各个击破地解决不同孩子的问题，并会与家长共商形成促进孩子更好成长的方略。而培养家长与孩子一起学习的习惯，以达成家长与孩子的共同成长，则做得尤其令人称道。这个问题解决了，可以产生事半功倍的教育效益。孩子因此会拥有一个相对优质的家庭学习氛围，家长因此会有一个提升文化层次与思想品位的环境。这是一种高层次的“一切为了孩子的发展”，从而还为文明社区的建设做出了特殊的贡献。

【麦树坤】至今，我们的“学习型家庭”创建活动已经持续了将近十年，“学习型家庭”的创建越来越规范，并延伸到了“书香家庭”和“教子有方十佳家长”评选中。除了“创建学习型家庭”，我校还通过家长学校每学期两次的对家长进行免费授课、每年一次的家庭教育宣传周、每月两期的《田寮小学简报》等，向家长宣传家庭教育方法。这些工作的长久坚持，为田寮小学积攒下了深厚的家庭教育基础，学校的努力得到了社会的广泛认可。有家长反馈说："我的孩子能够成为田寮小学的一名学生，作为家长的我感到骄傲和自豪。"还有的家长反馈说："孩子能够在这样的学校读书，我感到非常荣幸。"

【陶继新】在评选中榜上有名的家长，会感到特别自豪，会与孩子一起更好地读书。而且，榜样的力量是无穷的，它会激发起更多家长更积极主动地与孩子一起读书的热情。这种"诗外功夫"，对于学生在校学习无疑会起到巨大的促进作用。

专家或教师为家长免费授课，可以让全体家长更好地了解家庭教育的意义与方法，从而认识到真爱孩子就要自己成长，以及与孩子共同成长的必要性。"简报"是另一种家庭教育的方式，它可以及时地向家长传递家庭教育的信息，让家长足不出户就能了解孩子的情况。如此为孩子的成长着想与行动，家长当然也就为孩子能在你们学校而自豪了。

【麦树坤】为了使我校的家庭教育可持续发展，具有更强的生命力，也为了扩大学校家庭教育的成果，我们先后开展了广东省教育学会"十五"科研课题《中小学家长学校规模化实施家庭教育个案跟踪指导的实践研究》、全国教育科学"十五"规划教育部规划课题《对不同类型的家庭分别实施规模化家庭教育个案跟踪指导的实践研究》。以家庭教育课题研究为载体，教师通过个案跟踪、入户访问等方式，多次深入到学生家庭，掌握孩子在家学习、生活的第一手资料，研究总结出家庭教育的规律，使学校的家庭教育工作更有针对性，在提升全校的家庭教育整体水平的同时也提高了我校教师的工作能力。

【陶继新】如果说你们参与研究的这些家庭教育课题很有价值的话，那么，你们结合这些课题扎扎实实地实践研究就更为重要。正是在这些实践研究中，你们深入到了学生家庭之中，了解到了不同学生的不同情况，进而有的放矢地与家长共同实施有效的教育。而且，在这个过程中，家长的责任意识增强了，更多的家长感到教育孩子，家庭与学校有着同等重要的作用。认识的提高，必然带来与之相应的行动，于是，孩子就有了在校在家都可以受到好的教育的可能。同时，教师的责任担当意识也在增强，特别是对于那些各方面条件比较差的学生的访问调查，会产生同情心和爱心，生成舍我其谁的担当意识。这种品质的提升，会给整个学校的教育带来一片新的生机。

【麦树坤】家庭教育工作的开展，使学校的办学理念和教育方法也深入到家长的心中。我们想通过学校影响家庭，以家庭影响社会，以达到社会支持学校，形成社会、家庭、学校“三位一体”的教育体系，形成良性循环、互相促进，使得办学效益最大化。家长的眼睛是雪亮的，一直以来，学校秉持“一切为了学生的发展”的理念，感动了许许多多的家长。学校“六一”儿童节活动经费不足了，家长主动送上门来；举办校运会教师忙不过来了，家长会请缨来校做义工；校园里的绿化或体育设施损坏了，社区主动联系企业为我们修缮、更新。我来到这所学校后，最大的感受是教师、家长和社区居民都把学校当作是自己的家来呵护，我感到非常幸福。

【陶继新】“三位一体”是教育的理想境界，只有学校教育、家庭教育和社会教育和谐为一，才能发挥其最大的效益。当你们的教育影响到家庭，再辐射到社会之后，对建设富有文化品位且又和谐的家庭与社区，无疑起到了一种良好的推动作用。反之，家庭与社区也会同样回馈于学校，更加主动积极地支持学校。于是，学校的工作顺利了、美誉度提高了，作为校长与教师，就有了幸福感，有了更大的积极性。而学生，则在这种积极状态下，自然而然地更快地成长起来。

（原载于《创新教育》2011年第6辑）

13

办一所体现孔子教育思想的学校

——弘扬优秀传统文化的济宁学院第二附属小学

↑李成泉校长

李成泉，济宁学院第二附属小学校长，党支部书记。中学高级教师，国家课程标准山东人民版实验教科书《品德与社会》分册主编，济宁市学科带头人，济宁市十佳校长，山东省齐鲁名校长建设工程人选。十余篇论文在省级、国家级报刊发表，参编或主编出版《品德与生活（社会）课程教学论》等6部著作。应邀参加课程标准研讨与教材培训等学术活动，作了50余场学术报告。作为校长，积极推行“孔子教育思想与现代小学教育结合的整体综合改革”，着力打造以儒家文化为特色的学校文化品牌。学校被评为山东省规范化学校、省教学示范校、省少先队工作规范化学校等，学校成功举办了百年校庆活动、“首届孔子教育思想与现代小学教育研讨会”。

【按语】孔子教育思想博大精深，是我国教育思想的宝藏。中国的教育应该根植于五千年灿烂文化，继承中国教育的优良传统，借鉴吸收西方先进的教育经验和成果，走出我们自己民族特色的教育发展之路！在现代中小学教育中大力弘扬以孔子教育思想为代表的中国优秀传统教育思想，对于弘扬中华民族优秀传统文化、培植中国教育根基、深化当前的教育改革有非常重要的意义。在孔子的家乡曲阜，济宁学院第二附属小学以“办一所体现孔子教育思想的学校”为办学目标，实施综合性的教育教学改革，走出一条特色发展之路。在全国教育工作会议之后，各地教育即将迎来新发展、大发展的时机，他们的做法可以给我们很多启示及借鉴。

2006年，学校提出的是“办一所以儒家文化为特色的小学”；2008年又修订为“走儒家教育思想与现代小学教育相结合的特色发展路子”；2009年，围绕学校发展，学校邀请专家召开座谈会，结合专家意见，明确提出“办一所体现孔子教育思想的学校”的发展目标。

目　标

【**李成泉**】我们提出“办一所体现孔子教育思想的学校”的想法后，大家心里都有些不安，这种探索行不行？对不对？好不好？如果不行，就是方向性错误；如果不对，就是科学性错误；如果不好，说明这种探索的价值不大。我们特别征求了一些教育局领导和专家的意见，多数人认为这种探索很有意义。但也有人提出质疑，甚至提出反对意见，这些反对的声音也促使我们全面地思考。

【**陶继新**】您的这个想法并非空穴来风，因为你们学校地处孔子的故乡曲阜，又在研究与践行孔子教育思想方面进行过多年的探索，还形成了属于你们的承载着孔子思想的校本课程。而您和不少教师，都有一种传承孔子教育思想“舍我其谁”的历史使命感。那么，为什么不可以“办一所体现孔子教育思想的学校"呢？即使出现不同声音，甚至是质疑与反对的声音，都不应当动摇这一富有意义的信念与决心。

【李成泉】现在回想起来，明确提出"办一所体现孔子教育思想的学校"经历了相当长的过程，吸收了很多专家、领导的意见和建议。2006年，我们提出的是"办一所以儒家文化为特色的小学"；2008年又修订为"走儒家教育思想与现代小学教育相结合的特色发展路子"；2009年，围绕学校发展，我们邀请一些专家召开座谈会，结合专家意见，明确提出"办一所体现孔子教育思想的学校"的发展目标。您可以从这个变化脉络中看出我们的目标是"越来越小了"，但却"越来越具体"了。

【陶继新】这些提法的变化，从总体上说都没有脱离儒家教育思想，不过，你们最后的定位是更加具体了。孔子教育思想历经两千多年，越来越得到世界的关注与认可。所以，虽"小"犹"大"。将孔子教育思想研究好了，很多教育上的问题就可以迎刃而解，甚至生命质量都有可能优化起来。

【李成泉】这几年做校长，我有一个很重要的体会，就是"校长要有方向感"，具体说就是首先要明白"办一所什么样的学校"、"为什么办这样的学校"，其次才再考虑"怎么办学校"。我们提出的"办一所体现孔子教育思想的学校"价值在哪里？主要有三个方面：

第一，《国家中长期教育改革和发展规划纲要（2010—2020年）》指出："教育是民族振兴、社会进步的基石，是提高国民素质、促进人的全面发展的根本途径。"继承中华民族优秀传统文化，实现中华民族的伟大复兴，是我们"办一所体现孔子教育思想的学校"的深层目标和追求。

第二，现如今，中国教育崇洋思想太重，教育发展到今天，我们还没有找到中国教育的"根"。中国的教育应该根植于五千年灿烂文化，继承中国教育的优良传统，借鉴吸收西方先进的教育经验和成果，走出我们自己民族特色的教育发展之路！

第三，孔子教育思想中"有教无类"的价值追求、"仁者爱人"的教育情怀、"文质彬彬"的人格理想、"因材施教"的教学原则、"学思结

美国学术交流团到附小参观访问

合、知行统一”的教学方法、“诲人不倦”的教师风范都蕴藏着无限的教育智慧，是我们基础教育改革亟待开发的教育宝藏。从孔子教育思想寻求智慧，以学校综合改革为起点破解基础教育发展困境。

【陶继新】一些所谓专家在“舶来”西方教育思想的时候，认为那些都是应当“拿来”的精华。殊不知，其中很多核心内容，在孔子的思想中早已存在，而有些内容，则没有多少价值甚至是谬误。可悲的是，他们却对孔子教育思想不予理睬，更有甚者，不负责任地批判一番。为什么会出现这种怪异的现象呢？关键是，人要立于世界之上，首先要有根。没根就会随风摇摆，甚至遇风而倒。那么，我们的生命之根究竟在哪里？人们经常在喊弘扬中国传统文化，为什么到了教育上就不自觉地走入邪路了呢？

正因如此，你们“办一所体现孔子教育思想的学校”的目标定位，就更加具有现实价值与长远意义。我们首先需要到中国的儒家原典中去探经取宝，深扎于中国传统文化的沃土之中，这样，我们才能在面对西方文化的时候，有一个清醒且明智的头脑，才能真正地取其精华、去其糟粕。这样，我们才能形成自己的思想文化教育体系，才能实现教育的持续而良性的发展。

中国基础教育改革要想取得突破，必须从整体入手实施综合性改革，改革的起点就是“学校”。以“学校”为改革起点，全面实施学校整体综合改革。学校内部改革必须从办学方向、办学理念、办学思路、育人目标、教学方法、课程设置、师资队伍等方面寻求突破和提升，必须实现学校发展的各种要素和谐统一。

探 索

【李成泉】我一直有一个不成熟的认识，中国基础教育改革要想取得突破，必须从整体入手实施综合性改革，改革的起点就是“学校”。以“学校”为改革起点，全面实施学校整体综合改革。学校内部改革必须从办学方向、办学理念、办学思路、育人目标、教学方法、课程设置、师资队伍等方面寻求突破和提升，必须实现学校发展的各种要素和谐统一。学校内部改革要找到一种既有哲学的高度又包含具体可操作性的综合解决方案。孔子的教育思想给了我们这个方案。

围绕“办一所体现孔子教育思想的学校”这一发展目标，学校相继提出了“五大特色构想”：一是确立以孔子“仁爱”精神作为校魂；二是在德育上提出“少年君子行动”育人特色；三是在教学上实施“发展性目标教学”，倡导“因材施教”、“循序渐进”和“学、思、行结合”的教学理念；四是设计实施校本课程《走进孔子》；五是以建设“儒雅校园”为目标推进校园文化建设。五项特色构想互为依托，共同构建学校特色发展体系。

【陶继新】孔子提出“仁者爱人”的思想，当是中国人文精神的一道熠人的光亮，将其作为校魂，可谓得其要旨。孔子提出“文质彬彬，然后君子”，你们将其作为少年行动的育人特色，则可以培养外在美与内在美统一的当代学生。“因材施教”可以促进不同个性与能力的学生都能得到发展，“学、思、行结合”则使学生步入最佳学习区。看过你们的《走进孔子》课程，言简而意远、畅晓而富有意义，是学生学习孔子思想的很好的载体。走进你们的校园，几乎步步是景点，点点都透视着文化，无处不弥撒着儒雅味。这五者的和谐为一，自然就构造了你们学校独具的特色。

【李成泉】我们学校将“仁爱”作为校魂，“仁爱”成为所有教师和学生的共同精神追求。我们学校以“仁爱”为校魂，第一个考虑，就是为了弘扬中华民族优秀传统文化，而传统文化的主体（主流）是儒家文化，孔子思想最核心的就是“仁”。把握了这点，也就把握了儒家优秀文化的核心和精髓。第二个想法是，我国建设社会主义和谐社会需要“仁爱”的力量。孔子之仁，可以也应当成为构建中国和谐社会、加强公民道德建设的重要内容。第三个想法，当前教育有了一些进步，出现了一些可喜的变化，但问题还是不少。教育中的一个关键问题，并不是什么技巧问题，而是一个爱心问题。离开了爱心,一切教育都无从谈起。正是基于以上的认识，我们提出以“仁爱”作为校魂，让爱充满校园，让爱成为教师教育的信念，培养有爱心的人，让爱伴随孩子幸福一生。

我们学校的老师，我不敢说教学能力达到什么水平，但有一点我倍感欣慰和自豪，那就是每一位老师都深深地爱着孩子、爱着我们的学校。经过几年教育，学生更是充满爱心，助人为乐、关心集体、孝亲敬老、友爱他人等实例很多，学校组织“校园志愿者”活动，报名场面火爆，每个人都想为学校做些工作。更为可喜的是，在这种精神的感召下，很多家长主动参与到学校工作中：有的家长帮助学校协调工作；有的家长发挥特长帮助学校搞活动、做节目；有的家长义务为全校家长作报告；有的家长给学生讲礼仪；还有的家长为学校活动照相摄像……“仁爱”的精神在我们之间传递。老师爱学生，培养有爱心的学生，让每个人感受到爱在身边。

【陶继新】孔子为什么将他的教学总纲定位于“志于道，据于德，依于仁，游于艺”呢？一个重要原因就是他的培养目标不但要让学生有才，更要有德。学生学习，如果只是在技术层面，就会陷入“器”中而难成大事。所以，孔子主张“忠”、“恕”两道，即“己所不欲，勿施于人”、“己欲立而立人，己欲达而达人”，这超越了一般意义上的大爱。

由此再看你们的校魂，我们就感到，它在很多时候是在让学生内修，是让他们心存仁爱，这正是生命成长之根。正是有了这根，才能在未来的生命旅途中逐渐地发芽、开花与结果。你们的教师、学生乃至家长，为什么自觉自愿地去做一些有意义的事情？正是这种“仁爱”与“道法自然”外化出来的道德风景。而且，这只是暂时的显现，如果将这种“仁爱”持续下去，他们还会做出更多的善美之事，还会成就一番大的事业。

【李成泉】“仁爱”作为校魂能起到精神和思想的统领作用，但放到具体的教育过程中又稍显空洞。如何将仁爱思想与育人目标相结合？这一问题困扰了我好长时间，一直没找到好的突破口。2008年百年校庆前夕，学校外墙粉刷后要做一个醒目的带有学校标志性的标语，大家征求我的意见，琢磨半夜，我想出了标语“承儒雅之风，做少年君子”，紧接着灵感闪现：就以“做少年君子”活动作为德育特色，困扰我们的问题不就解决了吗！我兴奋得彻夜未眠。

在社会转型期的多元文化背景下，面对复杂的社会形势，学校德育取得一些成绩、也存在一些问题，学校德育工作面临许多新的考验。我国素有“礼义之邦，君子之国”的美誉，传承美德责任重大，对身居圣城曲阜的孩子而言，更有着任重而道远的历史使命。

学校分析德育教育现状，结合每个年龄段学生成长的需要和身心发展的特点，把“少年君子”活动分设六个单元：一、衣冠整洁，做少年君子。二、文明礼貌，做少年君子。三、孝亲敬老，做少年君子。四、诚实守信，做少年君子。五、铸刚毅品格，做少年君子。六、知荣明耻，做少年君子。这六大主题分布于各个年级实施，每个年级按照具体实施方案，以各自主题开展系列活动，并不断将活动推向深入。旨在培养学生“文质合一”、“内外兼修”、“知行统一”，使其形成健康的心理素质与高尚人格，建立和谐的人际关系，形成恰当的礼仪行为，使君子之德蔚然成风。

有一次我和一位学生的爷爷交流，他说一次领着两个孙子在公园游玩，碰到一位老同事，让孩子向老同事问好，一个孙子很不耐烦地应付性地打了声招呼，而在我们学校就读的那个孙子不但向老同事问了声好，还鞠了个躬。家长感慨：“当孩子鞠躬问好的时候，我对你们老师内心产生了由衷的敬佩，你们学校的教育让孩子知书达礼，这就是让孩子学做人呀！”还有一次，学校举行完“给父母洗一次脚”活动后邀请家长座谈，一位家长动情地说：“我的孩子很皮，不好好学习。我感觉很失败，曾经非常懊恼，甚至有想放弃孩子的感觉。通过学校开展这次活动，当孩子给我洗脚的时候，我流泪了，我似乎恍然之间明白了孩子、理解了孩子。我为孩子的变化而激动。谢谢老师！”还有很多的孩子身上发生着悄然的变化，讲卫生的多了、懂礼貌的多了、做家务的多了、同学互帮互助的多了……这些变化让我和我们的老师都对“少年君子”活动充满了信心。

开展经典诵读活动

【陶继新】德育无效的原因之一就是大而空，有言无行。您是深得其中三昧的，要让学生知行合一，于是就有了培养“少年君子”的六个单元。“衣冠整洁”虽系区区小事，可是，它却是一个人外在美的表现。孔子不但重“质”，也重“文”。“衣冠整洁”就是“文”的表现。

文明礼貌之于现代人，有着特殊的意义。当下社会不文明的事情屡屡发生，已经成为一个重要的社会问题，成为一种恶劣风气。而要想“移风易俗”，就要从小孩子抓起。因为这个年龄段是比较容易养成文明礼貌习惯的。况且，这些孩子长大成人之后，是要走向世界的。而不文明的举止，丢掉的还不只是国民的尊严，而是整个中华民族的荣誉。为自己想、为国家计，我们就担负了培养文明礼貌少年君子的重任。

“孝亲敬老”是中国的传统美德，可是，这种美德却有“世风日下”的趋向。如果连自己的父母亲人都不爱不敬的话，更遑论爱他人、爱国家了。从自身发展来说，应当有孝亲敬老的品德；从国家民族发展思考，更应当有一种道德担当。如果置身于国家利益之外，终有一天，你也会被国家所抛弃。

“诚实守信”是中国儒家文化一直坚守的人格。从小培养孩子诚实守信的品格，让他们知道诚信对于自己一生的成长多么重要，对于国家的发展多么必要，从小将诚信根植于他们的心里、外化到行动中，当是一件功德无量的事情。

“铸刚毅品格”当是应时而生的。一些国人的“软骨症”已经“于无声处”影响到孩子，甚至一些知识分子也没有了“杀身成仁”的“士”之刚毅品格。所以，我们应当重温孔子之言：“三军可夺帅也，匹夫不可夺志也。”“岁寒，然后知松柏之后凋也。”通过“铸刚毅品格”的培养，让孩子拥有高尚的品格，对于其未来的成长会起到至关重要的作用。

“知荣明耻”是儒家一贯的思想。可是，什么是荣？什么是耻？很多孩子难辨真伪了。这不是他们的错，而是一些大人的价值导向误导了他们。当下以钱多为荣，甚至以贪污腐化为荣的社会风气，已经在一点一点地侵蚀着孩子的心灵。孩子是纯净的，也是最易受污染的。所以，你们用正确导向让他们“知荣明耻”，就从原初阶段，给他们以正确的引导。“知荣明耻”了，就能够明辨是非，特别是在大是大非面前，方不会误入歧途，从而顺畅而又正确地前行。

从您上面所谈的几个鲜活的例子，我已欣喜地看到，您所倡导的做少年君子的育人目标，已经在孩子们身上彰显出来。“千里之行，始于足下”，当这些“君子行为”定格到他们的言行之中后，您的期待也就逐一化成了现实。

【李成泉】为促进学生获得全面的、主动的、个性的发展，我们提出“发展性目标教学”这个概念。虽然有了这个提法，但目前考虑还不成熟，还有很多方面需要深入思考、全面研究。发展性目标教学与其说是一种教学方式，不如说更主要是一种教育思想。发展性目标教学是以学生素养目标为导向，以获得全面的、全体的、主动的和个性的发展为目标，以孔子“因材施教”为准则，以“乐学、善思、笃行”为特色的教学活动。

我们学校提出学风是“乐学、善思、笃行”。孔子曰：“知之者，不如好之者；好知者，不如乐之者。”乐学是学习的保障，学生只有对知识感兴趣，才会爱学、乐学。孔子说“学而不思则罔，思而不学则殆”，学习与思考紧密结合才能举一反三、触类旁通，同时善于用思考带动学习。《礼记·儒行》有云：“儒有博学而不穷，笃行而不倦。”“笃行”是为学的最后阶段，实践是获得一切真知的重要来源，是思考并获得成果的可靠基础。只有坚持勇于实践的创新精神，才能拓宽思考问题的视野，在实践中不断增长智慧和才干。

落实课堂教学主渠道作用，要从提高全体学生全面素质着眼，围绕学生素养目标，改革课堂教学结构，改革课堂教学方法，优化教学手段，提高课堂教学效率。课堂教学要“立足课程特点、明确素养目标、激发学习兴趣、养成良好习惯、主体活动贯穿、适当拓展延伸、及时鼓励评价”。把课堂变成“兴趣的课堂”、“习惯的课堂”、“思维的课堂”、“生活的课堂”和“活动的课堂”。

【陶继新】如果说“因材施教”重点是从教的方面谈的话，“学思结合”、“知行统一”则重点是从学的角度讲的。需要说明的是，这里的“学”与今天所说的“学”已经有了很大的不同。孔子之学重点是学做人，今天之学重点是学知识。什么是“习”呢？朱熹说：“鸟数飞也。”这里面有一次又一次地反复之义，习不重在书面知识，而在实践，而且更多的是道德实践。正是在一次又一次的道德实践中，人格才得到不断完善。所以，这个“习”中的“数飞”，还不是在平面上滑移式地反复，而是在反复之中，有了一次又一次的提升甚至是裂变。

孔子是最早提出“知行合一”的教育家。现在一些人空谈学问，没有行动，特别是没有思想道德的行动，尽管有的已经成了专家学者，可是，那也是不会长久的、没有生命力的。你们重视这个问题，采取了一系列的措施，当是一种明智之举。而且，它的意义还不止于当下，它还会影响到孩子未来的人生，特别是会指引他们走向“知行合一”的正确之道。

正是因为如此，你们提出了“乐学、善思、笃行”的学风。“乐学”是学习的至高境界。孔子在《周易》中说：“是故君子所居而安者，易之象也，所乐而玩者，爻之辞也。是故君子居则观其象而玩其辞，动则观其变而玩其占。”大家知道，《周易》是比较难学的。可是，孔子学习的时候，竟然“韦编三绝”，而且似“玩”一般。看来，他之学习，不是苦学，而是进入到了审美的境界，学起来乐此不疲啊。为什么会这样呢？除了从中获取高层次的智慧之外，关键还是可以收获做人的道理。所以，他说：“五十以学易，可以无大过矣。”《周易》之“十翼”，就是孔子对《周易》的解说，而且很多是从道以及做人上谈的。而当一个特别关注人格生成的大师的思想境界在学习中一步步提升的时候，当然就会快乐无比。所以，孔子的学习，就有了“发愤忘食，乐而忘忧，不知老之将至”的审美况味。现在很多学生为什么不会出现这种审美的景观了呢？关键是学习的目的不是为了“求诸己”，而是为了升学、为了有名有利。这个问题不解决，就很难真正达到乐学的境界。

【李成泉】有关课程改革，国家赋予学校课程设置的自主权，那就是校本课程。我们结合办学指导思想，结合课程资源开发，借助曲阜地域优势，开发了《走进孔子》校本课程。以校本课程的开发对学生进行传统文化教育、热爱祖国和家乡教育。我们编写校本课程标准，编写校本课程教材。校本教材分为四卷：故事卷、家乡卷、君子卷和经典卷。以孔子为代表的儒家文化为主线进行点面结合，由孔子（点）到历史文化名人（面）；由曲阜（点）到民族、世界文化风情（面）；由君子（点）到全面育人（面）；由论语（点）到中华经典优秀诗文（面）。

校本课程通过课堂学习、学校活动、社会考察、专家讲座等方式开展。校本课程的开展不仅仅局限于课堂，我们还在学校活动中开展“新六艺”教育活动。学校通过多种形式指导学生开展礼仪类、科技类、文艺类、体育类、实践类等活动，积极开辟第二课堂，发展学生的个性特长，培养学生的良好道德情操、意志品质和生活情趣，关注学生身心健康，开

校本课程·爱我家乡，参观孔庙

发学生智力，培养特长人才。我们还组织开展了祭孔活动、论语诵读活动、一年级新生开笔礼活动等。为促进课程的常态化，学校通过“晨诵、午读、暮省”活动改善学生学习生活，推进诗文诵读活动、读书活动、日记活动开展。校本课程实施不仅仅局限于课堂或者校内，还要走出课堂、走出校园，充分利用曲阜丰富独特的课程资源，让学生在浓厚的文化底蕴中浸润身心。

【陶继新】开发《走进孔子》校本课程，你们是进行了认真研究与下了很大功夫的。你们搜集有关孔子的故事，学生从这些故事中，可以比较形象地了解到孔子奋斗的一生，知晓了与曲阜这个文化圣城相关的故事。这对他们学习孔子的思想自然是大有裨益的。

你们的培养目标就是要让学生做“少年君子”，所以，编撰“君子卷”是很有道理的。在传统的儒家文化中，有着很多君子的言行记载，特别是春秋时代，曲阜就有孔子等一大批君子。这些君子，不但学识高，而且有治国方略，有高尚的人格。这些虽远犹近的君子，就成了孩子学习的典范。

经典之所以称得上经典，是因为这些文化经过时光流逝、大浪淘沙，依然对一代又一代的人的生命成长起着重大的作用。《论语》当是经典中的经典，学习且内化于心之后，就会进行自我塑造，就会不断地提升人格，就会心灵和谐，就会不断自主地发展自身，就会将自己的命运与国家民族的命运联系在一起，从而担起历史的重任。

孔子及他的不少弟子就出生在曲阜。所以，这个地方，就有了特别的“圣人”之气，这个家乡，就有了儒家的味道。所以，这个家乡教育资源，就有了“这一个”的特点。身在其中的学生，了解了家乡的这些事情，就会有一种自豪感，就会更加亲近孔子、亲近儒家思想。

同时，你们的课程不是“死”的，而是“活”的；不仅是在传统的教室之中，而且还从教室走向课外甚至走向校外。想当年，孔子教学的时候，就不是死守课堂的，树下河边、山间路上，都可以开堂讲课。孔子之教，多与实践联系起来，你们有的时候带领学生到生活实践之中，使校本课程更加富有了生命的张力。看来，你们在实施校本课程的时候，有了对儒家传统教育思想与方法的借鉴，也有了合于当下境况的新的创造。

【李成泉】有关校园文化。我们想让儒雅之风浸润校园文化建设。校园文化作为社会文化的一部分，无时不受到社会文化的影响。这种影响既有积极的方面，也有消极的方面。一方面，社会的主流价值观仍然是崇尚集体主义和奉献精神，而且一些诸如自主、自强、自立，平等、竞争、风险、效益等新型的适应市场经济要求的价值观念也应运而生；另一方面，消极的负面效应也随之滋生，受极端个人主义、拜金主义、享乐主义影响，国家观念、集体观念、全局观念、义务观念和社会责任观念逐渐淡薄，商业性、娱乐性的浅层文化大量进入校园，美化欺诈、蔑视善良、宣扬暴力、崇尚强权等不良的风气逐步蔓延。我在中小学工作20年，接触大量的学生、教师和家长，经常处理来自他们的一些问题和纠纷，真切地感受到，很多的问题都源于价值观的冲突，我们一直在努力构建的先进学校文化正在接受前所未有的挑战，加强校园文化建设也成为当前教育的一项迫切任务。

校园文化建设是个大话题，学校文化建设包括很多内容。“儒雅校园”建设与我们的办学理念、办学目标、育人方向等是一脉相承的。前文中谈到我们以“仁爱”作为校魂，开展了做新时期“少年君子”的活动，这都是我们儒雅校园建设的重要组成部分。除此以外，在校园建设过程中，我们重视环境的育人功能，充分利用每一块空间，墙壁上、教室里、走廊中，处处体现出儒家文化的神韵，处处彰显着传统文化的魅力。我们建立了书画长廊、校史长廊、论语竹简长廊，建设了孔子广场、学而书屋、六艺长廊、学而亭、知新阁、菁莪园、仁爱厅等活动场所，前段时间又精选布置了一些楹联，设计镌刻了“仁义礼智信温良恭俭让”十块文化石。让学校每一个名称都蕴含着深刻含义，每一个角落都散发出文化气息，整个校园就如一门隐性课程，让学生在儒雅的氛围中受到潜移默化的熏陶，让学生在优秀的文化氛围中得到感悟和提升。

【陶继新】走进一所学校，人们首先看到的是它的物质文化建设。它虽然属于物质的，可是由于承载了文化，就有了特殊的文化穿透力。我去你们学校采访的时候，感到整个校园几乎是一步一景，景景都有文化，景景都有儒家的思想。而且，这些文化载体，不是随意而设的，而是因势而成，恰到好处。当时就有一个突出的感受，儒家文化主张和谐中庸之美，你们学校的物质文化建设，不正体现了这种主张吗？这种附着在物质层面的高雅文化，无时无处不在无声地传播着孔子的思想，浸润着师生的心灵，让他们也不自觉地儒雅起来。

环境是可以改变人的，况且校园本是一个育人之地。可是，如果到处是空白，即便新楼拔地而起，即便各种设施应有尽有，就是因为没有文化而不像校园。而没有文化的校园，也会在无声地向师生传递一个信息，这里只是面向考试的，是可以没有文化的，也是可以没有思想的。久而久之，学生就“适应”了这种校园，就疏离了高品位的文化，就不再像文化人，就不会儒雅。从这个意义上说，你们的校园是在师生的心里种植文化、种植思想。有种就有收，况且天天在种、天天在收呢！所以，你们的教师与学生，让人感到很有君子之风、儒雅之气。这就是文化的功能，文化者，以文“化”人也。

以教师队伍建设、学校管理和信息化建设为“三大引擎”推进工作，特别是教师队伍建设是重中之重。建设一支高素质的教师队伍是学校发展的核心任务之一。

愿 景

【李成泉】在推进工作中，我们实施了一些措施。我们以教师队伍建设、学校管理和信息化建设为“三大引擎”推进工作，特别是教师队伍建设是重中之重。建设一支高素质的教师队伍是学校发展的核心任务之一。一位优秀的教师应该是“学生喜欢、家长放心、同事称道”的教师，应该是“能上课、能写文章、能作报告”的教师。教师的发展要立足课堂、班级和教研，要抓好教师师德培养和专业发展，要抓好学科带头人和名师的培养，抓好年级备课组的建设和校本教研活动。学校引导教师开展“飘书”、“博客”、“研讨”活动改善教师的教研生活状态，促进教师的发展和提升。

2007年，我校百年校庆前夕，孔德成先生为学校题词——“菁莪乐育”。“菁莪”形容草木茂盛的样子，比喻学生健康茁壮成长。一个“乐”字更是道出教育“天机”，当前教育中缺乏的不正是“乐”的状态和境界吗！“菁莪乐育”应成为我们教育者的座右铭。为铭记先生教诲，我们将“菁莪乐育”镌刻于石碑上以激励教师。石碑周围栽种泰山古松、石楠、桂花、紫叶梨、腊梅、百日红等花木，建起木质长廊，成为雅致的小花园，我们给它起名为“菁莪园”。每日清晨，很多孩子在长廊里朗读课文、诵读《论语》；每个课间，很多孩子在花丛中嬉戏玩耍、赏花捉虫。这石碑、这花草、这木廊，再加上散布其间的孩子们，构成了一幅美丽的图画。读书声、欢笑声交织在一起，石碑在绿树红花的映衬下，“菁莪乐育”四个大字更显鲜红。每当我看到此情此景，内心由衷地产生一丝的欣慰：这不就是孔子追求的略有些天人合一境界的教育状态吗?

可这还是短暂的，如果我们的教育能完全进入到这种状态，该是多好呀。在推进工作中也有一些困惑和问题，家庭教育和学校教育的结合问题、现实中价值观的追求与教育的理想状态的冲突问题、学校发展环境的优化问题等，这些问题自从活动起步至今一直困扰着我和老师们。

近年来，我们秉持“我们一起办教育”的理念，这一项事业已经凝聚了很多人的心血和汗水，以我们学校领导班子和教师队伍为主体，周围有很多人给予我们支持，包括一些行政领导、大学教授、社会知名人士、学生家长、同盟学校等。“我们”一起行在路上，我们充满信心。

【陶继新】孔子七十七代嫡长孙孔德成为你们学校的题词——“菁莪乐育”可谓意味深长。“菁莪”形容草木茂盛的样子，同时，它也象征着学生正如繁茂的草木一样，在文化的田野里自由幸福地生长。我们的教育在向现代行进的历程中，收获了很多有益的营养，可是，也吸纳了不少不健康的东西。特别是教育，出现了异化现象，出现了违背规律的行为，所以，有的时候，教育还要回归它本来的样子。它需要教化，但是，教化不能拔苗助长，也不能速成。要让孩子像大地上的草木一样，有自然的阳光，有适时的雨水，有的时候，还要有急风暴雨的洗礼。正是在这种环境中，才不断健康成长起来。这样，孩子们才能快乐，才能抵达孔德成先生所说的“乐育”的境界。

（原载于《中国教育报》2011年3月3日，第3版）

14

用心灵滋养 聚智慧育人

——以“文”化人的深圳蛇口育才二小

↑王升平校长

王升平，出生于1953年1月，湖北黄冈人。中学高级教师，毕业于华中师范大学数学系，是中国教育学会会员、广东省教育学会会员、中国数学学会会员、中国数学教育发展中心会员、中国现代教育理事会理事、中国管理科学研究院特约研究员、中国青少年教育研究中心研究员、中国影视教育学会会员、中国校园电视教育学会理事、中国数学奥林匹克一级教练员。曾任湖北黄冈实验中学副校长，深圳南山区赤湾小学校长。现任深圳市育才教育集团总校副校长，兼任育才第二小学校长。曾先后多次被评为湖北黄冈“优秀教师”、“优秀共产党员”，深圳市“优秀校长”和“南山名师”。

【按语】深圳育才教育集团第二小学现有36个教学班，学生1630多人，教职工96名。来自全国26个省市，可谓“钟山川之灵秀，汇四海之精英”。近年来，学校奉行“用心灵塑造心灵，用智慧启迪智慧”的教育理念，坚持“以人为本、与时俱进、全面育人、创新发展”的指导思想，倡导“日行一善，先人后己”的校风，取得了显著的成绩，形成了良好的社会影响，德育成果不断涌现。学生在学校快乐成长，家长全心配合，主管部门非常满意，社会高度认同。老百姓说：“蛇口育才二小不愧是一所特区现代化名校。”

学校先后荣获团中央授予的“全国手拉手十佳学校”、“全国未成年人思想道德建设先进学校”等50多项荣誉称号。学生获奖人数达1500余人。近两年来，省、市教育督导部门对学校进行多次全面的评估，专家们对他们的总体评价是：“育才二小有内涵，更有特色：阳光的德育、智慧的课堂、优质的网络、和谐的家校以及幸福的校园，应成为同类学校的示范。”

群、环、场
构建学校、家庭、社会协同育人的网络系统

【王升平】作为广东省一级学校，我们一直坚持“用心灵塑造心灵，用智慧启迪智慧”的教育理念，并开创了“群、环、场”的育人模式，实现了“五小五大”的创举，即小倡议启动大工程、小社团融入大社会、小课堂培育大智慧、小课题作出大文章、小星星孕育大明星。继承传统，感悟时代，从而培养出一批又一批经济特区新一代的有根、有魂、有智慧的阳光少年。

【陶继新】感叹贵校成绩的同时，更欣赏您的“一个理念”、“一个模式”和“五小五大”，这应该属于育才二小精神文化的核心内容，是贵校持续发展的内在动力支撑。难能可贵的是，这些精神文化并非纸上谈兵，而是内化到了师生的心里，从各个层面摇曳出了绚丽的教育风景。

【王升平】教育是系统工程，按照科学发展观要求，我们运用系统论的原理，来指导学校教育改革和发展的实践。

系统论原理告诉我们，各部分功能之和大于整体功能。因此，我们协调各方面教育因素，使学校、家庭、社会、自然、人文的教育功能有机地统一起来，形成一个一致性的育人群体——“群”，结成一个连续性的育人环——“环”，构成一个同构性的教育场——“场”。

群：是由教师、家长、社会各界相关人员，包括学生自身所构成的一个育人群体。

环：是育人的各个环节。比如，学校、家庭、社区，自然、人文、风土人情等，当然，每一环节中还有次环节。

场：即是文化氛围。

通过“群、环、场”育人模式的实施，不仅充分体现学校在教育中的主体地位，而且要使学生家长、学校周边各单位一起来关心、支持、参与教育，形成育人的“大气候”。

【陶继新】“群、环、场”几乎涵盖了育人的各个方面，从而让教育无处不在。因为人不是生存于真空之中的，所在之场，都要受到有形与无形的影响。文化的要义就是以文化人，即通过高尚的文化，在“润物细无声”中塑造人的价值观、生命观，从而让人的思想更加高尚、人生更加幸福。可以说，您的这个“群、环、场”，是一个大教育观，是让人走向具有生命飞跃意义的思想建构。

【王升平】深圳是改革开放的桥头堡，是毗邻港澳的新兴移民城市，在这里，三十年来中西文化的交汇、各种观念的碰撞、各类人员的汇聚、商业气息的澎湃，加之本土文化的柔弱、社会群体统一标示的模糊……这一切都对我们的教育提出了严峻的挑战：在蛇口这个“特区中的特区”，到底需要什么样的育人模式呢？勤奋的育才人不断探索，从未气馁。

【陶继新】深圳的“移民”性，决定了其思想的多样性与复杂性，这给学校教育带来了挑战。你们知难而进，取得了烙印着育才二小特点的德育成果。这会比一般城市学校教育耗费更多的时日与精力。可是，这个

"投入"对于学生以及教师来说，堪称利在当下、功在千秋的大业。学校是育人的圣地，当师生有了高尚的思想之后，他们就会在经济浪潮及扑朔迷离的思潮涌来的时候，守持住一份心灵的安适，保留住一份圣洁的情怀，从而给这个城市增添一份"道德"的亮光。

【王升平】有一位高奶奶是外交部驻英国大使馆的官员，在英国工作九年，退休后随儿女移居深圳。近七十岁的老人，身患癌症，还主动到我校担任校外辅导员，每周到学校进行三次课外辅导。正是在她的影响下，八百七十多名家长发挥自己的特长，主动参加学校的家长义工队，组织"家长大讲坛"以及各种社会实践活动小分队。

【陶继新】高奶奶给师生留下的心灵之爱，具有超越的意义与价值。她在生命的最后时段，尽其所为，生成了更具生命张力的爱，让师生感到生命永远那么美好，进而生成一种积极的人生态度。

【王升平】一支由企业老总、机关干部、医生护士、公安边防和博士专家组成的近千人的义工队伍，时时关心着孩子们的成长，他们通过家校通、QQ群和其他网络平台探讨着教育子女的良方妙药，积极为学校的教育贡献自己的一分力量，实现了家校社区共同全员、全程育人的强大的正气场。

【陶继新】这种文化场效应一旦形成，就会凝聚成一种育人的环境，因为这种带有正面能量的文化场，会形成一个巨大的磁场，吸引着越来越多的能量与激情，让身在其中的人，于无意识中受到优质的教育。而这样形成的品格，也往往更加稳定、更有长效价值。

【王升平】确实如此。我校"群、环、场"育人模式的基本原则之一就是要在"群、环、场"的作用下，开展丰富多彩的激趣、怡情、启智的教育活动，提高学生的实践能力，促进学生的全面发展，从而有效地发挥"群、环、场"的系统育人优势。因此，多年来，我们既有传统的教育活动，也有因时因地制宜的创新教育活动。

【陶继新】人的社会实践对人的发展起着决定性的作用。人的思想和才能是在后天的社会环境实践中逐步形成和发展起来的。社会环境对人的发展的积极影响，必须通过人的实践和主观努力才能实现。而且，当代小学生主体意识增强，他们喜欢在实践中明辨是非、善恶与美丑，渴望在丰富多彩的社会生活、文化生活中发展兴趣和特长。如何将先进的育人模式转化为孩子们乐于接受的现实教育行动，需要别样一番努力。

“五小五大”
科学布局，整体推进，创新手段，培育阳光少年

【王升平】“五小五大”之一是“小倡议启动大工程”。

1990年，我校学生杜旻书在《中国少年报》向全国少先队员发出倡议：“捐出自己的压岁钱，为贫困地区的儿童建一所希望小学！”从此，由团中央领导、邓小平同志题词的“希望工程”正式启动。二十多年来，我们坚持不懈，已建立的“手拉手”关系学校遍及全国和美国、瑞典、法国、俄罗斯等国家，共有近百所。“育才号专列”的“手拉手”活动，让我校孩子们的足迹踏遍祖国大江南北，爱心传递到千家万户。据不完全统计，全校师生先后为灾区、贫困地区、革命老区的手拉手学校捐赠办公用品、学具、文具、书籍、衣物等共达近百万元，还资助手拉手学校的学生上大学数十人。

【陶继新】杜旻书之所以如此优秀，与你们学校的教育是分不开的。她小小年龄，竟然启动了轰动中国的“希望工程”这种具有开创意义的大事，不但为杜旻书书写了整个人生旅程的辉煌一页，而且记载下了你们学校在培育英才方面所做的努力及其结出的硕果。

【王升平】在这个过程中，双方学生在精神和物质上实现了互补，尤其是我们特区的孩子们亲身体验到了灾区、贫困地区、革命老区的艰苦生活，感受到了那里的孩子求学的艰辛和勤苦，纷纷立志好好学习，要用智慧和知识去回报社会。

小小倡议不仅启动了大工程，更是带来我校师生道德素质的整体提高：杜旻书同学被评为全国优秀少先队员，刘森力老师被评为全国十佳辅

导员，黄皓梅同学在北京中南海受到党和国家领导人的亲切接见。

【陶继新】如果说小小倡议是一个“点”，由此而展开的却是一个“面”；“点”之精神之光，在“面”上点燃了熊熊烈火。这光与火，是高尚品德之光与火。它照亮了“点”与“面”的生命前程，也成为你们学校一笔永不褪色的精神财富。

2010年2月16日王升平在北京人民大会堂发言

【王升平】“五小五大”之二是“小社团融入大社会”。

我校积极响应团中央、全国少工委的号召，协调好社区各方面的教育力量，充分挖掘社区丰富的教育资源，开展了生机勃勃的“社区假日小队”活动，先后成立了“献爱心小队”、“护绿小队”、“小足球队”、“学军小队”、“摄影小队”、“科技小队”、“读书小队”、“艺术小队”等160多个假日小队。在家长和社区支持与配合下，孩子们利用周末课余时间活跃在社区街道、码头、商场、书店……当宣传员、推销员、理货员，体验生活、了解社会。不仅学到了学校课堂上学不到的东西，更重要的是学生各方面的见识和能力都得到很好的锻炼和提高。学生们在实践中学习、在活动中创新，创造出一个又一个影响全国的佳绩。学生DV小组的作品在中央电视台播出达65个近200次；学校“春笋”电视台播出节目200余期，近三年荣获中央电教馆等颁发奖项有7金12银6铜，成为“全国百佳校园电视台”；学校成为“全国校园影视教育研究实验学校”，并在全国大会上介绍了经验；学校舞蹈队参加中央电视台2010年“少儿春晚”演出，在人民大会堂荣获两项“国星奖”，校长在大会发言；藏书票小组作品在全国参展36次之多，学校成为全国十大藏书票基地之一；精葵花文学社500多名社员，仅三年发表各类文章850多篇，成为“全国百佳校园文学社”；先后还有18个红领巾小社团获得团中央少工委的嘉奖。

【**陶继新**】这些小分队的活动更多的是在行上，是课堂学习之外的一种实践性的活动。孔子、王阳明、陶行知等教育家的教育，很多都是在实践上，甚至认为行大于言、做人重于学文。只有这样，才能培养出真正的

2010年2月16日王升平在人民大会堂春节联欢晚会上

有用之才。你们的小分队参加这些活动，会不会影响考试成绩呢？根据我的了解与研究，越是参加课外活动多的孩子，学习成绩多是越好，因为他们在活动中有了特殊的兴趣，这种兴趣又无意中迁移到学习之上。而且，“一张一弛，文武之道也”，参加一些活动，可以调节学生紧张学习的情绪，有利于使他们在学习中进入亢奋状态，从而提高学习效率。况且，形成一个人的智慧的关键，一是学习知识，二是实践积累，二者缺一不可。有的时候，实践的能量与作用甚至可以超过书本知识的学习。从这个意义上说，你们的小分队活动，不但会使他们现在的学习与生活丰富多彩，而且还会让他们在未来的生活中更加幸福。

开心的学生社会实践活动

【王升平】“五小五大”之三是“小课堂培育大智慧”。

我们深入思考，反复学习研究如何构建一种新的课堂文化，使我们的每一个课堂都充满智慧、充满活力，使我们的教学观念能够真正地由塑造“知识人”走向塑造“智慧人”；由让学生学会“欣赏美”实现“创造美”；由塑造学生的“个人品德”转变为塑造“健全人格”，使他们在“贴近生活”的情景中，“师生互动、生生互动、共同探究、产生共鸣”，达到“能说会写、善思好问、认知规律、学以致用”的一级目标，进而达到“生活的体验、心灵的沟通、知识的传授、智慧的启迪、学力的提升、和谐的发展”的二级目标。这样进行手、脑、口并用的长期科学的训练，使学生的思维不断丰富、提升，智慧的灵感直达人的内心深处，变成人的内在素质，进而激发和凝聚孩子的潜能，焕发出他们无穷的创造力。

【陶继新】知识固然重要，可是，如果形不成智慧，知识就是死而不活的。智慧则不然，它可以将知识转化为能力，将经历生成生命感悟。学会欣赏美会提高人的审美情趣，而创造美则可以让生命感到自身的伟大，并在创造的过程中，体验美、享受美，特别是提升自信之美。良好品德是一个人的立身之本；而有了健全人格，就等于有了走向一生成功与幸福的根基。因为具有健全人格，就等于永远有一颗善美之心，永远有一个阳光的心态。这些，恰恰是一个人生命质量高下的要件。

【王升平】因此，我们重建课堂文化，开展“六智”教学的研究，让智慧走进课堂，建立师生平等、尊重、理解、赏识的教学文化；创新目标引领、互帮互助、乐学会学的班级文化；形成自主、高效、精彩、和谐、充满智慧的课堂。教师们开发的六本阅读校本教材引领孩子们自主读经诵典，通晓人文、科学与艺术，吸吮智慧，追求儒雅。2010年4月，南山区小学语文教学现场会在我校成功举行。《润心之露　智慧之泉》班级文化建设校本实践成果获得中国教育学会颁发的校本教研全国特等奖。在教育部举行的学业质量检测中，我校成绩始终名列前茅，在问卷中，体现出和谐的师生关系。徐家栋、赵海英、金若婷等老师的自制课件在教育部主办的全国多媒体教育软件大赛中获得一等奖。

【陶继新】建立师生平等、尊重、理解、赏识的教学文化，不但可以提高课堂教学效率，而且也是提升师生生命质量的关键所在。因为有了这样的课堂文化，学生在课堂上心理是放松的、愉快的，有的时候，还会是精神亢奋的。这样的心灵状态，可以极大地激发学生自我学习的潜能，让学习变得轻松而有成效。而且，长期在这种文化环境中学习的学生，还会形成一种健康的心理，并将这种状态持续下去，对未来的生活与工作产生积极作用。

【王升平】“五小五大”之四是“小课题做出大文章”。

根据新时代儿童心理特点，深入探讨未成年人思想道德建设的针对性和有效性。2003年，学校与北师大创办《儿童心理发展》研究生课程班，13位教授亲临学校与教师们面对面地交流，深入课堂、共同研究，45位教师取得了研究生学历证书。2004年2月，学校实施“心理阳光工程”，在小学率先开设心理健康课程，先后承担国家级课题8个、省级课题2个、市级课题2个、区级课题7个，我校实施“心智教育”的案例集《给孩子一个心灵的支点》一书由人民教育出版社出版发行，并在人教社网站上作为教师必读的五本好书之一向全国教师推荐。2007年，我们的校本教材《小学生社会技能训练》一书又由人民教育出版社正式出版发行，并获得国家级课题成果一等奖。

【陶继新】在与你们老师交流的过程中，我已经充分感受到了他们的“学力”之强。他们不但从专家那里学到了相应的理论知识，而且结合自己的教育教学实践，研究出了属于自己的科研成果。这些成果，由于根植于教学实践之中，不但鲜活生动，而且有着较强的生命力。因为任何有价值的研究成果，都是在生活沃土中培植出来的。为什么有的专家穷其一生，也出了研究成果，可是，却被广大的老师所冷落，关键就是没有生活实践的根基。当然，如果你们的老师没有理论的素养，也不可能形成这些既有理论水平又具实践意义的研究成果。理论与实践的结合，才有了富有生命张力的丰硕收获。

【王升平】自2001年以来，我校先后承担多项国家、省市、区级重要课题：教育部规划重点课题——“21世纪中小学幼儿园教育现代化的研究与实验”的子课题《教育社会化》；教育部“十五”规划重点课题——

"面向未来的基础学校"的子课题《中华文化环境中，小学生社会意识的培养与个性人格的形成》；全国教育科学"十五"规划课题、全国青少年研究重点课题——"少年儿童行为习惯与人格的关系研究"的子课题《培养认真负责的习惯以增强学生责任心的研究与实践》；国家教育部规划重点课题——"儿童心理素质的促进对其学业成就的影响"的一级子课题《特区小学生心理素质的整体构建对其学业成就的影响》；北京师范大学何克抗教授主持的国家级重点课题——"跨越式发展"的子课题《网络环境下基础教育跨越式发展创新实验》的研究工作；我校《"群、环、场"育人模式提高德育效能研究》被定为广东省教育科学"十五"规划课题……几乎100%的老师都参加了课题研究，教师也得到很好的成长。

【陶继新】当下课题研究的功利化趋向越来越严重，所以，进行什么课题研究，如何进行研究，就成了学校教育科研的一个命题。这正如读书一样，并不是说读了书就能提高水平，只有读了好书，才能获得生命的营养。所以，读书应当"取法乎上"，即读最有思想与文化品位的书。课题研究亦然，也应当"取法乎上"，即选定好的课题研究。不过，这个好，还有一个要件，那就是与本校教育教学实际是休戚相关的。不然，就会如悬在天空的浮云一样，不长时间，将会随风飘去。我觉得，你们的选题很好，而且紧紧"盯"着校本研究，相信一定会有比较大的成效的。

【王升平】"五小五大"之五是"小星星成就大明星"。

为落实我们的育人目标，在加德纳的多元智能理论、罗森塔尔的"期望理论"支持下，根据现实的需要，我校设计出一套《阳光少年成长计划》，力图通过六年的努力，把学生培养成"具有民族情怀、世界眼光、气质高雅、举止大方、知识渊博、身心健康、有根有魂有智慧的阳光少年"。

【陶继新】你们的培养目标很高，也很有价值。如果实现了这样的目标，培养出来的学生不但学习优秀、思想品德好，而且还会有一个好的发展潜力。

【王升平】根据儿童的心理特征和生理特点，对学生的行为习惯、家庭表现、社区活动、学业要求和特长发展等方面提出系统要求，构建了“阳光少年”评价体系。

红色阳光宝贝章：表彰学生在思想品德、行为习惯、学习习惯等方面所取得的进步，盖于《阳光少年成长手册》中蓝页相应的位置。蓝色宝贝章：表彰学生在学科学习、特长发展中所取得的成绩，或学科学习中的创新之举等，盖于《阳光少年成长手册》中红页相应的位置。还有家庭、社区的参与评价。一周一总结，一月一兑换，使学生天天有奖拿，组组有进步，人人都发展。有效地促进学生的素质不断全面提升，增强了孩子们超越自我的信心和勇气。

“阳光少年”评价体系实施八年以来，“家校社区合力，共育阳光少年”，学校向所有的家长敞开大门，实现学校、社区和家庭教育功能互补，形成教育合力，获得社会各界特别是高一级学校的老师们的高度肯定和积极的评价。

【陶继新】孔子说：“性相近也，习相远也。”在品德方面，人生而没有多少差异，而家庭与学校的教育，则使得他们有了不同。所以，小学期间的正向评价，有利于学生走向真善美。

“阳光少年”评价体系是基于学生德智同时发展而构建的一种科学的评价系统。每一个孩子都想进步，如何让他们进步，却是大有学问。如果不断地正向激励，他们就会越来越想进步；如果长期地逆向批评，他们就会垂头丧气。你们采取盖章激励法，对于学生来说，无疑是一种很好的正向激励的方法。他们看到红蓝章盖上之后，不但自己心里高兴，而且还会在班级群体中产生一种荣誉感，从而生成一种积极向上的内趋力。他们还会告诉自己的家长，并从家长那里获取赏识与激励。于是，他们希望得到更多的章，获取更多的鼓励。长期拥有这种心理趋向，就会形成一种相对稳定的积极情绪，就会生成一种相对稳定的良好性格。而小时候优秀的思想性格与良好的行为习惯，则是走向成功之路的必备品质。

【王升平】从阳光宝贝、阳光天使、阳光少年到金杯少年的评价体系的建立，通过梯级目标引领，让孩子们在阳光下成长，不断得到赏识和激励，不断体验成功和快乐。从2003年9月开始实施至今，逐年完善，现已有近千名学生被评为“金杯阳光少年”。2004年，在深圳市“铸造美好心灵、开展关爱活动”中，我校五年级张慧生同学放学途中救助素不相识的受伤女孩被传为佳话，荣获“深圳市治安小勇士”称号，并毅然将市政府颁发的3000元奖金捐给了“希望工程”。

【陶继新】取得成效当是水到渠成、“道法自然”之事，因为“种瓜得瓜，种豆得豆”是天地之道。你们为孩子的阳光成长做了这么多实实在在的工作，当然就会有更多的“阳光”洒满校园，洒向社会与家庭。其实，还不止于此，这些“阳光” 还会照亮学生未来的生命前程，伴随着他们一生的生命成长，并由他们将更多的“阳光”洒向更多的地方，让更多的人感受到阳光的灿烂。

学校文化
给孩子生命成长增添智慧

【陶继新】校园文化是学校育人的一项潜课程，是深化教育改革的重要内容，对学生起着潜移默化的教育作用。良好的校园文化环境，能催人奋发、积极进取、开拓创新，形成一种无形的力量，激励鞭策着学生们执著追求、健康成长。

【王升平】因此，我校努力建设一流的校园环境，整体规划、周密布局，使校园环境绿化、美化、净化、文化、现代化，创造一个孩子们的“花园”、“乐园”、“家园”式的校园，以达到学校育人环境的全方位整体优化。学校挖掘文化底蕴，追求儒雅的文化气息，发扬时代精神，融合自然景物，打造校园人文景点：建校史室，用优秀的传统教育学生；设荣誉窗，以先进的人和事激励学生；树校园雕塑，以高尚的校园精神启迪学生……

校徽，是由“海鸥”、“太阳”和“波浪”组成。“海鸥”代表着可爱的孩子们，也是育才的“育”的声母“Y”的变体；“C”是太阳，是

"才"的声母的变体；"波浪"是二小的"二"字的变体。组合起来寓意着我们育才二小的孩子们像海鸥一样追逐太阳、追求光明、飞向远方。

【陶继新】校徽属于学校文化建设的一个重要内容，所以，在设计校徽的时候，大都煞费苦心。你们的校徽设计可谓匠心独运，在有限的图形空间里，融进去如此丰富的内容，特别是要让孩子追逐太阳、追求光明、飞向远方，不但寄予了你们的殷切期望，而且还会在他们心里积淀下一种向上向美的期待，以及为此而努力的心理趋向。

【王升平】坐落在校园中央的雕塑，造型是一朵盛开的金色葵花，托起一轮绿色圆球，那是我们的地球，夺目的绿色象征着环保和生命。希望之星从这里起程奋飞，奔向太空、奔向理想、奔向未来、奔向希望。高高擎起的蓝色和红色两曲线造型，象征着园丁和花朵，他们在圆球上舞动，手拉手、心连心、情牵情，在空中旋转，象征师生共同成长，共同进步。雕塑顶上，金色的圆球划出优美流畅的曲线，如日月星辰，似孩子们纯真的明眸、聪慧的眼光，放眼宇宙、放眼未来、放飞梦想！

【陶继新】昨天在你们校园里看到这个雕塑时，不仅特别欣赏它的造型之美，而且对它的内涵产生了兴趣。今天经您生动的描述之后，对它蕴含的意义就有了更加深刻的认识。学校文化的各个部位虽然各不相同，可是，他们都有一个共同的价值取向，那就是指向孩子的成人成才。而这个雕塑，则物化了这种精神内核。看来，优美的物质文化，不但给人以外在的美感，提升学校的美誉度，还可以提升人的生命质量。所以，优质的物质文化，无疑成了形成学校精神文化和制度文化的重要条件。

【王升平】校园文化长廊更是一道靓丽的风景线：教学楼各层没有楼层标记，只用不同的图案在楼梯口标明。一楼是水里游的鱼；二楼是地上爬的熊猫；三楼是树上跳动的猴子；四楼是天上飞行的大雁。走廊墙面以学生的美术摄影作品来装点，一层一个主题：一至四层分别是"爱我校园"、"爱我深圳"、"爱我祖国"、"放眼世界"。学生自己的作品是最好的教育素材。

【陶继新】这些墙壁文化多来自师生的创造，他们自然对其有着特殊的感情。而且孩子天天与这些文化相见，耳濡目染，其中的真善美就会悄然走进学生的心田之中。优质文化内化到孩子的心里，外化出来就是一道绚丽的风景，所以，孩子们在育才二小天天在变，变得更有知识、更有文化、更有良好的习惯、更有阳光的心态、更有良好的品德。

【王升平】是的。南楼是以现代前沿科学为主的教育主题：一至四层分别是生命科学、材料科学、电子科学、航天科学，启发学生对科学的热爱、向往和追求，并以学生的绘画作品、手工制作、科技论文等作为补充。各楼梯转踏处都标有温馨提示、文明礼貌、行为规范、传统美德等语句，让学生能耳濡目染。

【陶继新】我已经领略到了学校文化的独特魅力。每一个文化景点都是精心制作的，不但让学生从中感受到了科学的魅力，而且还可以让他们感受到无处不在的美。“真”因“美”的形式而有了艺术特质，“美”因“真”的内核而更放光彩。而楼梯转踏处的提示，不是强硬之言，而是温馨之语，让人看后感到心情舒畅而又不由自主地去按照提示之语而行。

【王升平】班级文化更是落实到每个孩子每一天的学习生活中，从日常行为到学习方法、从小组合作到班名班风、从墙面到桌面都由学生和老师共同设计，并具体落实，凝聚着孩子蓬勃向上、追求美好、向往科学、团结友善的良好心态和拼搏精神。

【陶继新】特别欣赏你们的班级文化，因为那几乎全是孩子设计的，不但有着独特的美，而且荡漾着童心、澎湃着激情、洋溢着向往。那些班训、班风等，彰显出了巨大的创造性以及对美好未来的追求与憧憬。看着它们，就会自然而然地产生一种回归童年的心灵冲动。

【王升平】我校从1988年至今，坚持每学年举行“艺术节”、“科技节”、“体育节”、“英语节”这四节，每次活动长则一月、短则一周，这是学生最向往、最快乐的日子，他们开展一系列艺术、科技、体育、英语节主题活动，充分地发挥个人的潜能，展示才艺、大胆创造、活跃身心，得到课堂教学中得不到的多方面锻炼。每学期还安排了校外德育基地体验活动，如军训、远足等，分六年十二学期、十二个景点，每个地方都有主题，系统安排，形成了学校德育工作的特色，受到了广泛的好评。

【陶继新】从学校与家庭走向社会与自然，不但会增长见识、放飞心灵，也会让他们学到另一种文化。孩子之学，除了课本这种“固化文本”之外，还需要学习“生活文本”。古人强调“读万卷书，行万里路”，说明要想真正做人成才，两者必须“得兼”，缺一不可。而且，这些活动的举办，看起来好像会耽误学生的学习时间，影响考试成绩，其实，人们忽略了一个重要的因素，那就是学习的单一性、空间的狭窄性，必然会影响到学习的积极性与潜能的开发。所以，一旦走出校园，孩子们有机会接触社会与大自然，反而令他们提高了学习的积极性，从而有了更好的成绩。所以有人说，好的成绩是需要到“诗外”见“功夫”的。

【王升平】正是因为这些文化场的构建，得到家长、社会的认可，孩子们将良好的学习习惯、良好的学风、良好的精神面貌带到了千家万户，带到了社区，感动了家长，感动了社会各界。因此，学校成为老百姓心目中最满意的学校。

【陶继新】文化在场，就会“化”场中之人。而你们的这个“场”，不但在学校，也在家庭，在社会。当学校文化悄然“化”人的时候，被“化”之人反过来也会“化”你们学校的学生。这种“场”与“化”的不断蔓延，就使得你们的学生有了更好的发展前景，你们的学校有了更好的美誉度与信赖度。

（原载于《中国教育报》2011年1月3日，第3版）

15

变革在“雷达”下悄然起航

——兖州一中“循环大课堂”高效课堂教学模式的构建

↑杜金山校长

杜金山，兖州一中校长。全国十佳中学校长、全国教育教学科研优秀教育工作者，山东省十大创新校长、山东省百名优秀校长、山东省新长征突击手、山东省教育学会教育管理研究专业委员会副会长，济宁市五一劳动奖章获得者，入围2008年中国教育年度人物三十强。

“人为一件大事而来”是他的入世信念，“一生只做真教育”是他的价值追求，“培养与自身、与社会、与自然和谐相处并全面发展着的人”、“让学校教育服务社会的同时还要引领社会”则是他的办学航向。作为全国高中课改的先驱、“循环大课堂”的创始人，他在重点、国办条件下对传统课堂的成功“颠覆”，在我国基础教育界引起广泛关注，他的理念和做法正在被越来越多的地域与学校践行，他的价值和意义也日益得到更充分、更有力的证实。

【按语】齐鲁名校长建设工程人选、山东省兖州市第一中学杜金山校长，近年来推行“循环大课堂”高效课堂教学模式，引发了全国教育界的强烈反响。他如何在五年左右时间里，把一所普通中学办成了全国知名品牌学校？他如何实现学校教育的嬗变，在典型的“县中”地基上建设出一个具有新理念、新精神、新制度的现代学校？这篇对话，则很好地回答了这样一个问题。

【杜金山】陶老师，您曾经说：“由于在管理中得到了群体的认可，心里就会生成一种能力场，而且由此迁移到学习之中。这种正能量会使学习产生事半功倍的效果。”“高效课堂的必要条件是情感高效。这种情感高效持续时间一长，还会形成一种优质的生命状态。”您这些话谈到了学生发展的信念支持，谈到了高效课堂最根本的前提条件和最根本的功能、目标。课堂变革的终极目标就是让师生在课堂中成就一种优质的生命状态。

在进行规范管理的同时，我的另一项风险更大的探索也在悄悄推进：对传统课堂痛下“杀手”，课堂变革在“雷达”下悄然起航。

改课堂，谈何容易？传统的班级授课制，从夸美纽斯算起，有三百年了，功劳巨大！建国以来，六十年了，凡是中国活着的人几乎都感恩于它！自恢复高考计算，三十年了，凡是在做教育的人，都是它培养出来的！再看看现实，升学——这个被亿万眼球聚焦能达到太阳般温度的焦点，谁有胆量飞蛾扑火！

怎么办？不改，良心焦灼！改，一场战争！

虽然我有“站着誓为一座山，为学校发展顶起一片天；倒下也要化作一条路，为后来人前行做贡献”的“扑火”决心，但我深知，课堂改革是不允许失败的，因为，孩子上高中的机会只有一次，如果失败，是任何人都无法承担的。我希望救人，就不能以牺牲学生为代价。

能否找到一条积极、稳妥的改革之路，是考验我们智慧和能力的最大难题。经过深入探讨和反复实践，我认为我们找到了自己的道路。

【陶继新】正因为是一场“战争”，所以，有很多人特别是高中学校的校长望而却步了。如果按部就班而行，不会遭遇任何风险；如果改革失败，校长身败名裂，学生升学的前途也会毁于一旦；即使成功，也是像“蜀道难”一样，“难于上青天”。

可是，当良知在心里涌动不已的时候，就会更多地考虑什么是真正意义上的学生的生命成长？怎样改革才能让学生快速成长？赴汤蹈火“战死”疆场虽然壮烈，可是，死而不能复生。所以，最佳的选择是既进行改革，又可以安全着陆。是的，这需要智慧。智慧与知识不在一个层面上。知识关乎事物，智慧关乎人生。如果只是拥有知识，就会看着一块石头仅是一块石头，一粒沙子仅是一粒沙子；可是，拥有智慧之后，就可以从一块石头里面发现一道风景，从一粒沙子里面发现活的灵魂。所以，人人都希望拥有智慧，校长更加需要。我觉得，您是在“众里寻她千百度”之后，寻找到了那个生命的智慧。

（一）课堂引力，从追问开始

【杜金山】开始时，我并没有从课堂的生命品质这样的高度入手，而是借用一个物理概念：课堂引力，从追问开始的。

正像您刚才说的，情感前提是一个人发展的最重要条件，为什么我们的孩子厌学？为什么我们的老师厌教？为什么我们的学校对学生没有吸引力？

凡是还在传统课堂教学的老师们，都可以扪心自问，咱的课堂有吸引力吗？你在这样的课堂中有幸福感吗？学生在这样的课堂中，无论是知识的传输，还是人格的健全，或者发展状态、生命品质，你认为到底怎样？

【陶继新】“课堂引力”借用得好。学生上课不是主动而学，而是“被学习”，因为课堂是死的，没有生命与引力。我看到学生在课堂上无奈而被动听讲的时候，总有一种心里的隐痛。我们大人在听没有品位与趣味的讲话时还常常昏昏欲睡，可学生不行，他们会遭到老师的批评甚至惩罚。一天两天尚且可以忍受，可是，从小学到高中毕业，12年啊！他们就在这种痛苦不堪的状态下煎熬着。从人性人道上讲，教师也应当有点慈悲之心了吧？可是，很多教师练就了一副硬心肠、冷面孔，甚至自诩这一切都是为了学生啊！可是，他们没有想想，没有兴趣的学习，效率是低下的。更重要的是，由此消减了孩子学习的兴趣，特别是压抑了学生的生命本能。他们习惯了忍受，甚至异化成一种忍气吞声、逆来顺受的奴才性格，这样，培养学生面向世界、面前未来、面向现代化的教育，不就成了一种空谈了吗?

【杜金山】由于我们对传统课堂已经是“群体无意识”地接受，我们几乎天然地认为，教育就是这样的，课堂就是这样的！如果说夸美纽斯的年代、我国解放后的国情、改革开放之初对知识的急迫需求，将教育如此定位还有一定道理的话，随着对高考成绩的片面追求，我们的课堂真的异化了！只要想一想，我国教育30年在一条追求考试成绩的路上“狂奔”，以其30年之“不变”，应对我国经济社会发展的巨变，其落后就不言而喻了，更何况，我们的教育不是不变，而是在一个不断异化的过程中——教育异化为教学，教学异化为知识传输，知识传输异化为以“讲、听、背、练、批、考”为主要功能的“灌输”！异化了的课堂，离“人”越来越远了……

当年鲁迅先生发出了救救孩子的呼声，今天，如果教育继续这样下去，课堂继续异化，我们的孩子……

【陶继新】我经常外出，每到一地，只要有时间，几乎都要到书店去看一看，但每次看后都是心痛不已。我发现，绝大多数书店里的学生辅导书、练习题之多，令人眼花缭乱。而且，这种市场越来越大。家长舍得花钱买，教师鼓吹购买。于是，学生书包里、书桌上，这类书越来越多，学生的负担越来越重，他们的精神生命越来越暗淡。而品位比较高的书却少得可怜，即使摆在书架之上，也是几乎无人问津。之所以会出现这种怪异的现象，根源就出在教育上。如是下去，中国教育的未来简直不堪想象！更加可怕的是，很多教师对这种现象形成了心理认同，而且认为只有这样，才能升学有望，才是对学生负责。所以，如果真有一点良知，就要在力所能及的范围内，去改变我们的老师，去救救我们的孩子，让他们回归到真正的教育领地里，去享受属于他们的教育生活。

【杜金山】为了引导老师们对自己"最熟悉"的课堂进行再思考，我做的第一件事就是对课堂状态也就是学生学习状态进行调查——用事实说话！

调查围绕"课堂吸引力"这个核心要素进行，以"课堂精力流失率"和"课堂高效学习率"为具体检测项目。陶老师，当时我有85个班级，100%的覆盖率，用现在的话说那真的是很"雷人"！

精力流失率：35%！

高效学习率：49%！

【陶继新】俗话说："事实胜雄辩。"改变教师，就要通过严酷的事实让他们猛然反省。可以说，您在这方面既有改革的良知，又具改革的智慧。其实，更多学校学生的精力流失率还要更高，高效学习率还要更低。而当课堂没有了吸引力，精神大量流失之后，效率之低就成了一种必然。如果真对学生负责，就必须改革课堂，应当让课堂成为具有生命张力的学习场所。

【杜金山】数据出来，真是跌破我们所有人的眼镜！李平老师感慨地说：我们都成了悲剧英雄！其实，如果我们真的是"英雄"，良心上还过得去，但正像您刚才所说，没有兴趣的学习，效率是特别低下的。更重要的是，由此消减了孩子学习的兴趣，特别是压抑了学生的生命本能。这样的课堂，不仅在知识的传输上是低效的，更严重的是，在育人上甚至是负效的呀！看看我们的小学生，多小的年龄就开始厌学；看看我们的中学生，高考结束后，卖书、撕书、烧书；看看我们的大学生，拿到毕业证就和书本说再见；再看看我们的成人世界……在传统课堂中，我们以爱的名义，死命地把学生往"考试选手"方向培养，我们眼里没有千差万别的"人"，只有统一规格的考生！

12年也罢，16年也罢，我们的学生煎熬在这样的考试训练中，竞争成了唯一目标，人的发展和精神世界的丰满被丢在十万八千里之外了。

《开启洗脑工程，打造核心优势》是我在调查后做的反思报告，我用了当时一句很时髦的话：用第三只眼看课堂。这使我们的老师初步产生了变革课堂的诉求。变革，迈出了第一步！

【陶继新】感慨于您的感慨。真正的悲剧英雄多有壮美之感，可是，我们的教师没有成为这样的悲剧英雄，而是几乎成了闹剧中的小丑。因为当老师们在一年又一年做着低效工作，特别是做着对学生生命成长有害的工作却浑然不知，甚至感到是在完成一次又一次的神圣使命的时候，滑稽到“春蚕到死”，依然没有破茧而出的飞跃。结果，重复了一生的教书匠的“匠气”，还是以“匠气”而终结。

学生是可悲的，也是可怜的。他们在生命的最旺盛期，没有真正、起码没有更好地感受到生命的意义；他们在学习的主要课堂，没有享受到接受教育的幸福。看看外国的教育，看看我们一些已经走在教学改革前沿的学校的学生，课堂绝对不是桎梏，而是生机盎然的生命对接场。学生留恋课堂、喜欢课堂，学习效率何止一个“高”字可以言说？更重要的是，他们在这样的学习场里，感受到了特别的愉悦，生命的潜能如火山喷发一样显见了它的无穷魅力。可以说，他们是享受学习，也是享受幸福。而学习时代的这种感觉，对于塑造健康人格、形成阳光心态，都会起到不可小觑的作用。

我想，您的心里甚至会燃烧起愤怒，但是，您却几乎没有形之于色，而是用事实与数据给尚且沉睡的教师猛然一击。于是，一场前所未有的改革就这样拉开了序幕。

（二）用第三只眼看课堂

【杜金山】是啊！我对一位言语“偏激”的学者讲过一句话：“改变课堂，就是从‘油锅’里‘捞’孩子！”

怎样用第三只眼看课堂？先摆事实，后讲道理。

为了令调查更具说服力，我还委托在外地当校长的同学，在他们的学校也做了同样的调查，数据相差不大，事实不容否定——“两率”触目惊心！

谁之过？怨学生吗？从当时所谓的重点班到艺体班，虽然数据略有差别，但绝不能称为“质变”；怨老师吗？从公认的优秀教师到一般教师，有差距，但基本在同一数量级！既不能怨学生，也不能怨老师，只能怨这样的课堂！课堂不改，绝没出路！“两率”如此差，反过来也证明，课堂还是一个富矿，如果我们能够把35%的学生的“魂”拉回来；如果我们能让学生在课堂上的学习效率达到90%甚至以上，那将是怎样的情景？课堂，有没有可能成为最有魅力的地方呢？

【陶继新】您的分析具有智慧因子，当出现这种问题之后，您没有追究教师的责任，更没有抱怨学生，而是寻其根源——课堂。这就避免了对教师的心理伤害，而且让教师认可这种改革，感到不改革就对不起学生，也对不起一个教师的良知。

【杜金山】改的决心有了，下一步需要回答怎样改的问题。

课堂改革，若说其复杂性、敏感性、艰巨性、风险性和战争相当，一点也不言过其实！教育改革，不同于其他行业的改革，绝不能承担失败的风险！因为，这个成本事关学生的一生。失败的代价，作为改革者，是无论如何也无法承担的！必须寻找到一条绝没有失败可能的改革之路！

【陶继新】您的分析绝非危言耸听，正是风险太大，所以升学压力最大的高中在中小学教学改革呼声一浪高过一浪的时候，依然按兵不动。因为谁也不愿意承担这个风险，谁也没有能力承担起这个风险。所以，他们只好望洋兴叹，只好放弃。如何寻找一个两全齐美的良策，当是您苦苦追索的“理想国”。这同样需要勇气，更需要智慧，当然，也需要一个教育者的良知与责任。

【杜金山】课堂改革有三大原则，从学校内部，从科学层面保证改革之路坚实可靠。

第一，不立不破，先立后破，保证课堂变革平滑过渡。

第二，从问题入手，确保课堂改革决无失败的可能。

第三，破解问题产生的根源，追求课堂嬗变，建设现代课堂，实现课堂教学从无效走向有效，从有效走向高效。

三大原则确立后，咱再摆道理。

既然咱的课堂还是一座“富矿”，怎样“开采”？用原来的生产工艺，靠时间加汗水，能有效地“开采”吗？要想把剩余的“煤”“开采”出来，唯一的途径是改变生产工艺。

很多人一提到提高课堂教学效益，首先想到的是抓老师，所谓精备、精选、精讲、精练；然后是抓投入，家长苦养、老师苦教、学生苦学、校长苦管，这些方法确实对提高学生学业成绩有一定的帮助，但是，也极大地恶化了教育的内在品质——如果我们不顾及学生的全面发展，以牺牲学生的学习兴趣、动机、能力甚至牺牲学生健康为代价去换取知识，我们得到的究竟是西瓜，还是芝麻？

【陶继新】坚持这三大原则，改革就不会形如急风暴雨、雷鸣电闪，就不可能引发群起而反对。但是，这种看似和风细雨的内部，却有着“核变”的燃料。

但行得通吗？这就要“摆道理”了。教师是比较讲道理的。所以，您只有将理说充分，才能让教师心悦诚服。“开采”“富矿”是形象的比喻，也是最能打动教师心弦的。他们也想让学生学得快乐，也想提高学生的学习效率，也想教得从容轻松。只是年复一年，并没有人给其指点迷津。当他们看到这条道路可行之后，就会在心里升成一种尝试的冲动。这样，你们的课堂教学改革，从一开始就扫清了教师的心理障碍。

从古到今，为什么有那么多那么好的改革最终失败了呢？原因虽然非止一端，可是，如何将改革的风险降低到最低，如何让一般群众心里认同，恐怕是一个重要的原因吧。从这个意义上说，我认为您是研究了很多改革典型的成败之后，又结合你们学校的实际，才有了如此的思考与行动。

【杜金山】分析当时山东重点中学老师的生活状况，我们的老师，起得最早、睡得最晚，连做梦都在改试卷，职业幸福感缺失非常严重。

学校的例行培训会上，我说："老师们，咱讲得再精彩，能比得过春晚吗？每年一次的春晚，收视率是100％吗？你表演得再好，能比上本山大叔吗？本山大叔的小品收视率是100％吗？如果一年到头每天晚上都是春晚，一年到头都是本山大叔为你表演，你能坚持收看吗？"

问题在哪里？问题在于本应该是课堂主体、学习主体的学生被"边缘化"得只能当"观众"了！出路在哪里？在于回归主体——让学生真正成为课堂的主人、学习的主人！具体讲，就是让学生真正高效地深度参与到课堂教学中来。

【陶继新】即便教师的"表演"再精彩，也已经到了山穷水尽的地步了。宋丹丹为什么不再参加春晚？因为真想愉悦观众，必须挖空心思。而且，表演就不真实与自然，就会劳心劳力，就会心生烦恼。所以，教师不再表演，也是一种回归生命的本然，也是一种心灵的解放。所以，将课堂的主要时空让位于学生，对于教师而言，也是一种幸福。

学生真正成了课堂的主人之后，他们是不是也一味地表演了呢？不是。他们的主动意识觉醒之后，焕发出来的学习热情，以及有话就说、有理就讲、有问题就辩论的生命状态，有一种"天然去雕饰"的美，有一种"道法自然"的从容与快乐。而且，由于心灵的高效，学习的高效便水到渠成，而不是强行为之了。

（三）从优化结构着手

【杜金山】不是从问题入手吗？传统课堂的问题到底出现在哪里？

这些年来，我和我的团队对传统课堂进行了多次分析诊断，得出了传统课堂的十大结构性弊端。需要说明两点：第一，这不是对传统课堂全面客观辩证的评价，谈的只是问题、是弊端；第二，这些弊端是结构性的，改变的根本出路也是从结构下手作为突破口的。

限于篇幅，我列举其中的四个吧：单调性、单向性、单一性、缺失性。

【陶继新】基于问题，才能有的放矢地解决问题。在找问题的时候，您的可贵之处是有一个相对客观的心态，不然，就会一气或一急之下，把问题扩大化。扩大之后，不但无助于解决问题，反而会激化矛盾，使问题更难解决。您所说的十大结构性的弊端，是经您多次分析诊断得出的比较客观的结果。这便为推进课堂教学改革奠定了基础。

【杜金山】单调性：我想谁都不能否认传统课堂很单调吧！单调本身就意味着没有“吸引力”，而单调具体表现为老师讲、学生听。大家知道，学生对外界的感知有“三觉”：听觉、视觉、动觉。在这“三觉”中，听觉对大脑的刺激作用最小，所谓“百闻不如一见”、“纸上得来终觉浅，绝知此事要躬行”都证明了这一点。

【陶继新】听觉的单调性，折射成心理的单调。而心理单调之后，当然兴趣也就少之又少了。而没有兴趣的学习，其结果必然是事倍功半。一天两天没有兴趣尚且可以忍受，如果天天如此，时间一长，学生厌学就成了一种必然趋势。即使教师讲得天花乱坠，时间一长，也会形成听觉疲劳。更何况那些拖泥带水、毫无情趣之讲。

【杜金山】单向性：教和学这两个字自从组合在一起就不能分割开来理解了，教学是一体的。教学的过程是知识信息、情感信息的交流过程。既然是交流，至少应该是双向的，最佳的交流状态，是知识信息在课堂中呈现一种网络状交流，每个师生都是该网络的一个“结点”。但是，我们的传统课堂，信息传输是单向的。单向使我们的课堂异化，课堂不仅不是魏书生先生说的学堂，单向甚至使我们的课堂异化为“会堂”。“会堂”里的双方有压力吗？你会因为第二天去“听”而感觉难以入眠吗？没有紧张度，松弛的课堂，能够高效吗？有吸引力吗？另外，单向性传输必然导致传输“误差”，让我们的学生在第一次接触知识的时候就不准确，以致后来我们需要用大量的时间去不断地纠正前面不应该发生的错误。我们的校长们有没有过这样的经历：你把一个任务安排给副校长，副校长安排给主任，主任再安排给职员，这一指令经过三次单向传输后，结果会如何？本来你可能要的是一颗萝卜，职员可能给你牵来一头猪。避免单向传输带来的误差，最好的办法就是即时反馈。

【陶继新】中国第一篇教育学的论著不是《教记》，而是《学记》；古代的教学场所，不叫教室，而叫学堂。看来，中国真正意义上的教学，并不排拒学生之学。看看《论语》，几乎就是一个对话体的文本，是孔子之教与其弟子之学的一个思维交互过程，而且有的学生之学还可以给予孔子以有益的启示。历经两千多年之后，我们却没有继承这些优秀的教学思想，而是亦步亦趋地去学习外国的东西，结果学堂不再，教室诞生，教师理所当然地成了教室里的霸权者。可是，如果只是教师教而不重学生学，信息的传递自然就成了单向的。单向性的最大弊端是学生这个占了教学主体90%以上的群体没有了话语权，由此也就没有了主动思维的自觉要求，甚至要求都可能被教师压制下去。而没有话语与思维之后的学习，必然是索然无味且又低效了。

【杜金山】单一性：有魅力的课堂，应该是知识的"超市"，以充分满足不同学生个体发展的选择性需求。但是，传统课堂，知识的提供者是一本书、一个人，即教材、教师。课堂上有多少学生？虽然他们用的可能是同一本书，但是他们的生活体验是一样的吗？他们难道不是管理资源、德育资源、教学资源吗？为什么不能去开发呢？

由于单一，不仅不能形成真正的知识超市，只能是考什么我就教什么、老师会什么就讲什么，课堂成了老师的"品牌"店；由于单一，老师提供给学生的信息往往比较陈旧，而陈旧的东西更加缺乏吸引力。由于很多老师不能蹲下来和学生说话，使老师的很多思考、表述不在学生的"最近发展区"，因而不能引发真正有效的学习。

【陶继新】学生学习的内容本应当是丰富多彩的，可是，现在却异化成了单一的教材文本，即使这种文本，也是面向考试的文本，其他则不再学习。其实，文本有两种，一种是固化的文本，即纸性的文本；一种是生活文本，即从实践生活所学的内容。前者不只是教材，因为"教材只是一个例子"，而应当是一种更加丰富的内容。而学生所学的生活文本呢？就更是少得可怜。可是，没有生活文本的积淀，学习就少了最为生动的生命底色。古今中外的学有所成者，几乎都有一份丰富甚至残酷的生命经历，而这些，恰恰是其人生学习之路上最有价值的“文本”。由知识升华成智慧、由智慧转化为思想，没有这两种文本的有机融合，是绝对不可能的。

您所说的教师的“品牌”，是一种讽刺，是教师自以为万变不离其宗的教学之“器”，却没有生命回转的变化之“道”。因为他们的教学内容来源也是单一的，是没有生命活力的。而且长期以教为主的教学历程，已经将他们的思维变得单一而又僵化。在这种思维指挥下的教学，怎能生动有趣?

【杜金山】缺失性：问一下我们的老师、我们的同学，你所学的知识和你的学习情境间有关系吗？没有！因为我们的课堂中所强调的情境教学，只是知识情境，而缺乏学习情境。而情境记忆，对帮助学生理解问题、回忆知识至关重要，但遗憾的是，我们的课堂年复一年、日复一日总是“唱着那过去的歌谣”。

【陶继新】刘勰认为，写文章需要“情动而辞发”，这是很有道理的。这令我联想到教学，其实也是需要情境的，没有情境，就不能形成快乐学习的动力场。而没有这个场，学习的时候就不可能形成一种高效情感。没有高效情感，就不可能结出高效之果。

（四）回归主体，教学互动

【杜金山】生本观念提出多年了，但是真正转化为学校的管理和教学行为，路还很远。课堂教学的出路，就是关注学生、回归主体、教学互动、共同发展。这句话看似很容易，但是真正落实到课堂教学的各个环节，还需要解决很多问题。

我谈谈教学互动吧。

教学互动，最起码需要解决三个问题：第一，互动双方要有备而来，应该做到信息基本对称，也就是都进入对方的“最近交流区”。第二，要提供互动的舞台和机会。原来的舞台是谁的？老师的！现在要给学生让出一方舞台来，这既要改变老师的教学观、学生观，也要改变学生的学生观、学习观。前面我说过"先立后破"原则，在课堂上"先立后破"就是坚持"生进则师退"原则。我国当前的课堂教学改革，在调整课堂的教学关系中，总的趋势是让学生更加高效和更有深度地参与到课堂教学中来，这样的趋势，自然表现为老师"退"、学生"进"。但是，必须掌握"生进则师退"的原则，"生"进是前提，"生"能够进，"师"方能退，否则就会做成夹生饭。第三，互动双方都要享受这种互动带来的快乐和收获。首先是老师要享受这种互动，如果老师不享受这种互动，作为课堂主导者，可以很容易地将这种课改扼杀在冠冕堂皇的理由中。多年以来，我们的课堂是在信息严重不对称的情况下进行的，这种不对称性，让我们的老师在课堂教学中几乎没有遇到挑战，只要备好课、做好题，就可以轻轻松松地应付课堂。今天，学生成了交流者，课堂的教学内容是开放的，对老师的挑战也将是前所未有的，老师能否适应、愿不愿意适应，是课改成败的"穴"位！只有想方设法，让老师尝到课堂的甜头，享受这种互动和

小组合作学习

交流，课改才可能顺利进行下去，这是关键中的关键。其次，是让学生享受这种互动，不断地提升其课前探究、课中参与的内驱力，课堂这把生命之火才可能越烧越旺。

【陶继新】既然是互动，双方当然都要有所准备。可是，传统的课堂教学，是教师早有准备，学生无备而来，只有教师提问，他们才能回答。这种不对称，不但表现在教学内容准备的不对称上，还表现在师生心理准备的不对称上。于是，学生只有应付，互动无从谈起。

要想互动，就要“生进则师退”。可是，如果学生跃跃欲试，教师固守阵地，当然就无法互动了。一般而言，教师是课堂教学的强势者，教师如果不退，学生想进也进不了。从这个意义上说“师退生进”亦无不可。也就是说，教师首先要退，给学生留下前进之路，才能形成互动之场。您之所以强调生进是前提，核心是要让学生走上前台，这个做不好，就不可能形成真正意义上的互动。当学生在课堂这个舞台上敢于与教师互动甚至是争辩的时候，才算形成了学生之进。当然，这里的互动还不只是师生之间，还包括学生与学生之间的。没有互动，就不会产生激烈的思维碰撞，就不可能形成高效课堂。

师生享受互动的快乐，当是教学的至高境界。我认为，这不但是一般的互动，而且是高级的互动。一般互动可以产生一定的高效，可是，要想产生审美的享受，则需在互动中频频产生思维的火花，尤其是特定场合下的灵感闪现，是一种生命的高峰体验。这便是真正享受课堂了。而且，经常性的这种互动状态，还会形成一种优质的能量场，进而内化成一种优质的生命状态。

（五）“课变”在全国亮相

【杜金山】我们现在有一个团队，包含了40所核心学校，400多所成员学校，他们分布在全国22个省份，包含了小学、初中、高中、职业学校，既有国办体制，也有民办学校。虽然这些学校课堂教学的创新过程不同，所走的路不完全相同，各个学校的教学模式也不尽相同，但是，我们理念相通、本质一样，有共同的理想和愿景。绝大多数学校因为课堂教学的创新而带来教育思想、管理思想的变化，在当地的影响力逐渐变大。如今，我们一个月聚会、交流一次，共同探讨课堂变革的最新体会，“相互借道、搂抱发展”。兖州一中是最早的发起学校之一，在上述教学改革思想指导下，我创建的是“循环大课堂”教学模式。

2004年，我让6个老师在3个学科悄悄地进行“六段式”教学实验；取得初步成效后，于2005年总结整理后推出“三步六段教学法”，在东校区全面铺开的同时，校本部开始贯彻这种教学思想；2007年4月21日，在王恩大主任的主持下，召开了第一次全省性会议，“三步六段教学法”初次亮相，获得好评。2008年1月18日，我在潍坊参加全省素质教育会议，深深感觉到，山东教育要发生根本性变革，教育的春天来到了！但是，我的教学模式需要调整，因为课时少了后，预习时间不够了，我的团队最后决定，打破原来课堂的时间分配关系，重新建立符合新课堂要求的时间链条，把预习搬到上节课的最后阶段，“三步六段35＋10循环课堂教学模式”诞生。2008年学校举办建校65周年校庆，在这之前《中国教师报》已跟踪我校课改近4年，刘堂江社长认为，我校课改意义重大，作为一个重要成果，应由教师报在校庆之时推向全国，为中国基础教育改革提供又一个典型。2008年10月15日“课变”第一次在全国亮相，“循环大课堂”走向全国，成了兖州一中的“名片”。

【陶继新】“循环大课堂”之所以走向全国，得到普遍的认可与赞赏，是因为这种改革有其生命的原动力，它有借鉴与学习，更有自己的创造。只有自己创造的东西，才有旺盛的生命力。更加重要的是，这个改革有着广泛的推广价值。它向全国高中学校昭示一个道理——这块敏感的教育之地，完全可以进行课堂教学改革，而且不会遭遇大的风险。我觉得，这也与儒家文化思想相和谐，稳健中求发展，发展中求和谐，和谐中再发展。

令人欣喜的是，你们的这些改革，完全符合山东省推进素质教育的要求。它给全省高中实施素质教育提供了一个成功的范例，做出了一个不小的贡献。而且，在这种全省推进素质教育的大背景下，兖州一中还会继续进行探索，还会取得更大的成绩。

【杜金山】回顾这个过程是想表明，“循环大课堂”看似一种教学模式，其实，它承载的是一种教育教学思想。近五年的课堂教学实践探索，每前进一步，都是在“实然”的基础上向“应然”靠拢，就这样，在不断完善中前行，最终由一种教学思想演变成一种管理思想、一种教育思想。

【陶继新】形成这种教学模式的过程，无异于一场教育思想的大搏斗。没有思想的交锋，就不可能有模式的诞生。所以，模式是形，思想是实。而且，模式也是可以承载思想的。令人欣喜的是，这种模式已经可以向全国很多学校传输，送去方法的同时也传递了思想。

【杜金山】关于这个课堂的具体操作，限于篇幅，我就不一一细述了，着重谈谈它的价值定位、灵魂和意义。

“循环大课堂”推出后，立刻引起全国各地高中的普遍关注，因为，重点中学、国办体制、县中这几大特点，兖州一中具有典型性，我们的做法应该有普适性。现在，到这里参观的学校已达一千五百多所，除了港澳台地区，内陆所有省份都有，不仅参观，更有许多人到学校挂职、研修，一待就是十天半月。与此同时，我们学校的干部、老师，也不断地被邀请到全国各地进行推广培训，在各种论坛、会议上作报告。让我非常欣慰的是安徽的一所职业学校，他们没有升学率任务，只是想借助这样的课堂的魅力，吸引学生，让学生幸福地学习、快乐地成长、全面地发展，用他们校长的话说，就是希望职业学校的孩子能够首先成为一个高素质的人。而这恰恰就是“循环大课堂”的价值定位。

【陶继新】全国这么多地方关注与学习你们的“循环大课堂”，足见它不是一个外表虽美而实则无根的瓶中之花，而是一株根深叶茂、果实累累的大树。因为人们有着极强的辨识能力，孰优孰劣，一目了然。看来，一项改革在一所学校成功了，可以在一所又一所学校里开花。这种贡献比之你们自己的成功还更具意义。

【杜金山】“循环大课堂”不是“知识本位”的课堂，不是有些人追求应试的又一“利器”。相对于课程改革，它是下位的，没有课程改革，不可能有教育的真正变革。循环课堂追求的是“课堂生态”的优化，是师生“生命活力”的释放，是课堂教学的“生活感”。我们的学生不仅仅读纸质文本，还要读到“生命文本”、“生活文本”，它的价值定位于培养全面、和谐、可持续发展的人。知识的学习只是实现人发展的载体之一，教书是为了育人。

【陶继新】孔子说：“工欲善其事，必先利其器。”没有这个“利器”，就很难进入改革的操作程序。况且，这种改革处处蕴含着生命的张力，是在成就一代新人的革命行动。所以，它的意义不但超出了“知识本位”，而且超出了能力本位，因为其中有智慧的形成，有人格的塑造，有和谐的构建。

【杜金山】这种课堂的灵魂是一个转变、两个前置、三种方法、四种形态。一个转变，转变的是师生的“角色”，师亦生、生亦师；两个前置，就是问题前置和学习前置，让教学双方有备而来，信息基本对称，高效互动、深度互动，增加课堂的思维含量，让学生由被动态变为主动态。三种方法，原来我们叫独学、对学、群学，现在我们叫自主、合作、探究；四种形态，是课堂的基体呈现状态：通过展示实现交流，通过纠错实现落实，通过点拨实现提升，通过开放实现拓展。

【陶继新】“一二三四”是对这项课堂改革的一种高度概括，可谓言简意丰，如果展开解析，将是大有文章。我觉得，真正成功的改革，不但要有实践经验，也要有理论提升。真正的教育家，既要有属于自己的理论体系，又要有属于自己的教育实践。孔子、苏霍姆林斯基、叶圣陶、陶行知，都是二者兼得者。热切期待您能从一位优秀的校长，逐渐走进教育家的行列。

【杜金山】中国教育学会郭永福副会长看过我们的课后非常激动，欣然题词：高效课堂，化解教育千千结！我深知，这是教育前辈对我们的鼓励和期望。对于课改，前面的路还很长，中国基础教育已经进入新的发展

学生走上讲台

时期，教育的环境也在不断优化，我相信，这一切，会让我们的教育回归到真正良性的发展道路上来，能做真教育，我深感幸运和幸福！我会一路前行，为完成这件大事，探索不止……

【陶继新】您说得对：“前面的路还很长。”不过，校长要想干一番事业，就一定要“咬定青山不放松”，即使困难再大，也要一往无前。唯有此，才会享受到成功的幸福。而你们改革的成功，恰恰说明了这一点。

（原载于《校长》2010年第11期）

16

“三驾马车”驱动学校可持续发展

——平阴实验小学发展掠影

俄立华，1964年出生，大学本科学历，中学高级教师，1983年参加工作，先后担任平阴县实验中学团委书记、教育局办公室主任、平阴四中党支部副书记，现任平阴县实验小学党支部书记、校长。

→ 俄立华校长

【按语】山东省平阴县实验小学是一所百年老校。经过多年的发展，现在已经拥有2个校区，70个教学班，3965名学生。2005年，俄立华担任校长后，提出了打造“三驾马车”、推动学校持续发展的理念，经过几年的实践和探索取得了显著效果。学校先后被评为山东省规范化学校、山东省首批教学示范学校、山东省素质教育先进学校、山东省中小学教师校本培训示范学校、山东省教书育人先进单位、山东省德育工作先进集体等。这篇对话中的很多观点和做法更是指向教育最深处，发人深思。

序语：“三驾马车”释述

【俄立华】随着学校的不断发展演进，怎样提高办学效益，满足人民群众对优质教育的需求？这个问题常常萦绕在我心头。经过反复思考和探索，提炼出了学校工作的三个重点：第一是“名人文化”德育特色；第二是“课例式”校本教研；第三是幸福校园建构。我们把此称作平阴实小可持续发展的“三驾马车”。

【陶继新】“三驾马车”很有特色，属于你们自己的创造。学校如果没有自己的办学特色，就形不成品牌。品牌是一种无形资产，它对提升学校的知名度、美誉度和信赖度，都起着很大的作用。

名人文化：提升德育工作品质

关键词：文化长廊

【俄立华】先谈第一驾马车：以“名人文化”提升德育工作。在当前小学生的思想教育上，我曾经有过一段时间的困扰，困扰于现在社会的日益开放，过多的矫情、怪异的网络以及快餐等多元文化对学生产生的消极影响。特别是小学生，正处在人生观、价值观形成的关键时期，如何利用一种积极向上的而又被他们熟知、便于理解的文化引领他们奠定好人生根基，确实值得研究。

【陶继新】什么是文化？文化就是以文化人，通过文化来改变人。如果学生接受的是劣质文化，甚至是有害文化，就会因“近墨者黑”而走向末路；相反，如果接受的是优质文化，就会因“近朱者赤”而走向正途。所以，文化之于学生的生命成长，起着举足轻重的作用。你们从研究“名人文化”入手，显然是走出了一条正确的“化”人之路。小学生有名人崇拜情结，他们接受名人文化，大都会心向往之。当你们的教育指向与学生的心理趋向合而为一时，就会产生事半功倍的效果，文化的效益也就自然显现出来了。

【俄立华】是的。首先，我们营造学校“名人文化”氛围。良好的氛围有传递信息的能力，能收到事半功倍的教育效果。我们把学校科教楼按楼层建设了四个“名人文化”长廊。第一长廊为科技名人，详细介绍了袁隆平、杨振宁、居里夫人、诺贝尔等名人事迹以及他们艰苦奋斗的生命历程；第二长廊为文学名人，既有孔子、冰心、巴金，又有安徒生、托尔斯泰、高尔基，展示一代代文学巨匠及他们的作品；第三长廊为IT名人，展示的有比尔·盖茨、丁磊、张朝阳等互联网时代标志性人物；第四长廊是艺体名人，系列展示了齐白石、乔羽、王励勤等英杰人物。“名人文化”长廊让学生时刻感受到中外科技、文化、艺术的突出成就，浸染熏陶他们幼小的心灵。我们还在教学楼楼梯间等明显位置悬挂名人名言，让学生处处与名人同行。

【陶继新】您所选的这些名人不但在不同的领域取得了巨大的成就，而且在做人方面堪称楷模。我看《居里夫人传》，为她的执着探索精神、谦虚好学品质而深深感动。我读《论语》，为孔子对于修身做人的精妙论述而叹服、为他的躬身实践而肃然起敬。比尔·盖茨何止是一个世界首富，他更是一个精神贵族，他的遗嘱中明明白白地写着，将自己的所有资产留予慈善事业，不给子女一分一文。王励勤永不服输、奋力拼搏的精神，则给人以蓬勃向上的生命启迪……这些名人像就悬挂在四个走廊之上，学生只要到校，就能天天看到，耳濡目染，学习也就在其中了。教育真正起作用，不在于宣讲，而在于“润物细无声”地渗透。久而久之，就会形成品质。

【俄立华】我认为，显现的东西是外在的，它能在一定程度上影响师生的行为。但要想真正把“名人文化”镌刻在每一位师生心中，还要借助于活动进行延伸和强化。我们开展了“名人激励师生成长”活动，让师生寻找自己喜欢的一位古今中外名人，熟知他的故事，了解他的成长经历，进而用其精神或名言来激励生命成长。

【陶继新】这些名人，都有不少经典故事，让学生了解之后，会在心里生成“学而时习之”的自主愿望。被动学习与主动学习大不一样，前者往往很难深入到内心深层，后者则会激起心里的波澜。而对于名人名言，我认为，不但要读懂，还要背诵。因为这些名言内蕴特别丰富，一旦背诵下来，就会牢记一生，就会逐渐地内化到学生的心里，然后又自然地外化于行动之中。

关键词：名人效应

【俄立华】我们开展了“名人身旁站”活动。运用在美术课上学习的立体小人制作的方式，让学生把自己喜欢的名人做成立体模式，粘贴在课桌左上角，把自己喜欢的格言、学习目标抄写在上面。

在每班教室外开辟了一块“名言文化墙”。教室外2平方米的墙壁空间展示着学生自己写的名言。这面“会说话”的“名言文化墙”如春雨润物，无声地启迪着学生的生命成长。此外，学校还把学生创作的“名言”进行编辑出版，当“我的名言”小册子摆在学生的课桌上时，学生们欢呼雀跃了。学校还开展了“七色光”名言演讲、“名言伴我成长”主题班会、师生间名言互赠、“名言”手抄报比赛……名人名言如一眼润物的甘泉，一次又一次地滋润着学生们的心田。

评选校园“小名士”。自2005年开始，我们每年都评选校园“小名士”，如诵读小明星、小小书法家、体育小健将、文学小博士、小小歌唱家、家庭小孝星等，促进了学生综合素质的提升。2007年，学生张文坛和陶凤在5000名参赛人员中脱颖而出，入选为国际儿童联欢节中方代表，两人成了“小名人”，被省市多家媒体争逐报道。陶凤被评为市“十佳”少先队员，陶然、岳媛等5名同学被评为“济南小名士”，黄君尧在世界读书日全国征文大赛中荣获一等奖，张宽在省、市小歌手比赛中分别获第三名、第一名，李笑含等11名同学在市“智力七巧板”比赛中全部获一等奖，王嘉俊获第23届市青少年科技创新大赛活动一等奖，许天瑞设计的“节水坐便器”荣获市首届“节能减排”好点子设计一等奖……

【陶继新】“名人身旁站”可谓匠心独运。名人天天在身边，不但在学生面前树立了一个可视的形象，而且还是对自己的督促与提醒，使得他们时时严格要求自己。中国儒家传统文化提倡“吾日三省吾身”，而你们则让学生每天无数次地对照名人省检自身。天天如此，学生的行为习惯就会越来越好，良好的品德也就形成了。

学生自创名言，是学习名人名言之后的一个创新之举。这让学生感到，名人有他们的名言，我们也可以有自己的名言。名人虽然做出了伟大的贡献，可是，他们也不是高不可攀，而是可以学习效仿的。名人可以语出惊人，我们也可以语出不凡。这样，时间一长，就会在学生的心里生成一种特殊的自信心。自信心的增强，对于他们的心灵成长，包括学习成绩的提升，都会产生异乎寻常的效果。

一个又一个的小名士脱颖而出，让他们成为名人的梦想变成了现实。这样的“小名士”就在自己的身边，触手可及，学之则成。俗话说，榜样的力量是无穷的。一批小名士成“名”了，会有更多的学生为争小名士而不懈努力。这样，就会形成一种“小名士”效应。当学生纷纷主动争当“小名士”之后，学校的很多管理就会变得简单与轻松，学生的成长也会变得快速而理想。

关键词：“母语”教育

【俄立华】我认为，学校教育特别是小学教育，处于塑造孩子人生观、价值观的关键时期，必须担当好“母语”教育的重责。在做好“名人文化”的同时，我们提出“一笔一画规范字，字正腔圆普通话”的基本目标，全员、全过程、全空间进行基础性工作，从而为学生的健康成长搭建了一个“母语”文化认知的大舞台。

俄立华校长在课堂教学中讲解“一笔一画规范字，字正腔圆普通话”的意义

【陶继新】优质的母语文化素质，大都是从小培养起来的。有的大学生写起字来之所以“龙飞凤舞”，让人大跌眼镜，多是小时候没有在写规范字上下过工夫。其实，字如一个人的衣服，好则优雅体面，差则无颜见人。同时，小学是学语言的关键期，不用花太大的工夫，就可以说得一口流利的普通话。可是，如果错过了这个时段，就会“鬓毛”虽“衰”而“乡音”难改。走向社会之后，如果不说普通话，就会因为“南腔北调”而产生交流的阻碍，甚至被人歧视而影响工作的进行。所以，从学生一生的发展考虑，你们的“一笔一画规范字，字正腔圆普通话”有着巨大的意义与价值。

【俄立华】我们把目光移向“国学经典诵读”。首先，定位于一个“读”字。每天两个固定时间：晨诵10分钟，晚读10分钟。清晨头脑清醒之际，读圣人名言，涤情抒怀，准备一天的学习；晚上万籁俱静之时，念贤者诗句，凝神屏气，享受一晚的静眠。学生在读中快乐地感受中华上下五千年的经典。其次，拓展一个“赛”字。我们开展了“校级吉尼斯纪录”诵读比赛，以班级、年级、校级为单位，通过背诵、课本剧、主题班会等形式进行展演。逐级选拔出各自的“国学经典诵读吉尼斯纪录”，全校共选出了365名 “诵读小明星”，校级吉尼斯纪录创造者晁兴岳同学能一次性连续背诵经典诗词544首。

【陶继新】国学经典内蕴着丰富的思想内涵，加之语言精妙，让学生天天诵读，对于学生良好道德人格的锻造、语言能力的提升，都会起到极大的作用。同时，现在很多孩子特别浮躁，而诵读经典则可以让他们疏离浮躁，渐渐地形成宁静致远的文化定心。这种定心，还会迁移到学习其他学科知识方面，甚至还会生成一个宠辱不惊的心境。诚如是，走向成功就有了必备条件。

天天诵读，有的时候也会产生厌倦情绪，诵读比赛，则是激发学生诵读动力的一种“灵丹妙药”。而且，学生如果背诵得多了、背诵得快了，就会产生自豪感。这种自豪感，反过来又会增强诵读的兴趣。这便形成一种良性循环，从而让学生由不太喜欢诵读到形成诵读习惯，最终进入审美愉悦的状态之中。

【俄立华】作为省教学示范学校，我们对广大师生提出了严格要求：“进入校园请讲普通话”。在开会和集体学习时，学校领导讲话和教师发言必须全部使用普通话。在教学过程中，严禁任何学科的教师用方言授课，学生身在其中，自然而然，讲普通话也就成了习惯。有了“字正腔圆普通话”的成效，在推广“一笔一画写规范字”工作中，我们从年级抓起，开展“小小书法家”评选活动，进而推向年级、校级。一级一级地逐级推广，由面到点，让每一个孩子都正确掌握了书写的姿势、方法。我们对教师的语言、板书、作业批语等也进行了规范，使之成为学校的标识、学生的榜样、社会的旗帜。同时，定期举办培训、测试，开展朗诵、演讲、联谊等活动，将所有的教育活动与校园环境都规范起来。目前，在我们学校时时都能听到清晰、流利的普通话，看到标准的书写姿势、规范的汉字书写。讲普通话、写规范字，成为平阴县实验小学的一道风景、一种校园文化。

【陶继新】要求学生“字正腔圆”，教师当然要首先做出表率。所以，对教师的严格要求当在情理之中。同时，写字与讲话，也需要一种氛围，这与正规教学往往可以起到相得益彰的效果。为什么孩子两三岁的时候就会掌握一个国家的语言，关键是出生之后，就掉进了本国语言的“汪洋大海”之中了，无须专门的教师与教室，他们都可以轻松自如地学会说话。因为学习有两个方式，一是有意识学习，一是无意识学习。前者如上课，学生知道在学习，于是专注而学；后者不知道学习，却在无意中学会了，比如婴儿学语，比如一些学生听了流行歌曲而不教自会。而无意识学习的东西，往往终生不会忘记。有的小孩子一说话就带口病，追根溯源，是其家中的大人有说口病者。从这个意义上说，你们在全校形成的“字正腔圆”的学习氛围，对于学生无意识写好规范字、说好普通话，显然起到了不可低估的作用。

课例式备课：打造教师卓越团队

之一：趟出校本教研新路子

【俄立华】再谈第二驾马车：用课例式备课打造教师卓越团队。我们以改革集体备课方式为突破口，开展了“课例式”校本教研。其流程可以概括为“三上两备”：“一上”是先以学科组为单位，精选一个课例，在集体研究形成一定共识的基础上，由第一人进行执教，大家共同观摩。之后以“一上”为课例进行第一次研究，对“一上”教案进行修改和校正形成新教案。然后进入“二上”，即第二人进行课堂教学实践，大家再次进行集体观摩。随后以“二上”为课例，再次进行研究、修改教案，由第三个教师第三次上课。课后再评，看上次出现的问题解决了没有，又出现了什么新情况，今后教学怎样修正，在此基础上形成精品教案，为下一轮研究提供范例和样本。

【陶继新】最终形成的范例和样本，不是平面推移而形成的，而是不断深入、螺旋式上升凝聚而成的。"三上"的教师在备课中大都特别认真，因为他们还要经由群体的认可，不然，就会在大家的七嘴八舌中失去尊严。所以，如此而备的课，大都有自己的思考与感悟，甚至会有独到之处。课后再评虽有"吹毛求疵"之嫌，更有"锦上添花"之美，因为群体的智慧多有"点石成金"的妙道。所以，从形式上看，是三个人备课，而实质上，则是整个教研组都在备课，是集体智慧的结晶。而且，每个教师都可以"拿来"为我所用，且得心应手，因为这一教案形成的整个过程本人也是参与者。当然，实际教学的时候，也要因人而异，从而让这一经典教案打上个性化的烙印。

【俄立华】我校的"课例式"备课的活动方式主要有两种：

一是课例沙龙。每周四下午放学后一个半小时，各学科组开展沙龙活动。以课例研究组为单位，从资料的搜集、整理、分析与取舍到几上几评、或"说"或 "评" 。上课之前的"说" ，主要围绕目标确立、方法选定、学习流程预设等；课后的"评"主要针对课例进行反思、总结，解决暴露的问题，为下次备课、上课提供实践依据。我们对开展"课例式"备课活动提出了一个要求，就是既要重结果，看老师们通过活动提高了多少，有没有实实在在的进步；更要重过程，看老师们在活动中，怎么做、怎么学、做什么、学什么。

二是名师引领。充分发挥优秀教师资源的作用，抬高上课的台阶，把骨干教师灵活安排在"一上"、"二上"、"三上"的位置。在"一上"中安排省、市、县教学能手、优秀教师上，是提高课例式备课"水涨"的第一个关口，"二上"、"三上"的教师赶超名师，千方百计提高备课的质量和水平。省教学能手韩风云就多次进行"一上"。她说，有很多教师经过课例研究之后，上课的水平相当高，成长很快。而安排骨干教师进行"二上"，则主要是为了引领教师对课例进行反思和改进，承上启下，共同提升。正是有了"一上"的引领和带动，有了"二上"的前后相承，校

俄立华校长与教师一起进行课例式备课研讨

本教研的水平得到提升。

【陶继新】课例沙龙的“说”与“评”是对范例和样本进一步的升华与“检阅”，是进入“实战”前后的战略决策与细节剖析。您说得对，这个过程十分重要。特别是“战后”之评，不要指责在某个“战斗方阵”方面的对与错，而是分析这种对与错的内在原因，以及以后再“战”时的心理准备与技术支撑。永远没有常胜将军，但是，却可以通过总结经验教训，让胜利更多，失败更少；胜利更大，失败更小。加谬认为，没有经历过的就形不成经验。这种亲自教课与亲自“说”与“评”，就是经历，所以，可以形成属于自己的经验，从而为以后的成功积累精神财富。

“一上”有开先河之义，相对比较困难，让名师“出山”，失误相对较少，可供学习之处相对较多。同时，对于上这种课堂的学生来说，也比较负责与公平。不过，到了一定的时候，也可以适当地安排一般教师“一上”。这对他们是一种压力，也是一种动力。可以让优秀教师给予其一定的帮助，这样，就会让他们有攀登高峰的机会。如果能够成功，会在他们心里生成特别的自信；即使失败，也可以帮助他们总结教训。当然，次数需要限制，特别是要保护他们的积极性。

【俄立华】课例式备课拓展了教师的教学思路、丰富了教学策略，当然，最受益的还是学生。教师变换方法后，学生感到了一种新异思维的冲击，视野宽了，兴趣广了，学习效益随之提升。您的点评鞭辟入里，不但对我们的工作进行了概括提升，也为之后进一步完善指明了方向。

【陶继新】教学改革的主要目的，就是提升学生的学习质量。你们的课例式备课，就是让学生享受到了更加优质的课堂"盛宴"。在这个过程中，教师会耗费更多的时间与精力，不是为了学生的发展，是不会如此努力的。有付出就有收获，老师们也在这个过程中迅速成长起来了。而优秀教师越来越多，学校整体的教学水平当然也就"水涨船高"了。

之二：综合实践活动"走班"教学

【俄立华】今年新建的锦东校区，12个教学班，400名学生。平行班级少，班额小。为开阔学生多元发展的空间，学校实行了综合实践活动"走班"教学。

每周三下午为学生"走班"教学时间，按照学生意愿和教学实际，设立了两个层次的20个班别。第一个层次为"提高班"，有一定基础的学生参加葫芦丝班、舞蹈班、国画班、书法班、合唱团等8个班别，进行学习再提高；第二个层次为"普及班"，学生可以根据自己的喜好和需求参加文学社、诗文诵读、棋类、刺绣等班别的学习。具体实施中，打破原有行政班级的界限，不论哪个年级和班级的学生都可以根据自己所选择的班类，在教师的指导下进行"走班"学习。在此基础上，学生还可根据自己的兴趣和学习情况，自由更换所学班类，进行二次"走班"。

【陶继新】目前，山东省一些高中开始实行走班制，可是困难重重，有的甚至感到举步维艰。你们在小学实行走班制，不但需要勇气，而且需要智慧。

走班为学生选择各自的爱好提供了一方自由的天地。学生各有所好所长，可是，大一统的教学限制了他们特长的发挥，束缚了他们自由的灵性。允许二次走班，让学生有了一个更大的自由选择空间。其实，学生的爱好也是可以转移的，“二次”就给了他们转移的机会。同时，学生在一个方面有了相当成果之后，还可以进军另一个“堡垒”嘛！那么，二次选择让他们有了更多特长爱好发挥之地。

幸福校园：促进学校可持续发展

之一：确立“我能行”理念

【俄立华】第三驾马车是幸福校园，促进学校可持续发展。坚持一个理念，就是“在没有尝试之前，千万别说我不行，今天不行，明天一定能行”。

【陶继新】前一段时间与北京市光明小学刘永胜校长对话的时候，他就特别谈到您上面所谈的“我能行”的理念与做法。其实，人人都有巨大的潜能，不是自己不行，而是没有自信。即使目前不行，通过努力，以后一定也会行。而且，拥有自信之后，教师就会在一次又一次的“我能行”的行进之路上，感受克服困难、取得成功的喜悦。久而久之，还会生成一种优质的心态，这样，既有利于他们的身体健康，还可以提高工作的效率。

之二：关注师生心理诉求

【俄立华】在教师当中开展三项活动：一是把话语权放给教师。每星期组织一定范围的教师进行“三分钟谈心”，每位教师可以围绕学校、家庭、社会、学校管理、教育教学、个人生活随意而谈，校长和其他教师认真倾听，必要时进行交流沟通。二是把学习的自主权还给教师。每学期，学校给每位教师300元的购书款，由教师根据需要自主购买相应书籍。三是搭建交流平台，建立学校博客群，教师可以随时进行网络谈心交流。以此促进教师之间、干群之间的沟通、排解，营建友好、团结、和谐、关爱的人际关系。在平阴县实验小学，每人都能成功、每人都有成就，成为一种校园心态。

【陶继新】“三分钟谈心”时间虽短，却因与教师交心而融通了校长与教师关系。在采访一些教师的时候，我感到他们普遍存在一种希望得到校长关心与认可的心理。显然，您的这种谈心，会满足教师的心理需求，让他们感到放心且得到关怀。博客群的建立，给教师与校长及同事沟通提供了一个更大更自由的平台。其实，作为知识分子的教师，最需要的是尊严、理解与信任，通过沟通，很多问题都可以得到有效的解决。另外，给教师300元钱让其自主购书，一是体现了您对读书的重视，二是体现了您对教师的信任。不读书，无以从根本上提高教学质量；不信任，则达不成教师与校长的心灵和谐。

【俄立华】在学生中以培植“我能行”校园精神、增强学生的自信心为重点，开展了“实小了不起，实小人了不起，做个了不起的实小人”主题活动，让学生了解实小历史，增强荣誉感；实验小学的每一位师生在社会上都要起到模范、榜示作用，增强社会责任感；从自身做起，注重细节，养成良好文明习惯，增强成功感。实行班（中队）干部轮换制、星级队员评比和红领巾监督岗，开设“童心电视台”，学校活动由学生主持，勇于表现、乐于参与、自信和谐成为实小学生的新标识。

俄立华校长向学生诠释学校精神“我能行”

【陶继新】学生自信心的培植尤其重要。我所采访的第四届全国十佳少先队员黄思路，是一个特别自信的女孩。为什么她能够从小学到中学再到北京大学都被保送，且在北京大学取得三个学位，考入了美国哥伦比亚大学研究生又留在美国工作？一个重要的原因，就是她一直认为“我能行”，认为自己“赢得起”也“输得起”。专家研究发现，孩子从小拥有自信之后，就会在未来之路上取得一个又一个的成功；即使失败了，也不会气馁，而是继续前行，最终取得更大的成功。从这意义上说，你们的“我能行”校园精神的培植，是让学生拥有更大的自信，拥有一生的幸福。

之三：关注师生身体健康

【俄立华】关注师生身体健康。我不提倡教师带病工作，有病快看，看好病是为了更好地工作。我认为以牺牲教师的身体健康或超负荷工作为代价，换取教学质量的提升或者学校荣誉，对于教师来讲是不“人道”的。

【陶继新】赞赏您的观点。教师首先是人，人们常说的以人为本，难道仅指关心学生吗？教师的身体健康照样需要关注，甚至要特别关注。奉献精神固然重要，但以牺牲教师身体为代价的奉献，不但失去了人道的价值，还会给教师心理投下一种无形的心理阴影。而教师身体的健康，会带来健康的情绪，这种情绪投射到学生身上，还能产生一种正面能量。

【俄立华】教师的身体就是学校发展的本钱。一是加强体育设施建设。想方设法克服困难，在两个校区都建设了塑胶田径场和塑胶篮球场，并设置了体育健身设施，为师生体育锻炼提供活动场地。二是把每周二下午一个半小时规定为“体育锻炼日”，硬性规定所有教职工都要走出办公室，走向锻炼场地，有时我亲自到办公室把教师“赶”出去进行锻炼。三是开展群体活动。每学期都组织教工篮球赛、乒乓球赛、拔河、接力赛等健身活动，为鼓励人人参与，学校设立“健康奖”。“每天锻炼一小时，健康工作五十年，幸福生活一辈子”的理念已深入人心。

【陶继新】“体育锻炼日”的硬性规定，足见您对促使教师身体锻炼的决心之大；开展群体活动，又见您让教师锻炼身体的方法之灵活；设立“健康奖”，更让锻炼身体与其他工作一样“登堂入室”，一并走进获奖的殿堂。锻炼会占用教师的工作时间，可是，有了一个健康的身体之后，就会提高单位时间内的工作效率，特别是提升工作的幸福指数。那些身体虚弱特别是疾病缠身的教师，即使一心一意想做好工作，也多是力不从心。同时，教师锻炼身体，对于学生也是一种无声的宣传“攻势”，让他们也特别重视锻炼，进而拥有一个健康的体魄。

【俄立华】为提高学生身体素质，学校在“我运动、我健康、我快乐”的理念引领下，一是开足体育课时，上好体育课；二是认真开展好大课间活动；三是根据学生的兴趣和爱好，组建了学校田径、足球、乒乓球等训练队，坚持常年训练、比赛。

【陶继新】“我运动、我健康、我快乐”的理念太好了！只有运动，才能有健康；只有健康，才能有快乐。这个逻辑推理的先决条件是运动，而这个运动意识的先决条件是您对运动意义认识的到位。校长认识到位，才能有相应的行动。于是，学生健康了，自然也就快乐了。

之四：为校园“幸福指数”负责

【俄立华】作为校长要抓的事情很多，但我觉得所有事情都要紧紧围绕一个核心，那就是要为师生的“幸福指数”负责。让师生在校的每一天都心情愉悦，每一名毕业的学生离校后，谈及实小，都回味无穷。这是我的职责，也是我最大的幸福。

【陶继新】欣赏您所追求的“幸福指数”。所以，您关注的就不是单一地应付考试，更多是考虑师生的生命成长。他们的幸福，给您带来幸福；而您的幸福理念，让他们幸福起来。这就形成一种循环。于是，校长与师生，就都进入到了幸福的园地之中，即进入到素质教育的本质体系之中。

结语：“三驾马车”各有“使命”

【俄立华】在我的理想中，名人文化作为提升师生品德素养、人生品质的有效载体，主要解决人生信仰问题；课例式备课作为提升教师专业素质、打造名师的有效途径，主要解决高效课堂问题；幸福校园作为提升师生身心素质、提高幸福指数的有效手段，主要解决可持续性发展问题。“三驾马车”相辅相成，共同拉动学校健康发展。

【陶继新】“三驾马车”各有“使命”，学校要想真正发展，缺一不可。没有信仰，人则失去灵魂；无灵魂，则如行尸走肉。没有高效课堂，学生就生不成智慧；无智慧，则成为无知之人。没有师生的幸福指数，即使取得一个又一个的成绩，生命也会黯然失色。同时，它们之间又有着一种内在的联系，一驾“马车”出现问题，其他两驾必将陷于难行的尴尬境地。只有“三驾马车”并驾齐驱，才能有学校的飞速发展。

（原载于《创新教育》2010年第6辑）

17

让教育走向“和乐”

——烟台市芝罘区工人子女小学办学理念与教育特色解读

↑ 曹瑞敏校长

曹瑞敏，女，烟台市芝罘区工人子女小学校长、党支部书记。任教二十一年，成长为芝罘区优秀校长、烟台市十大杰出青年、烟台市教育科研先进个人、山东省教学能手、国家级语文骨干教师、山东省青语会副理事长、山东省小学教育学会副理事长、烟台市小学教育学会副秘书长、首届“齐鲁名校长工程人选”。

【按语】1997年9月，烟台市芝罘区工人子女小学成为全国素质教育经验交流会主现场，李岚清同志到校视察，随后，该校的素质教育经验向全国推广。而今，历经“十五”、“十一五”，学校又有了新的跨越。

定思路——任重而道远

【曹瑞敏】2004年我走上校长岗位，虽然在这所学校已经工作了12年，但岗位的变化让我重新思考了学校发展的定位问题。这是一所全国素质教育名校，是当时就有来自全国各地的十一万多人参观学习的学校，是全国名校长张裕铢带领教师们一起打造的承载了诸多艰辛和荣耀的学校。要在原有基础上再发展，感觉压力很大，担子很重。

【陶继新】压力大，动力也大。再说，这样的名校，委任年轻的您以重任，说明众望所归。正如孔子所说：“后生可畏，焉之来者之不知今也？”我赞叹推荐您与任用您的人的眼光。您接任校长之后，在借鉴与继承前任校长管理理念与思路的基础上，又有了新的开拓，取得了令人欣慰的成果。

【曹瑞敏】谢谢您的鼓励。不敢这样说，实在是能力有限。正是在这样的情况下，我们新的领导班子成员沉下心来，确定了“继承、发展、开拓、创新”的工作原则。到2006年“十一五”的时候，我们在前行的路上基本形成了自己的管理模式，并形成了以考试评价制度改革为突破口、实现“面向全体，全面发展”的“两全教育”，到以教育方式改变为着力点、实现“尊重主体，主动发展”的“两主教育”，再到以课程文化建设为总抓手、实现“和乐校园，和谐发展”的“两和教育”的三步跨越的总体思路。“和乐教育”的特色彰显出来。

【陶继新】这三步大的跨越，正是您“继承、发展、开拓、创新”的必然结果。学校要想成为品牌，不但要规范、要发展，还要有自己的特色。而“和乐教育”，正是形成了属于你们学校自己的特色。虽系特色，又与整个社会的发展相契合，甚至可以说与宇宙规则相一致。于是，就有了一种外围的优质环境。这样，再思考你们学校特色构建的时候，就有了一个更大的参照，也有了一种发展的内在依据。

【曹瑞敏】是这样的。我们感觉学校特色也应该是随同时代发展的。由“两全”到“两主”再到“两和”，对应着教育要关照全体，要关注主体，要关注精神内核，这是一条发展的线。我们把“和乐”的要义定位为“乐教，乐学，快乐成长；和顺，和美，和谐发展”，因而形成了“融古今中外，和人事物情”的校风，资源为我所用，情感为我所依，“和谐共生”成为我们努力追求的境界。

【陶继新】孔子说：“知之者不如好之者，好之者不如乐之者。”有专家认为，“知”在知识层面，“好”在道德层面，而“乐”则在审美层面。只有进入到审美层面，学习起来才能乐此不疲，实现真正意义上的高效。《论语》有言：“礼之用，和为贵。”“和”，一直是中国传统文化的核心内容之一。“和人事物情”，才能有一个和谐的人文环境，才能使你们的特色教育根植于师生的心里。正所谓“和谐共生”，“生”得有效率，也有快乐，有特色，也有成果。

【曹瑞敏】这样，我们就共同打造着以“高效能”产出为特征的“和乐课堂教学”，以“信息化”推进为龙头的“和乐校园文化”，以“共同体”建设为重点的“和乐教师团体”，以“资源化”开发为特质的“和乐课程体系”，以“自主化”行动为重心的“和乐学生群体”。

【陶继新】“和乐”不是单一的课堂教学，而是全方位的。这就形成了一种“规模”效应，从而使“和乐”在各个层面都能彰显出它的魅力。当然，这也更易于深入人心，更易于让师生感受到“和乐”的价值与意义。

求和乐——行走与坚持

一、和乐课堂教学：以高效能产出为特征

【曹瑞敏】我们也是这样思考的。但“和乐”的着眼点还是应该放在课堂上，因为课堂是教育的主阵地，是孩子成长的主现场。

【陶继新】学生在校的主要时间是在课堂上，如果这个时段“和乐”，当然是最为重要的了。而且，课堂上的“和”与“乐”，又是与教师之教和学生之学的高效紧紧联系在一起的。我一直认为，课堂教学如果离开了情感的愉悦，就不可能实现真正意义上的高效，所以，我倡导情感高效。这，当与您的“和乐”有着一定的内在联系吧。

【曹瑞敏】这是对我们更高层次的评价了。在“和乐”课堂的建设中，我们抓住了“评价”和“资源”两个点进行。工小的素质教育改革始于“评价”，深化于“评价”。“九五”期间，我们尝试取消分数制，用“等级+特长+评语”全面评价学生，引领了学生的全面发展，经验在全国推广，迈出了中国教育史上素质教育改革中坚实的一步。在“评价”的研究上，我们从来没有停止探索的脚步，“十一五”期间，又参与了烟台市“和谐高效”课堂建设实验，以“评价”为突破口建立和谐高效课堂，确立了“关注发展、力求综合、凸显自主、追求多元、走向开放”的评价思路，变考试评价中学生被动应考的状态为主动参与、自主成长的过程，实

孩子们的“小种植”课

现评价内容开放、方法开放、结果开放，提倡多元解读、检测差异进行、答案不求唯一。运用了“分项考试、等级评价，单项抽测、量化评价，作业反馈、符号评价”的具体操作方式。这一深化考试评价改革的成果在2009年5月省小语会组织的“评价改革”专题会议上交流，受到好评。2009年6月，“全省中小学日常考试评价改革研讨会”上的交流受到了省教研室、省教育厅领导的一致认可，认为我们的评价改革有了质的飞跃，为全省日常考试无分数评价提供了典型经验。“评价”是引导、是促进，直接影响着教师课堂教学的方向，让我们的课堂充满生机和活力，面向了学生的和谐发展。

【陶继新】“评价”是教学改革的关键，因为它可以导引教学行进的方向。你们的“等级+特长+评语”全面评价学生的改革，不但当时在全国引起了广泛的关注，就是现在，依然有其生命的活力。

非常欣赏你们现在实行的开放式的评价方法，特别是考试“答案不求唯一”的改革。传统的考试，答案只有一个，这是僵化思维的产物，扼杀了一代又一代学生活跃的思维。其实，很多问题答案本来就是多元的。不求唯一，不但开放了学生想象的空间，也将考试回归到它本真的状态之中。使得教师在教学中、学生在学习中不再固守一个解析的“方程”，而是用多维视角来教与学课文的内容。这样，教师的束缚没有了，学生的思维放开了。接踵而至的，必然是学生心理的开放、整个课堂教学的开放。更为重要的是，由此培养出来的学生，就有了适应未来挑战的能力，因为未来社会也是开放的，需要的是心理开放与思维开放的人才。

【曹瑞敏】这种评价所促发的课堂开放，让我们进一步思考到了“和乐”课堂建设的另一个关键词“资源”。“一切取决于你的信息摄入”，生活在信息生成速度如此之快的e时代，孩子们的学习如果只发生在课堂，只关注着课本，那么他们将远离这个时代，滞后于社会的发展。所以，我们将“资源”引入课堂教学，让教学依课本而不唯课本，首先在“资源性语文”教学中进行了有效的探索。形成了“主题为原点——衍生资源；实践为依托——重构资源；阅读为补充——积累资源”的“资源性语文”

教学专题，面向了“生活运用、文学底蕴、人文素养”三大目标，探索了“资源性识字、资源性阅读、资源性作文、资源性作业”四个领域的实践，进行了“阅读中来、说写中用、联系生活、反复出现”的识字教学流程，“谈话导入、提出问题，利用资源、研究学习，多维对话、协作学习，汇总信息、强化反馈”的阅读教学流程，“演播影像、启发准备，音乐渲染、激情试写，运用投影、展示范例，运用网络、修改完善，运用网络、反馈提高”的作文教学流程，开发“巩固性作业、拓展性作业、实践性作业”，把“巩固课文的练习，依据课文的创作，新闻、格言、读书、观察的成果”记入语文资源性作业中，让语文的外延等同于生活。这样，以语文教材为基点，采用主题拓展的方式，将相关资源引入语文学习，把文本解读、阅读积累和综合实践融为一体，构建、生成动态的、开放的语文课堂。这一经验在2007年底被省青语会以“现场作课—主题讲座—成长论坛”的形式向全省推出，受到很高评价。2008年，芝罘区现场会将这一经验进一步推广，并由“十一五”市级课题滚动成为省级课题。孩子们丰富的作业所展示的课堂学习的成果打动着每一位看到这些作业的人的心。

【陶继新】对于您所说的“语文的外延等同于生活”，我是深有同感的。语文教学内容如果只是现行的教材，那最多只是“一个例子”而已，因为其外延是一个无限广阔的世界。可是，很多语文教学却将课本当成了教学的唯一内容。于是，学生认真地学了几年语文，结果话说不好、文写不出。其实，学习语文如果离开了大量阅读，就不可能提高语文学习的效率。所以，文本不等于教材，甚至文本也不等于文字载体，还有千变万化的生活。阅读作品只是一种固化了的文本，而现实生活则是活化了的文本。只有“阅读”两个文本，而且是大量“阅读”，才能提高语文学习的水平。古人主张“读万卷书，行万里路”，就是要我们阅读两种文本。因为单一的文本，可以培植出有一定学问的“专家”，却不能培育出有智慧的大师。只有将两者有机结合，写起文章来才能思接千载，处理起问题来智慧与灵感的火花才能不断闪现。可见，你们的语文教学改革意义深远，而受益最大的则是孩子们。

二、和乐校园文化：以信息化推进为龙头

【曹瑞敏】“和乐”课堂建设需要一个强有力的支撑点，那就是信息技术。教学手段的现代化给了我们和世界教育接轨的条件，把现代理念引入课堂、把现代手段运用于课堂，是现代校长和教师教学研究的一个关键点。所以，“和乐”校园建设的另一个重点就是以“信息化”推进为龙头的“和乐校园文化”建设。

【陶继新】“和乐”文化的源头可以推延到中国古代儒家经典那里，又合于当今社会人们共同追求的价值取向。而“信息化”则明显打着现代传播的烙印。以信息化推进“和乐”文化的建设，则可以抵达“融古今中外，和人事物情”的理想境界。

【曹瑞敏】您对我们的校园文化进行了深度的剖析。工小的信息化建设起于20世纪90年代，我们以“需要”为基础，以“优化”为原则，以“应用”为目标，先后经历了九期工程，着力打造硬件、软件、潜件同步发展的信息化校园。集九大功能于一体的“班班通”工程、互动录播教室、数字化实验室、融传统资源和现代数字资源于一体的电教资源库，构建成了硬软件优化组合的应用系统。信息技术的高标准建设、高速度发展及全方位应用，把工人子女小学带入了现代化发展的轨道。

【陶继新】毫不夸张地说，你们学校现代信息技术的硬软件建设当属国内一流。更为重要的是，你们有效地利用了这些资源，让它成为教师教学、学生学习的一种不可替代的载体。不但提高了教育教学的效率，而且让师生充分享受到了信息技术带来的特殊的乐趣。

【曹瑞敏】正如您所说，我们的信息技术环境建设确实达到了一定的标准，而我们全方位的应用则正是其所蕴含的文化价值的升值。“问题即课题”的研究理念，“学科联动、分解课题、同题异构、小课题研究”的研究方式，让我们先后建成“中国海”学生专题学习网站、经典诵读网站、动画城网站、“大家”作文网站、教师发展网站，以网站为形式引导了学生的专题学习和教师的专业成长。

【陶继新】这些网站的建立，为教师研究教育教学、学生学习成长，提供了一片无限广阔的天地。它打破了时空的限制，师生未必相见，却可以直接交流。同时，它还成了师生展示的一个舞台。教师与学生的文章，绝大多数无法在报刊上发表。时间一长，就会消减掉写作的动力。而网站，则给全校师生提供了发表文章的载体，他们在任何时间一点鼠标，就可以将自己的“大作”发表到网站上。如果写得比较好，还会得到师生的赞赏与鼓励，这又会激发他们继续写作的欲望。于是，教师不会写作甚至害怕写作、学生写作没有精神支撑的问题也就迎刃而解了。而且，教师之间、学生之间、师生之间、家长与教师之间，可以随时随地地交流思想与沟通感情，很多问题就有可能足不出户便得到解决。

【曹瑞敏】是的，正是信息技术的介入，让师生的发展不再局限于时空的限制。孩子们运用任务驱动法，在信息技术课上完成电脑小报、电子报刊、电脑绘画、古诗配画等丰富作品，达到信息技术技能和学科学习能力的同步提高；运用“网上学习、网下实践”的模式，“遨游汉字王国”、“研究中国之海”，得到了综合素养的全面提升；运用“模块研究”方式，围绕“环保”、“家乡”、“奥运”、“母校”等主题，采用“围绕主题命题—阅读网络书籍—调查采访实践—整理发布成果”的流程，呈现出一份份既富综合性又富实践性的作品。孩子们面对的是丰富的世界，形成的是丰富的内心。而教师们则利用1634个网上课程实现网上自学，积累200G容量内网资源，共享资源，互为课程；形成“个人主备、资源共享、集体通课、个性修改”的网络备课模式，聚合教师群体智慧；个人成长网站，让教师在纵向比较中自我提升、享受成功；教师成长博客，记录教育故事、描绘教育生活、透视教育事件，实现着由经验型教师向科研型教师的过渡。教师开博、教师建站，每位教师都能熟练运用信息技术辅助教育教学，每位教师都能开发适用的课程资源，信息技术给了教师学习选择的更多机会和能力提升的更多空间，让教师走向专业成长。

【陶继新】在网站上，孩子几乎个个都是“天才”，他们的创造力得到了淋漓尽致的发挥。而一次又一次的创造，又送给他们一次又一次的惊喜，随之而来的是一次又一次的激情与乐趣。孔子说自己是“发愤忘食，乐而忘忧，不知老之将至云尔”，就是因为他在学习之中，有了一种特殊的审美享受。其实，学习本来就不应当是生命个体心力交瘁的一场苦役，而应当是获取知识甚至智慧的幸福的文化之旅。而网站，则为孩子们的幸福之旅搭建了一个舞台。当孩子们感到学习其乐无穷的时候，就不再需要外力的迫使，而是成了一种内在的积极的需求。这种情绪，又会迁移到其他行为之中，而这种良好的心理状态，对于孩子的学习与成长都会产生巨大的影响。

教师则可以将自己的教育教学经验发布到网站上，给其他教师提供经验，大家可以用这一“他山之石”，来攻自己的教育教学之“玉”。同时，有的教师也会将自己的失误与教训发到网站上，给大家提供借鉴，使更多的人少走弯路。而且，很多教师将网站当成了自己精神生命的收藏站与成长站。它收藏了教师点点滴滴的成长经历，以及取得的一些比较大的成绩。它还可以展示教师未来的发展规划，作为自己既定的目标，而一旦定格在网站上之后，因有群体的“监督”，就更要去完成自己的心灵承诺了。

【曹瑞敏】对，正是这种基于网络的师生学习，带动了学校其他领域的信息技术应用，形成了“校务管理，让信息技术成为学校日常工作的主要手段；校本培训，让信息技术成为教师专业发展的必要支撑；常规教研，让信息技术成为课堂教学研究的有效承载；课程整合，让信息技术成为学生主动认知的重要工具；课题研究，让信息技术成为课程资源开发的强大平台”的信息技术应用经验，在2009年4月全国“班班通，堂堂用”现场会上交流，学校成为会议主现场，成果得到中央教馆领导认可。课题成果发表于《中国电化教育》、《当代教育科学》、《现代教育报》上。

【陶继新】信息技术可谓神通广大，它不但能够使师生的教与学如虎添翼，还可以让学校教育的角角落落产生奇迹。上次在你们学校作报告的时候，我已经领略到了它的神奇。其实，如果不被广泛地应用，不但是对这些信息技术的浪费，也是对人潜能的漠视。我发现，通过信息技术这个平台，可以让很多原本不可能实现的“梦想”，甚至连做梦都未曾想到的事情变为现实。所以，应用的最大化，会带来奇迹的不断出现，会使整个学校教育工作迈上一个崭新的台阶。

三、和乐教师团体：以共同体建设为特点

【曹瑞敏】那么，让这个平台最大限度地发挥作用的就是一支“和乐教师群体”了。我们以“学习文化”、“课程文化”、“合作文化”的文化力量推动教师专业成长，形成了“常规教研”、“实验研究”、“课程开发”、“读书成长”四个教师共同体。

常规教研共同体，按学科分组，以挖掘教材、改进课堂为重点研究教学。实验研究共同体，按课题分组，以发现问题、实验创新为重点促进教学。课程开发共同体，按课程门类分组，以整合课程、制定纲要为重点服务教学。读书成长共同体，进行“五读”活动：读教育专著，写好笔记，进行研究性阅读，铺垫理论；读文学名著，自我感受，进行欣赏式阅读，提升底蕴。读名师实录，全程记录，进行自省式阅读，感受成长；读期刊杂文，旁批心得，进行主题式阅读，了解信息；读人文读本，域内交流，进行潜沉式阅读，浸润心灵。以此读成学识之师，文明之师，博爱之师。

【陶继新】你们的“五读”活动中，我特别看重的是“读文学名著”。因为这些著作的作者，大都有着极其丰富的人生经历，以及特殊的生命感悟。阅读主体可以从中学到现有课本以及生活中学不到的东西，从而提升自己的思想品位。同时，文学名著文采斐然，读得多了，其生动自然的语言，就会起到“化”的作用，从而让原本文笔一般的教师，变得写起文章来从容而流畅。况且，文学名著中蕴含着真善美，而教师恰恰应当是集真善美于一身的人。读得多了，真善美就会不经意间流淌到教师的心里，然后，教师又会不经意间将这种真善美传递给自己的学生。为什么说“功夫在诗外”？是说，我们读了文学甚至美学、哲学方面的书后，就会比只读教育类书刊产生一种超越意义的发展。

【曹瑞敏】是呀，名著的熏染作用是我们非常看重的。为师者需要用语言这个符号表其意，发其情，言其好恶，让学生随其而动。老师们每年都要写读书随笔，从行文中可以看到他们广泛的涉猎。老师们也会自己从新华书店选择书籍阅读，其中大多是文学名著。读书成为教师生活的方式，培训成为教师成长的支撑，反思成为教师发展的必需。正是这种研究共同体的建立，整合了教师资源，打破了学科界限，在学校中形成了教师教育的场，使老师们在合作研究中走向专业发展。

【陶继新】教师要发展，读书是绕不过去的一个坎。不过，读书一定要“取法乎上”，即更多地读好书，最好是经典。因为当今文化信息载体斑斓多姿，有优有劣，有高有下，如果不加选择地阅读，就有可能因为读了一些思想与文化品位一般化甚至是低劣化的图书，而导致文化品位非但没有提升，反而在原地徘徊甚至后退了。而且，大凡真正的名师，没有一个不是文化积淀深厚者。因为他们教的不但是教材文本，还有对文本独特的诠释与解说，以及超越文本之外的思想与文化。而读书少的教师，特别是只看教材与教参的教师，讲起课来，多是照本宣科，自己讲得味同嚼蜡，学生听得索然无味。更为重要的是，即使兢兢业业地工作到退休，也只能是一个教书匠，一生享受不到教学的审美快感，且使一批又一批的学生也跟着享受不到学习的乐趣。你们的教师为什么那么快乐？一个重要的原因，就是他们从读书与教学中感受到了自己的发展，以及在他们教育之下的学生的乐学与成长。

【曹瑞敏】快乐是有感染力的，这样的快乐进入了我们的课堂。音乐组的老师共同发展着，李昕尉老师的音乐欣赏课《大河之舞》在全国优质课比赛中获第一名，张慧老师又获市音乐优质课比赛第一名。计算机教师钟林参加国家级课题研究成为优秀教师，优质课获市级奖，辅导学生进入全国比赛，数学课钻研又取得成效，成为一专多能的骨干教师。刚工作5年的孙健老师走上了全省语文优质课比赛的舞台，牟春燕老师带着她的白板课走向了全国，而通过电教优质课走向全省、全国的教师就有43人次。“在这样的群体中，想不进步都不行”成为教师们的共识。

和乐课堂：李昕蔚老师音乐课《大河之舞》获全国第一名

【陶继新】我更加欣赏的是，教师虽然为此付出了努力与汗水，但他们也在这个过程中感受到了快乐与愉悦。正是这种正向情绪的支撑，才有了教师“想不进步都不行”的必然需求。如果为了进步天天累得叫苦连天、怨天尤人，就不会有这样一个都要发展的群体。即使真的累了，也一定是累并快乐着。为什么说乐此不疲？就是这个教师共同体在向前行进的时候，享受到了心灵的快乐。这种情绪还会扩而广之，特别是扩展到学生那里。于是，学生也会快速发展，同样生成“不进步都不行”的内在动力，并在努力学习中享受着快乐。

四、和乐课程体系：以资源化开发为特质

【曹瑞敏】这是我们希望学生达到的学习的境界。教师的高素质带来的是课堂的高效率、学生的正向发展。学生发展的另一个要素是课程。给予孩子什么样的课程就会引领孩子什么样的发展，新课程理念下的校长必须具备课程意识，教师的高素质也给了我们课程发展以更大的空间。

【陶继新】教师不应当只是课程的使用者，还应当是课程的研究与开发

者。开发课程，既可以更好地彰显学校的特色，也是对校长眼光与教师研究能力的一个检验。而从中收获的，不只是教师的发展，更有学生的成长。

【曹瑞敏】我们在上好国家课程、地方课程的同时，着力开发好适合我们自己的校本课程。

拓展学科教学的资源，把螳螂拳融入体育课，把京剧融入音乐课，把剪纸、印章、脸谱制作融入美术课，让代表地域特色的课程引领学生的发展。建设必修类课程——中华传统美德课，开发根文化，让课程回归传统。以文化之旅为承载，形成中国魂系列课程。建设实践性课程——中国海研究，开发海文化，让课程走向开放。以海洋之旅为承载，形成中国海系列课程。建设选修类课程——中国民俗课，让课程面向实践。以民俗之旅为承载，形成中国风系列课程。现在，以社团为形式的26个门类的选修课也在孩子们的自主选择中快乐进行着。

【陶继新】欣赏你们所开发的校本课程。将中华传统美德课作为必修课，足见你们对学生道德教育的关注。目前，一些社会道德失范，学生也或多或少受到影响。你们的这个课程，可谓应时而生。况且，中国传统文化中蕴含着丰富的德育资源，易于开发，也易于为学生和家长所接受，比较容易产生效果。烟台濒临大海，开发海洋文化，有着得天独厚的优势。所以，这样的实践性课程，有实践“基地”可去，有人力资源可寻，有较快的成果可见。加之中国风系列课程的民俗研究以及26个门类的选修课，使得课程丰富多彩，成为与国家课程、地方课程交相辉映的一个景观。

我发现，学生在这些课程的学习中，不但开阔了眼界，而且大都兴趣盎然，特别是他们的才智得到了发挥，有时甚至成了这些课程的研究者，而且也有了一定的“研究成果”。

【曹瑞敏】是的，丰富的课程给了孩子们的发展更大的空间。在传统美德课程中，我们开设经典诵读课，通过“传统故事”、“古诗天地”、“经典阅读”、“我的故事”、“我的发现”和“实践天地”等板块，发挥传统故事的感染作用，发挥成语、格言、古诗、经典古文的熏陶作用，发挥身边实事的示范作用，在讲故事、说成语、诵格言、背古诗、读经典的过程中习得十项美德。开展三项活动：读书活动，让学生与书为友；经典诵读，让学生以经为鉴；古诗考级，让学生以诗为引。中国海课程中，师生共建"中国海"为主题的资源型网站，形成"海洋世界"、"海域名城"、"海与名人"、"海上交通"、"海与文化"、"海事沧桑"、"海洋环保"七大板块的内容，产生了运用网站的学科类学习、活动类学习、研究性学习等综合学习形式，将调查访问、实地考察、成果汇报等形式融入课程，让学生从实践的角度研究海洋。中国风系列课程中，"我的中国年"节日文化体验中，"我们的年夜饭"、"走亲戚"、"烟台街上的民俗"、"我也俗一把"、"春联大搜索"活动后，学生们捧出的是丰富的民俗照片、具体的文字表述、一幅幅包罗万象的春联、一盏盏各具姿态的花灯……这些作品展现了孩子们表达自我的欲望，是自主创作的结果。

和乐课程：堆雪人比赛

【陶继新】学生经典背诵速度之快是惊人的，而且大多没有多少负担。其实，孩子的背诵能力也是可以开发的，如果不进行开发，就可能处于沉睡甚至死亡状态。孩子不但记得快，而且忘得慢。在儿时背诵下来的经典，往往可以记忆终生。所以，在小学阶段，就应当让他们多背诵一些东西。况且，经典文化还会不断地在其心里“发酵”，时间越长，效用越大，在适当的时机，就会生成意想不到的奇观。我甚至认为，中国古代的一些经典，是可以在孩子心里扎根的。根深才能叶茂，如果背诵大量内含着丰富道德内容的经典，就会在孩子的心里生成一种巨大的道德力量，且随着年龄的增长，逐渐彰显其相应的效用。同时，作为一种积蓄的文化资源，还会在孩子的一生中生成文化能量，从而呈现出“腹有诗书气自华”的气度。

在共建“中国海”为主题的资源型网站与中国风系列课程中，学生表现了空前的热情。因为这些课程有其生动性与流动性的特点，与孩子的心理喜好有着内在的维系。而当根据课程内容创造出一些“作品”的时候，他们就会欣喜若狂，这对他们科学思维和创造意识的形成都会起到很大的作用，更加可贵的是参与意识以及参与其中形成的实践能力和生命体验。这些，都是单纯的学校一般化的课堂生活中所不能获得的。

【曹瑞敏】这样的学习给了孩子们一种人生、社会、生活皆课堂的意识，让他们有着比较开阔的思维。2009年暑假，孩子们“我的暑假我做主”的作业设计又给了我们所有教师一份惊喜，文字式、图表式、漫画式的表达，对自己暑假时间的分配，对读书、运动、旅游的相应安排让我们看到了孩子们的理性思考，他们在规划着自己的人生，而且那种独具特色的创意让我们这些当老师的都自叹不如。以“自主化”为特征的和乐学生群体正在形成。

【陶继新】学生们精彩的作业设计，是你们开发校本课程的必然结晶。因为这些课程为他们的创作提供了源源不断的生命活水，因为在这些生命活水中游戏的时候生成了属于他们自己的深切感受。刘勰说，“夫缀文者情动而辞发”，孩子的作业设计因情而动，才有了这些亮丽的风景。

【曹瑞敏】学生、教师、学校的发展是永无止境的，我们只是做了一些力所能及的工作，“和乐教育”的研究我们会继续努力做下去。

（原载于《创新教育》2010年第2辑）

18

营造师生发展的“道场”文化

——“和而不同”的济南市纬二路小学

← 烟文英校长

烟文英，女，济南市纬二路小学书记兼校长，中国教育学会小学教育专业委员会山东研究基地常务理事，中学高级教师。曾获山东省首批科研创新校长，济南市教育科研先进个人，区劳动模范、区拔尖人才。

曾多次应邀到各地作报告，2008年11月应邀到台湾参加了海峡两岸青少年社会教育研讨会，作了专题发言，受到广泛的关注。所撰写的论文分别在《上海教育》、《教育发展与研究》、《创新教育》、《小学德育》等刊物上发表。《现代教育导报》、《中国教育报》等媒体曾对她的管理经验作过大篇幅报道。

【按语】烟文英校长是一位不像校长的校长。她在青年教师的眼中更像一位大姐，是自家那位牵着你的手到处为你找零食或者玩具的姐妹。

陶继新先生认识烟校长已经很多年，一直在关注着她和她所领导的学校的发展，经常会被她对教育执着的追求所打动。虽然她的身上没有那么多的光环，但是她培养出了许多名师，使她体味着做校长的幸福。

教育之“道”的追求

【烟文英】2009年11月3日，我去武汉参加了中小学整体改革委员会的第十五届学术年会，会议的主题是“践行教育家办学理念——学校核心价值文化的实践研究”。会议期间，一直在思考，新时期，校长应该怎样定位？教育家办学的理念是什么？同时又回顾了自己这十多年的校长经历，我做了些什么？

【陶继新】您的思考，是对您校长生涯的一种深层思考。在这十多年间，您积累了丰富的经验，也有一定的教训。可是，没有对经验与教训的理性思索，就不可能变成今后工作的真正经验。回顾也不是一般意义上的往事重忆，只有让思想之水流入其中，回顾才能拥有更大的价值。

【烟文英】我觉得“教育家办学”首先应该是一种精神。这种精神，是校长对教育一种近似教徒一样的宗教般的情怀，心无旁骛、执著、不放弃。同时对教育有追求、有梦想，并且坚守着这份信念，不懈地追求。在前行的路上，不断追问着自己，什么样的学校教育是好的学校教育？什么样的学校是好的学校？这种追问、思考和实践伴随着我的校长工作。

【陶继新】对教育拥有宗教般的情怀，就会全身心地投入，虽累犹乐。这十多年来，您一直在高度紧张地工作着，可是，您的精神却一直保持着优质的状态。因为校长工作在您的心里是一项神圣的事业，意义非凡。同时，您一边工作，一边也在收获着师生生命成长的快乐，收获着自己生命飞跃的愉悦。尽管在工作中会遭遇一定的困难，可是，您却与老师们一起，知难而进，且享受着破解困难与走向成功的喜悦。从这个意义上说，您是一位幸福的校长。

【烟文英】谢谢您的理解、鼓励和赏识。回顾这些年来做的事情，我一直在要求自己，能耐得住寂寞和孤独，做一名本分的校长，做一名让我的教师有幸福感的校长，做一名让孩子们享受到校园生活非常美好的校长。

所以“让学校有魂、让教师有梦、让孩子们有童年生活”成为我多年的追求，因此在校长这个岗位上丝毫不敢懈怠。

“道场”的营造

【陶继新】您是一位“本分”的校长。这不是说您因循守旧，而是说按照校长的良知在老老实实地做着校长的工作。这个“本分”有着深厚的内涵，是指要研究教育，甚至要成为教育专家，而不是酒场与舞池里的高手，也不是官场与商场上的常客。这就必须耐得住寂寞和孤独，当别人追逐名利的时候，您却要让名利于他人；当别人心灵浮躁的时候，您却要宠辱不惊。而校长的这种本分，还会有意无意地传递给学校里的教师，使他们也逐渐有了一个思想与文化的定心，进而成为一名本分的教师。

【烟文英】是的。如果一个校长在办学的过程中，总是想着自己得到什么，可能就会造成“教育上的短视”、急功近利、浮躁。在这些年的学校管理工作中，我爱我的老师和孩子们。我觉得一个校长在一个学校的影响力，是任何人不能替代的，要让学校的老师们在你的领导下，感觉到职业的幸福，喜欢这个学校，喜欢教师的生活。作为一名校长，还有什么比做让他人生命质量提高更有价值、更值得珍惜的事情呢?

【陶继新】爱是相互的，您真爱您的教师与学生，他们也一定真爱您。而有了爱的维系，学校就有了温情与和谐，身处其中的人就会感到幸福。这样，工作与学习就不再构成精神负担，而是像特雷莎修女所说的那样，反而成了“最好的休闲活动”。于是，人们所孜孜以求的高效率与高质量，也就有了水到渠成的必然。

【烟文英】所以一直以来我在思考，什么样的学校让教师有归属感?

优质学校建设的核心应该是什么？我认为学校首先要有“魂”，这个“魂”会让学校里的每一个人的精神世界有归宿，人的心灵有归宿了，他就会义无反顾地追寻。所以我始终认为，一所学校如果没有灵魂，会特别可怕，学校有多少人，就有多少条心，这样的状况，就会导致大家前行没有方向、没有约束，何谈学校的凝聚力和行动力。因此，一所学校必须有大家所共同认同的核心价值观。而这个核心价值观，不是校长的个人意识强加在其他人身上，而是在传承学校历史中、在学校办学理念的实践中，校长带领大家共同挖掘、提炼和弘扬的。

【陶继新】人无灵魂则成为行尸走肉，学校没有灵魂则成一盘散沙。既然是灵魂，就不能是众多的游魂相聚，不然，就会生出是非。所以，这里的灵魂，是正气之魂、精神聚合之魂。所以，办学就要提炼学校之魂，就要凝聚学校之魂。我觉得，构建优质的学校精神文化，则是聚魂绕不过去的一个坎。优质的学校精神文化一旦形成，就会生成聚合人心、积极向上的正能量，从而无往而不胜。不管是教师，还是学生，都可以享受生命价值体认的幸福。

【烟文英】我们学校是一所建校近九十年的老校，有着比较深的文化积淀，这些都是不可以再生的宝贵的文化资源，因此挖掘支撑他走过近一个世纪的文化内涵是非常重要的。但因为时代的变化，教育的功能在发展，学校文化需要不断丰富和创新。因此当我们在传承与创新的基础上，确定了学校的核心价值观“关注每一个生命，用生命温暖生命”的价值趋向，并走过近四年的征程时，我们非常欣喜地发现，校园里人际关系在悄悄地发生着变化，学校干部与教师、教师与教师、教师与学生，学校与家长，和谐而大气。

【陶继新】“关注每一个生命”，就不能厚此薄彼，尤其是不能放弃问题学生的发展。这当是一个为师者的道德底线。“用生命温暖生命”意义丰盈，不但要用校长的生命温暖师生的生命，还要用教师的生命温暖学生的生命，用学生的生命温暖学生的生命；同时，还要用学生的生命温暖教师和校长的生命，用教师的生命温暖校长的生命；以至于用师生的生命温暖家长的生命，用家长的生命温暖师生的生命。这是一种系统的“温暖工程”，当彼此感到温暖之后，就有了生命之间真正的心灵契合。于是，学校的人际关系便走向和谐，学校发展才有了潜力。

【烟文英】其实一开始的时候，行走得也比较艰难。有的教师说，校长你太理想，可能吗？学校里一百多名教师，怎么可能会这样。但是我们始终坚守着，不仅坚守，更在建设、前行。

主要从三个方面建设。一是在学校“营造道场”，通过校长“布道”、通过构建教师组织、通过学校各种活动，让核心价值观像空气一样弥漫在学校的各个角落。二是搭建平台，让理念转化为大家的行为，让理念在学校软着陆。三是建机制，让核心价值观通过机制运行起来。

【陶继新】校长是“营造道场”的核心人物，您的言谈举止都向师生发出一定的“道场”信息。您“和而不同”，教师就不会“同而不和”；您“周而不比”，教师就很少“比而不周”。所以，孔子说：“君子之德风，人小之德草，草上之风，必偃。”意思是说，在位者的品德好比风，在下的人的品德好比草，风吹到草上，草就必定跟着倒。一些单位之所以邪气上升，问题首先出在领导特别是主要领导身上。因为您是一个和谐而又积极的“道场”源，且又采取了与之相应的得力措施，因此，您所期盼的“道场”也就逐渐形成了。

【烟文英】是的，在这个过程中，校长的文化修养起主导作用，校长需要良好的修养和胸怀，才能承载这样的使命。有的时候提出一个观点比较容易，但难的是如何把这些“概念”在学校具体化，转化为实实在在的办学行为，这个过程，需要策略。我们学校成立了书友会、三友社以及学术委员会和师德委员会等组织，他们在学校文化建设中发挥着不可替代的作用。我给书友会提出了“做火种”的要求，现在已经是“星星之火，正在燎原”。他们创造性地在学校网站“红袖添香”论坛中，增设了“文化早餐”板块，每天轮流由理事会成员在一上班就发文章，其他人看后跟帖。这些文章，很有哲理，既体现了学校生命化教育理念，又很耐人寻味，可读性很强。我们的老师从一开始被动完成任务似地回帖，到现在成为习惯。学校就是通过这样"随风潜入夜"般的文化浸润，提升了教师的文化品位，为塑造"生命化教师"营造了氛围。每学期，我们还把老师的回帖整理成"教师语录"作为文化资源进行保存。另外，学校还在每个年级成立了书友会分会，在间周一次的教师例会上，开展分论坛。这些措施便在学校形成了一种声音，就是"热爱生命、尊重生命、成全生命"。

【陶继新】校长的文化修养，直接影响到整个学校文化品位的高下。这些年，与您接触交流比较多，以至成了文友。我感到，您就是点燃学校师生提升文化品位的火种，而且有着"可以燎原"的能量。为什么您到了一所学校之后，很快就有了与文化相关的一系列的活动与组织？正是因为您是一个文化人，是一个希望通过文化来改变教师生命状态的校长。不管是在以前的七里山小学，还是在现在的纬二路小学，您都构建了一个文化"道场"，让教师很快喜欢上了文化，很快从文化的升值中享受到了幸福。我想，这就是"热爱生命、尊重生命、成全生命"，因为生命原本就应当不断优化与升华。

志同道合的家长伙伴

【烟文英】我当校长多年的体会，就是不能忽视教师精神层面的需求，让教师对学校有归属感，最主要的就是精神的归属和文化上的高度认同。在这个过程中，我们没有忽视学校的盟友——家长的作用，家长对学校理念的认同，决定着学校发展的质量和效率。我们采取的措施，就是不让家长当学校发展中的"看客"，而是做学校文化发展的"参与者"，这种角色的变化，决定了"心态"的变化，由"提意见"到积极参与的"提建议"，共同营造好学生成长的环境。对家长这种角色变化起决定作用的首先是来自于学校管理者之间的定位，我们的定位是"做志同道合的伙伴"，伙伴关系，必将是互助的、共好的。因此"幸福妈妈俱乐部"、"家长理事会"这两个组织就应运诞生了。他们的"成长论坛"、"亲子活动"，组织家长进学校举行"角色体验"等活动，在学校的发展中起到了非常重要的作用。家长走进了学校，从局外人成了“局内人”，理解了学校，也就自觉地支持了学校。

【陶继新】家长对于孩子的爱是绝对的，但有的时候，家长并不知道如何去爱，甚至造成相反的结果。所以，学校教育的一个重要任务，就是要让他们懂得如何教育孩子，如何与学校形成教育合力。家长不应当是提意见者，也不应当是教师告状的对象，而应当是学校发展的建议者与协助者，接受教师友情与建议的朋友。你们开设的一个又一个的家长教育讲座、举办的一个又一个的活动，使家长越来越感到教师就是他们“志同道合的伙伴”。于是，他们从心里感到学校是其孩子生命成长的一个精神领地，自己与学校配合可以令孩子的发展事半功倍的时候，也就有了主动教育孩子的心理需求与实际行动。而且，他们还会将教育延伸到家庭，做家庭教育的主人，甚至与孩子组成家庭学习共同体。这样，学生就会迅速成长起来。

【烟文英】我们的许多老师都非常感慨地对我说：“校长，我们班的家长真好，特别支持学校的工作。”“校长，家长太好了，我们更得好好教学生。”在学校的各项活动中，都能看到家长的身影。因为学校临近马路，所以每天早上都有“安全爸爸”和“安全妈妈”一起和老师执勤，保障学生的安全。学校的合唱节，家委会去到服装城给学生租演出服、买班服，省去了老师的很多工作。在学校的运动会上，家长来当志愿者，帮助教师组织学生参加比赛，给运动员加油，有的还带着专业照相机给学生照相，在运动场上形成了一道独特的风景线。我们每个班还成立了学生书友会，家长自发地组织起来在班里建立“读书基金”，经费他们自主管理，在网上给孩子们买书。刚才我们的一位班级读书会的家长顾问，还组织了部分家庭和孩子，在我们学校的“致格轩”举行读书活动呢。

家长也由衷地对我说：“学校老师特别负责，我们很放心。”这种伙伴关系已经在我们的校园形成，“生命教育”的道场也延伸到了家庭。

家校合作

【**陶继新**】家长如此之好的背后，蕴藏了教师对学生的无限关爱。他们目睹或从孩子那里听到了你们教师爱孩子的一个又一个生动的故事，从心里产生了一种感动，才有了"太好了"的呼声。这就是由爱而生的一种积极回应。这样，再教育孩子的时候，教师与家长就会一拍即合。而家长对教师的信任与支持，又会令教师感动，从而使他们感到教育不好学生，就对不起家长，就失却了一个为师者的责任。这种良性运转时间一长，便可形成一种家校和谐关系的"道场"，学生自然就会更加幸福地成长起来。

科学之道机制建设

【**烟文英**】学校的本质功能就是"育人"，而育人是一项系统工程，需要整合各方面的力量。因此，我觉得一所学校健康、可持续发展，仅仅依靠校长的个人魅力是不够的，还应该建立一套科学的机制。机制建设是学校核心价值理念真正成为学校文化的根本保障。

我们学校的发展在今年暑期进入到一个新的历史阶段，教育局投入两千多万的“育晖小学”成为我们的分校，这也是我们区现在真正意义上的第一所分校，是市中教育均衡发展、让更多的孩子接受优质教育的一项大的举措。分校的成败不仅仅关系到我们是否有这样一份能力，更关系到区里这种模式是否可行、是否能够真正惠及老百姓。因此，我们压力很大。分校如何发展？首先干部达成共识，保持“两个一致”，就是办学理念系统和管理模式的一致。特别是在发展模式上将总校团队文化的机制建设经验，迁移到分校的发展上。只有短短三个月，分校的发展势头非常好，得到了当地老百姓和家长的赞誉，也验证了学校发展机制的科学有效。

纬二路小学育晖分校

【陶继新】你们能够办起市中区第一所真正意义上的分校，原因非止一端。但是，有一点是肯定的，那就是认为纬二路小学有能力再派生出一个同样优质的学校。这既是给您身上压担子，也是一种莫大的信任。

前些天到育晖学校去的时候，不但感到那是一所全新的学校，而且还是一所一流的现代化学校。更加重要的是，这所学校的教师不是临时凑起来的"乌合之众"，而是集合起来的一支"优势兵力"。看来，你们是准备在这里打一场"大仗"，并要"首战告捷"的。

如果是一所一切从零开始的学校，真想从开学之日起就成为名校，是很难的。可是，育晖分校可以。因为除了"优势兵力"之外，还有您这个优秀的"总司令"的远程指挥，还有在这个学校主持工作的精干的副校长，以及从纬二路小学带来的学校文化。看来，纬二路小学的这次大"扩军"，一大批孩子完全可以从这里接受优质教育了。

【烟文英】谢谢您的夸奖。我们的压力很大，但同时又很受鼓舞，学校又有了一个大的发展平台。因此，在学校的发展上，机制建设更为重要。我们一方面学习、引进了企业的先进管理手段和理念——ISO9000质量认证体系，保障了学校各方面管理的规范，提高了办事的效率，提升了学校的管理品质。但对学校文化发展起重要作用的，我认为就是学校"三个评估"办法的运行：《教师自主发展管理办法》、《星级教研组评估办法》、《团队和谐奖励办法》。三套办法，以"生命化课堂"为支点，互为补充、相互制约。在办法中不仅有研究方法上的指导，更为重要的是渗透了学校文化的要求，即期望全校教师达成共识的价值取向。

在和有的校长交流的时候，感觉到现在的老师，自主发展的意识不强、被动，所以更谈不上体会职业的幸福了。其实，没有一个教师不希望自己发展、不期望自己优秀，但是因为主客观等方面的原因，造成了相当一部分教师对自己的放弃，没有了理想，没有了追求。人的发展首先来自于他的主观愿望和成长的环境，他没有发展的要求，工作中就不会有方向，也就难以体会到成长的快乐。因此，学校制定了《教师自主发展管理办法》，我们帮助教师制定"个人发展规划"、"自我评价量表"，并成立了专门的评估小组分类进行跟踪指导和检查，目的是帮助教师成为一个有梦想的教师，成为一个有追求的教师。学校不定期地调研、跟进、评价，营造了氛围。这样，教师的发展有了方向和具体的对策，同时又拥有了发展的环境。

【陶继新】每个教师都希望自己快速发展，可是，有的教师不知道如何发展，有的教师虽然知道发展方向却难以坚持到底。校长有责任与义务做他们的精神导师，将他们引向生命成长的快车道。帮助教师制定“个人发展规划”、“自我评价量表”，便是对每个教师量身定做了一套“可体的行装”。这样，人人都有了发展目标，人人都有了自我评价的标尺。但仅此还是不够的，有的时候，人是有惰性的，没有督促与检查，有的走至中途便停止了前行的步伐，甚至有的距离成功只有一步之遥了，却坚持不下去而前功尽弃。我发现，离成功越近，越难坚持，于是，很多人自动放弃了成功的尝试，只有极少数人坚持到底，获得了成功。您希望全校教师都成为成功人士，于是，专门的评估小组分类进行跟踪指导和检查应运而生，教师即使遭遇困难，也不得不坚持下去。因此，几乎人人取得了一定的成功。同时成功还会带来另外的惊喜，那就是由此产生一种战胜困难的决心、永不言败的信心以及取得成功的审美情绪。而且，有的教师由此还有了无须督促检查却能自觉发展的内在需求。主动与被动大不一样，当主动求发展且又进入良性发展状态之后，教师的生命成长就有了不竭的动力。

【烟文英】是的，学校管理追求的最高境界是“无为而治”，但是，这个“无为”的基础工作，我认为是机制的科学和有效。其实教师个人发展的质量和速度与他所在的团队有着密切的关系。因为个人的发展最终离不开团队的发展。我常常对我们的教师说，当今社会不是“孤胆英雄”单打独斗的时代，需要的是团队合作。但仅仅靠教师集体观念的强弱加强团队建设是远远不够的，更应该通过制度固化学校文化的要求，然后通过评估，形成机制，才能真正得以实现。因此，要把与教师的学校生活密切相关的两个团队建设好，一个是年级组，另一个是教研组。我们采取的办法是用标准规范，用评价激活。每个月学校在团队自评的基础上，由教师推选评估组，进行月分析和月评估。学期末再结合民主测评，评选出优秀团队。每个学期教师的最后一个会议，一定是非常隆重的团队表彰会。“杰出团队”、“优秀团队”、“和谐团队”、“金星教研组”等奖项在这个时候才知分晓。这个活动所起的作用不仅仅是表彰，更是对团队文化的一次检阅。正像我们老师所说的：在团队中"我"不再是"我"，而是强有力的"我们"。

团队合作

特别值得一提的是，在体系的构建过程中，我们始终坚持自下而上的原则，让教师参与体系构建的全部过程，领导和老师是伙伴关系，标准不再是行政命令，而是大家的愿景，所以也就有了教师创造性的工作。

【陶继新】有了自我发展的意识与行动，就有可能成为名师，但如果一所学校只有寥寥几个名师，就会缺少巨大的力量支撑。唯有团队发展方能生成学校发展的巨大能量。更加重要的是，由此培养起来的团队精神，又提升了教师的精神品质。即使是个人的发展，最终走向更高境界的，也多是胜在做人上。一个有团队精神的名师，往往会得到团队的支持；一个失去团队支撑的名师，迟早也会成为孤家寡人而荣誉不再。从这个意义上说，你们并没有因为团队的建设而遏止了名师的发展，相反，是为他们"更上一层楼"提供了更加有力的保障。团队精神一旦形成，还会形成团队之间的凝聚力、亲切度，原本属于自己私有的研究成果，就可能无私地让团队每个成员分享。一个将成果分享给他人的人，别人也会将成果分享给自己。共享群体果实，就成了教师成长的一笔取之不尽、用之不竭的资源。于是，名师更加有名，原本默默无闻的教师也有可能在这个群体中脱颖而出，较快地成长为名师。而名师辈出，也会使得学校的美誉度、知名度与信赖度日趋提高。

智慧的释放

【烟文英】正因为学校有了这样的团队文化，释放了教师的能量，才有了教师创造性的工作。在学校生命化课堂的研究中，周亮老师在市教研室马刚老师的帮助下，解放思想，大胆改革，与数学组的教师提出了“三环式学、教、用自主体验教学模式”，学生在课堂上真正成为学习的主人，学习成为孩子自己的事情。现在这个班的数学学习进度远远超过了其他平行班，学生的学习能力和热情更是让我们感到惊奇和喜悦。学习方式不仅仅改变了学生的学习态度和学习方法，还改变了学生的情感。

【陶继新】其实，教师与学生都有巨大的潜能，如果发挥出来，定然会给人们一个巨大的惊喜。你们的团队建设，正是为师生潜能的开发提供了积极的助推作用。周亮老师的学生为什么学习效率如此之高？就是他发现了学生学习效率的生成点，毫不犹豫地将学习的自由权与主动权还给了学生。我在很多学校采访的时候发现，只要学生有了主动学习的意识，教师大胆放权，产生出人意料的学习效果几乎是水到渠成之事。

【烟文英】因为我们学校是小班化教育，所以，提出了在班级实施自主管理、为学生的个性化成长搭建平台的要求。在实施的过程中，班主任以“关注每一个学生”为核心价值理念，充分发挥学生的主体作用。六年级级部开展了别具一格的“人才交流大课堂”活动。学生们富有创意地设计了各个岗位的招聘广告：“不差钱财务部”、“吉祥三保”、“大力士搬搬搬”。分阶段举行了“人才交流会”：招聘各岗位的“主管”，招聘助手或职员。学生们踊跃参与活动，身临其境地感受到了竞争的激烈，所以在各自的岗位上也都尽心尽力。他们还别出心裁地在年级里成立了学生会组织，负责全年级的学生工作。这些都不是学校要求他们去做的，而是对学校理念的自发自觉的创造性工作。

【陶继新】学生成为学习的主人之后可以创造奇迹，班级管理中实施自主管理照样可以精彩纷呈。可是，有的教师忽略了学生的管理才能，认为小孩子只有被管之份，没有管理能力。正是在这种错误理念支持下，很多孩子的管理能力被扼杀了。而教师呢？几乎天天忙于学生管理，饱受管理之难之苦。而你们的教师则不然，他们节省了很多管理的时间，少了很多费神操心的烦扰，有了更多的时间备课与研究，教学水平的提升也就成为了可能，同时培养了学生的自信心与自我约束力。

【烟文英】我们的老师不仅仅是在学生管理上有许多创举，在年级管理中也非常富有创意。"方阵型管理模式"是年级组长范红敏带领着她的团队实行的一种管理模式，就是把年级组的事务分成若干方阵，再把教师分成几个小团队承担这些任务，这样每个教师也就不再是团队发展中的旁观者了。

【陶继新】是啊！每个教师都有管理才能，所以，年级组长也要学会放权，让自己轻松，让大家感受有权的"幸福"。而当人人认为自己受到"重用"，有了价值之后，就会产生一定的创造力，就会生成积极的心理情绪，还会对同事和学生产生积极的情感影响，从而意外生成工作与学习的高效率。

【烟文英】学校文化的使命是什么？我觉得就是点燃人的生命之火，让每一个人都能焕发出生命的光彩。这个过程需要坚守，虽然有的时候很艰难，但是回顾经历过的点点滴滴，这个过程又很美丽，因为，它散发着人性的光辉，所以我每天享受着这份美丽的过程。

【陶继新】生命历程如果一帆风顺，尽管比较舒心，可是，却因了没有战胜困境的特殊感觉而失去其生命的光彩。我觉得，您不但坚守，而且有的时候还会主动出击，即主动寻求学校快速发展的路径，而且一旦确定，就会坚定不移地走下去，并会摘食成功的硕果。

（原载于《基础教育论坛》2010年第1辑）

19

走向善的“桃花源”

——青岛嘉峪关学校“善的教育”探寻

↑ 徐学红校长

徐学红，女，山东青岛嘉峪关学校书记兼校长，中学高级教师。关注师生的生命成长。一路走来，引领团队进行了“生命教育”、“品格教育”、“善的教育”等课题的研究，多项课题分获全国省市一等奖。在《人民教育》、《中小学教材教法》、《山东教育》、《中小学教师培训》、《教育参考》、《继续教育》、《师资建设》、《现代教育导报》、《中国教育报》等教育报刊发表文章近六十篇；出版《善的教育》一书，出版《我们也是哲学家》丛书；获得了“青岛市学科带头人”、“青岛市优秀教师”、“青岛市优秀教育管理者”、“青岛市拔尖人才”、“山东省基础教育先进”等称号。入选“齐鲁名校长培训工程”。

【**按语**】学校生活是一段旅程，是孩子们一生中至关重要的几段旅程之一。在这段旅程中，孩子们怀揣着美好的憧憬，希望在旅程中欢乐幸福；家长们怀揣着美好的祝福，祈想着路途风景美丽旖旎。但是在这段旅程中，学校到底应该带给孩子们什么呢？在嘉峪关人看来，在与孩子们一同行走的旅程中，送给他们最好的礼物就是让孩子们收获生命中的宝贵财富。如果聚焦为一个字，那就是——善。基于这样的信念与认识，嘉峪关学校开始了特立独行的教育旅程——善的教育，不断引领孩子们走向善的桃花源。

【**陶继新**】美国作家亨利说："人生有三件东西：第一是善良，第二是善良，第三还是善良。"巴金将此作为教育子女的座右铭。巴老在"文革"中受到了批判与冲击，可是，"文革"结束后,他却非常认真地剖析了自己。相反，有多少当时的整人者，却几乎没有一点儿反省。我觉得，是善良支撑了巴金老人的人格。教育要想培养具有高尚人格者，首先就要从善入手。

【**徐学红**】的确如此。没有善就没有教育。我与老师们经常讨论关于善的问题。那么，什么是善？在进行善的教育之前，我们应该踏上问善之旅。

问善——善是什么?

【**陶继新**】尽管人们对于善有一个基本的认识，可是，就学校教育而言，还是需要更好地研究它的内涵。所以，才有了您的问善之旅。问善，就已经是善的教育的开始了。

【**徐学红**】就学校教育来讲，什么是善？这是值得我们思考的。"杂交水稻之父"袁隆平给人类带来了福音，那是一种善；比尔·盖茨改变了人类的生活方式，那是一种善；航天英雄为祖国的航天事业献身，那是一种善……那么，学校的善的内涵是什么？我们一起寻善。

在我们看来，如果能在生活中、在工作中做好每一件事，那么我们也就与善相遇了。

【陶继新】善不但内蕴于心中，而且还要外显于行动。您所说的这些已有善举之人，都是将善意化为行动者，从而造福于人类的。如果将善定格在这一方面，你就会处处想着自己的所作所为对人们有益还是有害。益者为之，害者避之。

您上面所谈的都是有大的善举者，而师生很难做出如此大善之事，更多的是小事小善。但是，正如孔子所说："勿以善小而不为，勿以恶小而为之。"即使小事小善，也可以反映出一个人的人格所在。

【徐学红】陶老师您说得非常精辟。对于师生而言，他们的确很难做出如此大善之举，但是我们明白所有的大善源自小善的积累。于是，当我们用发现善的眼睛从身边的人和事中去捕捉善时，蓦然，我们感觉善是那么简单，善是那么容易，善是那么素朴。一句暖心的话、一句温馨的问候、一次真诚的家访，都是善。鉴于这样的认识，我们也就不断地践行善，开展了一系列活动，向善的"桃花源"迈进。

佛教推崇"布施"，实际上我们老师就是最大的"布施"者。因为我们要面对一届又一届的孩子，从开始工作到退休，很难数清楚到底教了多少个孩子。在这个过程中，让孩子们拥有生存的能力，拥有尊严，拥有过美好生活的能力，引领他们走向幸福，应该说这就是善。

【陶继新】教师"布施"的高层境界是"不著相"布施，即教育孩子没有任何的功利之心。即使教育出很多有大成就者，也不应当居功自傲，应当"无我相，无人相，无众生相，无寿者相"布施。这样，教育才能真正抵达"至善"的境界。

真正的有善之人，可以随时随地发现可以行善之事。因为没有善念，就不可能有善行。善在心中，你就会有一双发现善的眼睛，就会经常地去做善事。在做的时候，有时虽无意而为，却又正中善意。这正如老子所说的："善行无辙迹。"如果为了获得荣誉而去做善事，就背离了善的要义。

播善——勿以善小而不为

【徐学红】一语中的。要达到老子所说的境界，需要我们不断地修炼，需要我们不断地积蓄善的力量。没有老师善的引领，学生很难至善。为此，学校在教师层面开展了很多活动，例如背诵经典、组织青年教师开展“齐鲁文化之旅”、开展“仪式”研究等。

【陶继新】背诵经典，就是等于从经典中汲取真善美的东西，从而逐渐地内化到诵读者的心里，进而外化出真善美的行动。你们的“齐鲁文化之旅”，不但让教师了解了外在的文化，也让他们从这些文化中感受到思想的伟大。“仪式”不只是形式，还有在那个“场”中的精神感染，以及情感思想的升华。这些，都是在为教师积蓄善的力量。

【徐学红】在践行善的过程中，我们同时也拥有了这样的价值信条：“让健康、仁慈、责任、智慧、幸福永远伴随着我们”、“见己不是，万善之门”、“心怀善良，广种福田”、“百善孝为先”等。

【陶继新】你们的价值信条是善之理念，有了理念，善就会如种子一样播种在人的心田之中。时间一长，就会发芽、生根、开花和结果。俗话说：“种瓜得瓜，种豆得豆。”播种善的种子，自然就会收获善的果实了。

【徐学红】真是这样。就像您上文提到的“勿以善小而不为，勿以恶小而为之”，我们团队的修炼就是从小事、从细节、从身边的事开始。例如，清晨一声亲切的“早上好”带去了教师对学生的问候，带去了教师对学生的关注，在问候中开始了一天的学习与生活，简单却有价值。再如，下雨天，我们会在走廊里为学生准备雨伞，举手之劳让伞花盛开。事小但念善，一心为学生服务。

【陶继新】问好发自内心，出乎口中，形成善为。这些事情的确不大，可是，却让学生感受到了无处不在的温暖，而教师的善意善为，又在这些不断重复的小事中悄然传递给学生，进而根植到他们的心里，使他们自然而然地去积累善行善为。

蓄善——以“仪式”为载体

【徐学红】在老师积蓄善的力量的过程中，我们非常重视“仪式”的作用。作为文明古国、礼仪之邦，我们对“仪式”并不陌生。“祭孔仪式”、“南极大禹仪式”都给我们留下了深刻的印象，恢宏声势，数典祭祖，共同祈福的场面让人难以忘怀，仪式的魅力我们可以从中窥见一斑。因而，在学校日常工作中，我们有必要举行一些仪式。

“走进善的桃花源”大型演出

【陶继新】“仪式”不仅能让人们学习礼仪，还可以营造一种庄重的氛围，对身处其中的人的心灵形成一种熏陶，让人不由自主地与其氛围和谐为一，从而在心中积淀一份神圣的感情，并让人们为这份感情而持续地在实践中努力而为。

【徐学红】众人在同一个时间、同一个地点，有组织地做同样的一件事，它就会营造一种庄严、肃穆、聚神的氛围。我们学校每天早晨有15分钟的大声朗读活动，老师分别到不同的班级给学生读书。我们发现教师开始读书的时候，总有部分孩子注意力不集中、精神涣散。怎么办？经过反思讨论后，我们决定在老师们大声朗读之前，全校各班在同一时间内组织举行感恩诵读仪式。各年级的学生伴随着铃声统一诵读——

太阳带着东方的第一缕霞光，
已赐给我明亮的一天。
书籍带着穿越时空的精神，
将赐给我无限的力量。
感谢你们的惠泽，
我已做好准备，全力以赴，
热爱学习，热爱生活，
怀揣感恩的心，向你们致以真诚的谢意。

【陶继新】在举行感恩诵读仪式的时候，非常自然地营造了一种群体庄重的氛围，即使一两个孩子心猿意马，也会被环境同化进入到整个状态之中。况且，其中还有感恩的内容，它会在学生心里生成一种感恩的情结。在这样的环境中读书，如果不知感恩，休说对不起教师与家长，就是自己也对不起。当然，这种感觉往往是在潜意识状态中生成的，可是，它却让学生形成一种"回报"的心理，并内化成一种感恩的品质。

【徐学红】是的，这种仪式带给我们非常好的效果。学生们在诵读的过程中，不仅调整了自己的心理状态，还怀着一颗感恩的心去倾听、去思考。重要的是全校师生的诵读声音交织在一起，产生了共振，形成了一种"场"，走在教学大楼内，你都会感到一种强大的精神在弥漫，也许那就是精神感染力，那就是震撼力吧。

【陶继新】"精神在弥漫"说得好！它看不见、摸不着，却激荡着学生的心怀，使他们入乎其"场"而浑然不知。这个时候发出来的声响，已经归属于心灵之中，而心灵的呼唤与外在的声响又交合为一，形成一种内在的和谐。于是，精神穿透力外化了出来，形成学生对这个“场”的归依与尊重，以及自然融入其中的酣畅淋漓的美感。

【徐学红】我觉得仪式还能增强心理的内化力。每年新生的入学典礼，我们都要组织举行“大手牵小手”活动。“大手”意指除一年级新生之外的学生；“小手”意指一年级的新生。在新生入学典礼上，我们请高年级的学生到校门口一对一牵手新生。牵手后，学生们立定站好，“大手”们高呼：“关爱弱小，帮助弱小是我们义不容辞的责任。”然后把新同学带到操场上，进行简短交流。

【陶继新】“大手”的“高呼”是对“小手”的真诚欢迎与接纳。这样，“小手”入学伊始，就感受到了“大手”的关爱。学生之间的相互关爱，是一种圣洁的感情。而且从小培养的这种感情还会随着年龄的增长而延伸，进而让他们去关爱更多的人，甚至是素不相识的人。同时，这还在无意之中培养了“大手”的责任意识。他们由此而感到自豪，且会在今后的学习与生活中履行这一责任。

【徐学红】是的，陶老师。在这个仪式中，牵手体验很好地促进了孩子们帮助弱小的责任心的形成，牵手的一刹那，他们明白手中牵起的是一份责任、一份关爱，手中传递的是一份温暖、一份自豪、一份善念。这个过程很好地促进了孩子们道德责任的内化。

【陶继新】这一仪式从形式来说，牵的是手；而实质上，牵的则是心。而如果没有这样一种仪式，就无法进入“大手”与“小手”的心灵世界。因为这一仪式的庄重肃穆，才有了内化于心灵的理想效果。可以说，这是一种精神升华的过程，甚至会影响到他们的一生。

【徐学红】仪式还是善的情感的润滑剂。就以2009年毕业典礼为例吧，我们本次毕业典礼的主题是“孩子们，一路平安”。毋庸置疑，当孩子们、家长们看到这个主题时，感动之情就已在心中蛰伏了。伴随着饱含美好回忆与美好祝福的校长致辞，在场的所有人员已渐渐步入了毕业典礼的情境中。12名毕业生将一束束红红的康乃馨献给毕业班的老师。教师代表给学生赠言：“孩子们，老师感谢你们带来的快乐。我是一名新教师，在我接班的两年中，和你们一起成长。你们从不嫌弃我年轻，你们给了我很多的理解、宽容……"老师哽咽了，学生们在台下啜泣。随后，学校管理人员与毕业班班主任在校长的带领下，为每位学生颁发毕业证书和学校赠给毕业生的礼物。在赠送的过程中，老师们与每位学生拥抱，并祝愿他们一路平安。孩子们看着毕业证书，看着刻有祝福话语的小礼物，体味着师生拥抱的温情，心中怎能不起涟漪？心中怎能不涌起感激之情？当全体人员沉浸在浓浓的惜别情境中时，我们又进行了"鞠躬礼"。首先是全体管理人员和毕业班的老师们给家长、学生鞠躬，感谢家长送来好孩子，感谢孩子们带来的美好时光。接着孩子们给家长行鞠躬礼，并拥抱自己的亲人，感谢家长为自己所做的一切。最后家长、孩子给老师们行礼，感谢老师们的辛勤培育。而后，毕业典礼在《感恩的心》的手操中结束。这时，校园里又响起了《明天会更好》的音乐，毕业班的孩子们和家长们伴随着音乐，在学校其他学生的欢送下，走过了为他们铺设的红地毯，带着留恋、带着师生间彼此的爱，走出校门，去开启一段新的旅程。

置身于毕业典礼现场的每个人都无不为之动情。在这种仪式的感染下，任何的误解、任何的恩怨都将荡然无存；在这种仪式的感染下，每个人心中的感恩之情都会被唤起；在这种仪式的感染下，每位毕业的学生怎能忘怀他的老师？怎能忘怀他的同伴？怎能忘怀他的母校？

【陶继新】读着您笔下关于毕业典礼的文字，我的眼睛已经湿润了。每个学生只有一次小学毕业典礼，对于学生而言意义特别重大。其实，师生共处六年，有的时候也会产生一定的感情摩擦，教师有时还会与家长产生一些误会。可是，在这个场合里，大家全然沉浸在了彼此美好的感动里，沉浸于感恩的情绪里。这种情绪就在这个"道场"里蔓延，生成一种美好的情愫，定格在师生一生的记忆长河中，从而成为永远幸福的回忆。

同时，我也在想另外一个问题，不管这个仪式如何庄重，如果平时教师与学生没有真正的感情，就不会有这个如此动人的场面。所以，你们的教师六年如一日地爱学生，才是演绎这场感情迸发的壮美场景的本质原因。

【徐学红】实际上是这样的。其实，在我们看来，仪式还是精神摆渡最好的载体。每年端午节，学校都有一个特别的仪式，就是在师生手腕上系五彩线。这个仪式非常简单，但是其内在价值是让学生了解中国的文化，体味民间的风俗，祈想健康和吉祥。所以，这个仪式也就成为学生驶向彼岸的最好的摆渡。

【陶继新】当今学校为学生提供精神摆渡的机会与场合太少了，而精神摆渡，却可以轻松自如地让孩子们走进理想的精神殿堂。因为，学生易于在群聚式的活动中接受精神的洗礼。这种摆渡会在学生那里生成神圣感、向上感和美好感。而且，小学生的思想几近洁白无瑕，如果不对他们进行精神输氧，他们的精神就有可能被污染。而精神摆渡，无疑是对学生进行精神输氧的最佳载体之一。

【徐学红】在日常教育教学工作中，作为一名校长，我感受到了“仪式”带给学校教育的魅力。当然，我们在重视仪式的同时，也不能忘记孔圣人给我们的告诫：“奢则不孙，俭则固。与其不孙也，宁固。”就是说，仪式的规模在于得当，适当的文饰是必要的，但文饰过当就会物极必反，而过于有板有眼，又显得机械僵化沉闷，所以说把握度是非常重要的。

【陶继新】仪式离不开外在的形式，不然，就成不了仪式。而举行仪式的目的，则是为了提升思想境界。所以，孔子说：“人而不仁，如礼何？人而不仁，如乐何？”看来，如果失去了对“仁”的心灵诉求，其他的仪式都成了摆设。正因如此，举行仪式的时候，能省俭者则省俭，只要能够创设相应的场效，抵达“仁”的境界就可以了。

扬善——在平凡的小事中挖掘善的力量

【徐学红】作为校长，在引领团队积蓄善的力量的时候，我觉得学会祝福别人是特别重要的。祝福就是祝人平安和幸福，就是向人表示良好的愿望。当别人取得成绩的时候，我们是否能不怀嫉妒而是真诚地祝福别人？当他人遇到喜事的时候，我们是否会满怀喜悦地祝福他？当对手赶超自己的时候，我们是否会依然送给他祝福？其实，祝福凸显了一个人的爱心，一个人的善良，一个人的开放程度，一个人悦纳别人的程度。因而在工作中，我们常常能抓住身边的事，抓住平凡的小事，让教师在活动中学会祝福。

【陶继新】人的劣根性之一，就是嫉妒心。一个人可以赞赏和佩服不认识的人，就是不能容忍自己的同事特别优秀。休说祝福，不打击诽谤就已相当不错了。而受到这种心理伤害的不只是那些优秀者，更加打击诽谤者本人。可怕的是，还会由此形成一个恶劣的情绪之场，人人心里都不愉快。所以，要遵守罗素所说的“精神纪律”，不应当嫉妒的就不嫉妒，不然，就犯了精神纪律；不去赞赏优秀者，也是犯了精神纪律。而守持精神纪律之后，就会自然地去祝福、去欣赏，而且祝福与欣赏者在这个过程中一直快乐着，被祝福与欣赏者更加快乐。这样，就可以形成一种正能量的场，身在其中的人，心情愉快，工作和学习效率高，生命质量也会一步步优化起来。

【徐学红】每个人都希望有这样的正能量场，那么，每个人就应该有义务去建设它。记得一位刚调入学校不到三年的佟老师，在学生期末复习的时候突然向学校提出辞职，要到美国去留学。临走之际，我们请学校工会主席组织各级部老师撰写一份离别赠言赠予佟老师。但令人没想到的是，在实施的过程中却听到了一些不同的声音——

“她是到美国去享福的，要祝愿吗？”

“她带给学校不必要的麻烦，我们要祝愿吗？”

“祝愿她，老师们会怎样想？”

……

随即我们召开了级部组长会，交流后我说了这样一番话：“我们追求以人为本，那么，就让我们尊重佟老师的选择。她的确给学校工作带来被动，但她毕竟与我们相处过，她毕竟为学生、为家长、为团队付出过。学会祝福别人吧，因为祝福别人就是祝福我们自己。”会后，每个级部都写了赠言并制成了幻灯片。

【陶继新】这表现的不只是一种胸怀，更可以看出您的善良本性。假若您与教师对佟老师百般阻挠，她就会永远怨恨这所学校，当佟老师带着这份怨恨走出国门之后，心里会长久地留下一个阴影，她必然会在一些场合谈及此事，这样，影响的不只是学校的声誉，还有我们国家的声誉。您的这一行动，会形成另外一种情景，佟老师会在心底永远珍藏嘉峪关学校的美好形象，她会永远感激您与老师们。临行之前，她会对我们国家留下一份美好的回忆。同时，您也在老师们心里播种了一份宽容善良的种子，而且这些种子还会在他们的学生那里不断播种。这无疑是在播种善根，培育更大的正能量场。

【徐学红】来自五年级级部的祝福：

你曾在三尺讲台上播种希望，
把快乐、善良带给学生的时候是幸福的。
其实人生有许多的精彩，
相信，无论在哪里，
你都会拥有属于自己的幸福，
祝福你永远拥有幸福……

来自二年级级部的祝福：

朋友是人海难觅的苦苦相守，
朋友是永远珍贵的一生拥有，
朋友是默默祈祷的无言祝福，
朋友是不计得失的情同手足，
朋友是困难中的相互扶持。

昨天，在我们的记忆里还是这样清晰。

今天，你却要告别，说是到很远很远的地方去，去读一本关于很远很远的书。

好吧，把它珍藏起来，然后，捎上一份纪念，一片真诚，愿你记住我们每个人最灿烂的笑脸，有时间常回来看看！

……

伴着班德瑞的"夜曲"，每个级部向佟老师送上了临别赠言。也许被散发着淡淡伤感与哀愁的"夜曲"所感染，也许是老师们内心最柔软的东西被触碰，也许是老师们想起了……会场内愈来愈安静，不断有啜泣声传来，佟老师已经感动得泪流满面，会场内弥漫着祝福与感动的气息……

第二天，办公室里有了这样的声音——

"太感人了，团队太温暖了。"

"我想到了我离开学校的那一天。"

"我想到了，我有一天也会被祝福。"

【陶继新】即使今天读这些文字，我还是感动不已。什么是真善美？这就是。如果校园处处都充满真善美，我们的教育还会出现那么多的问题吗？有的时候我在想，为什么社会上犯罪率居高不下？追根溯源，不得不问责于教育。我们的教育，到底为学生走向真善美做了哪些工作？我们的校长与教师到底有没有一颗真善美的心灵？可以想见，您与你们的教师，将这真善美的种子播种到学生的心里之后，他们一旦走向社会，不就可以继续播种真善美的种子，成为和谐社会的建设者了吗？

【徐学红】陶老师，您说得非常准确。佟老师最后说了这样几句话："我现在有些犹豫了，不管我走到哪儿，我都会铭记嘉峪关这个团队的温暖。"其实，这件事也感染了团队的每个人，这些祝福的话语荡涤了教师的心灵。

【陶继新】佟老师的话言出由衷，令人感动。她会在心里祝福你们这个团队，也会在心里感激这所学校，她还会将这种感激化作真情，去做对得起自己良知的好事。我想，那不只是她个人的骄傲，也是你们整个嘉峪关学校的骄傲。

【徐学红】在这件平凡的小事中，我想教师们一定体味到了祝福的魅力，相信教师也一定学会了祝福。后来，老教师退养或退休时，团队的老师都会真诚地送上祝福。祝福别人不需要任何的见证，它来自每个人内心的善。

【陶继新】从某种意义上说，祝福是一种美德。从心里向人祝福，就是在做一件为善之事。而祝福也不是单向的，当一个人真诚地祝福别人的时候，也会得到相应的祝福。这就是所谓的善有善报。而一个经常游弋于善"场"中的人，必然健康、快乐、幸福。

【徐学红】因为老师体味到了祝福的力量，所以在日常的教育工作中，他们也注意引导学生学会祝福。祝福自己的父母，祝福自己的亲人，祝福同伴，祝福老师。生活、学习因为祝福而美好！

校长送上祝福

【陶继新】这就是祝福的延期效应。它是一个无限延长的过程，也是一个传播真善美的过程。如果人人都能够真诚地祝福他人，整个社会不都充满爱了吗？我们期待的和谐社会，不就指日可待了吗？

行善——修炼善的力量

【徐学红】祈想这种效应能伴随我们一生。在蓄善的旅程中，我们还非常重视教师的专业成长。记得钟南山院士说过这样一句话："我们不仅要有为人民服务的心，还要有为人民服务的本领。"那么，作为教师如何拥有专业水准？为此，我们开展了"寻找文字背后的文字"、"教师读书"、"教师基本功比武"、"大声朗读"、"走在家访的路上"、"给孩子写封信"等活动。

【陶继新】教师在拥有一个善良心境的同时，还要不断发展自身，不然，虽有善心，也会由于自己文化功底不佳，无法取得更好的善果。所以，您通过让老师们多读书等提升其文化品位，从而使他们具备更好地教育学生的能力。而只有教师有德有才之后，才能真正担当起一个为师者的重任。

【徐学红】是的。虽然我们说"人之初，性本善"，但是如果这种善不加以引导、不加以挖掘、不加以修炼，那么也许会南辕北辙。因而，阅读、学习、思考就显得尤为重要。施善要知道善是什么，施善首先要自己拥有善。正如德国教育家第斯多惠说的那样："一个囊中羞涩的人，很难去施舍别人。"

【陶继新】孔子说得好："性相近也，习相远也。"关键在于"习"，即教化。孩子生来没有多少品质上的差异，只是后天习染才造成了各不相同。因为孩子在接触社会的过程中，不可避免地受到一些不良习性的浸染。孩子分辨是非的能力有限，如果不进行正确之"习"，就有可能被错误甚至是罪恶之"习"所俘虏。所以，教师的重要责任之一，就是用善念来教化学生，让他们从小就有一颗善良的心。

【徐学红】好极了！教师在教化学生的过程中，自己首先要有力量。嘉峪关学校的教师知道用书引导孩子走向善，在阅读中孩子们了解了岳飞、了解了方志敏、了解了青铜葵花；老师们知道在歌中引导孩子们走向善，英雄小姐妹、雷锋、五星红旗；老师们知道用经典引导孩子们走向善，和孩子们一起诵读《弟子规》、《论语》、《三字经》、《笠翁对韵》，而老师们的“知道”都源自自己的学习。

不断地修炼自己，才能不断地发展自己，才能更好地去“布施”，引领我们的孩子们走向善。

【陶继新】阅读优秀图书无疑是引导孩子走向为善之路的有效途径。因为好的书，不但蕴含着智慧，更有美好的道德情操。在有滋有味地阅读的时候，书中的智慧与思想就会不经意间走进读者的心灵世界，从而化成美好的行动。

所以，教师首先要认识到这些优秀图书的价值所在，首先自己要喜欢上读书。而读书越多，就越有文化、越有思想，不但提升了自己的精神境界，也拥有了更好为善的本领。这样，再行“布施”的时候，就会更有底气，从而产生比较好的教育效果。

【徐学红】是这样的。在引领团队向善的过程中，我们还经常引导教师进行反思，反思自己的行为是否诠释了善。作为学校的教育工作者，在学生生病的时候，送去了你对孩子的挂念了吗？在下雨天，想到为孩子们提供一个放雨具的桶了吗？学生上课用的学具或材料，提前一段时间让孩子们去准备了吗？当孩子们顶着烈日在操场上做操的时候，你与孩子们同在了吗？当孩子们在寒冷的冬日伸手运动的时候，你把手抄在口袋里了吗？当整个城市流行时尚、流行韩服的时候，你的打扮坚守着雅致了吗？当我们要求学生不要在走廊里高声喧哗时，你做到轻言细语了吗？这肯定不是名师、优秀教师评比的条件，这肯定不是教师专业发展的内容，这肯定不是教师专业素养提升的内容，但这却是教师应该具有的真正素养。

【陶继新】反思自己的言行是否符合善的要求，可以使教师更好地施善。教师知道了为善的要义，可是，如果没有行动，为善的作用就会大打折扣。所以，孔子说要“内省不疚”，即省检自身的时候，没有任何愧疚的地方。长期的“无疚”，就会使自己的人格不断升华。而反思的过程，也是对自己的为善之行的一个检索过程，特别是要检索“习”得怎样。朱熹认为，“学而时习之”中的“习”原意是“鸟数飞也”，说明道德实践要反复实践，也就是要在一个又一个看似不大其实关系重大的实践场景中，看自己是不是反复实践了善。而老师的为善，令学生感受到来自学校的温情与关爱。同时，他们也会效仿教师，自觉地去为善。这样，儒家先师期待的“明明德”就可以实现了。

【徐学红】在践行善的过程中，“省检自身”、“三省吾身”是非常重要的。只有这样才能“择善而固”，只有这样才能“择其善者而为之”，才能达到“大学之道在止于至善”，在反思中修炼自己、提升自己。

【陶继新】老师们可以一起交流反思的感受，也可以“省检自身”、“慎独”反省。不管如何，反思的目的是使教师更好地检点自己的不善之为，更好地发扬为善之心，从而使为善成为教师心理的自觉追求，行动的自然之为。

（原载于《创新教育》2009年第12辑）

20

打造“一中人”精神的品牌

——胶南市第一中学的高目标追求

管仁福，汉族，山东省胶南市人。1962年出生，1983年毕业于山东师范大学数学系，中学高级教师，1983年7月起历任胶南一中教师、教导副主任、教导主任、副校长，1998年任市教委副主任，2000年担任市职业中专校长，2005年任胶南一中校长。先后荣获胶南市十大杰出青年科技人才、青岛市德育工作先进工作者、青岛市优秀教师、青岛市优秀校长、山东省优秀教育工作者、山东省科研工作优秀校长、首届“齐鲁名校长工程人选”等多项荣誉称号。

↑ 管仁福校长

【按语】由于课改成绩突出，山东省胶南市第一中学被评为青岛市基础教育课程改革先进单位。教师在课改中成长，近几年涌现出省级优秀教师、省优秀教育工作者、青岛市特级教师、青岛市优秀教师、青岛市级教学能手、青岛市青年专业技术拔尖人才36人，举行青岛市公开课、示范课40节。学生的综合素质和能力不断提升，近三年该校有3名山东省优秀学生、1名省十佳中学生、2名青岛市十佳中学生；有3名学生以优异成绩考入香港中文大学，均获得50万港币的全额奖学金，其中2007届的程艳迪代表香港中文大学参加全球华人大专辩论赛获得第一名；2008届毕业生赵登辉、2009届毕业生李姝涵在全市举办了个人专场演唱会答谢学校的培养；2008届学生卢柯宏参加青岛市双语大赛，荣获青岛市高中组个人比赛第一名；2009届学生唐松民的《奥运畅想》参加由《青岛早报》举办的"金锚杯"我的2008寒假征文大赛，荣获高中组唯一的特等奖；2009届学生杨硕被推荐参加了青岛奥帆夏令营……

这些成果的取得当是必然的。更为重要的是，随着时间的推移，学生们还会收获更多的成果。优质的素质，往往可以延续很长时间，甚至可以伴随一生。所以，实施素质教育，更是关注学生一生生命成长的教育大计。

鼓舞师生奋进的"一中人"精神

【管仁福】学校管理的实质在于寻求全方位的合作，在于让整个团队都服从于共同的愿景，逐步将学校打造成一个有着高尚理想和高远目标的价值共同体。为此，我们紧紧围绕"以人为本，精心构建和谐校园；内涵发展，着力打造一中品牌"这一中心，始终抓住"扎实推进素质教育，全面提高教育教学质量，办让人民满意的学校"这条主线，制定了新的发展目标，树立了新的发展理念，创建了新的管理模式，在制度管理的基础上更加注重用共同的价值观和发展目标来凝聚和引领教职工，激发教职工的内在活力，促进学校又好又快地发展。

【陶继新】确立“共同的价值观”异常重要，而且你们的价值追求属于素质教育的基本要求，又有着自己的个性特点。这样，就有了正确的导向，有了共同的追求目标，大家就可以朝着这个目标持续不断地奋进。不过，价值观的确定只是走向成功的第一步，而将其内化到师生的心里，才是关键所在。在采访您的时候，我感到您在内化方面进行了积极的探索，取得了成功的经验。仅从你们师生精神焕发的生命状态，就显见出了这种价值观内化的成果。

【管仁福】实现学校和谐是促进学校又好又快发展的基础。我们坚持文化立校，提出“一中人”这一温馨称谓，组织了“一中人”文化内涵大讨论，不断挖掘和丰富“一中人”的内涵，提炼升华出“志存高远，海纳百川”、“追求卓越，敢为人先”、“用心做事，脚踏实地”的“一中人”精神。用“一中人”精神团结和凝聚各种力量，引导教职工把自己真正融入一中这个大集体，做一名合格的“一中人”，齐心协力共同营建一个和谐愉快的工作环境、积极向上的教学氛围。“一中人”精神逐渐成为学校精神的核心价值观。

【陶继新】“一中人”精神之所以给人亲切的感觉，因为它是一中师生共同思考的结晶，是与一中人的思想内核紧紧联系在一起的。它成了一种内化与外化俱在的精神象征，几乎无时不在地鼓舞人心、激励斗志。“志存高远”之所以指向美好的未来，关键是有一个一中人的“志”在，它可以无坚不摧，可以破解各种各样的困难，从而去追索心中那个高远的目标。“海纳百川”呈示了一中人胸怀的博大宽广，也显见了一中人视野的宽阔，甚至可以直指古今中外，大凡可以“拿来”者，都可以“拿来”；但“拿来”虽然能以“他山之石”“攻玉”，却更是为自己的创造积蓄精神资本。“追求卓越”反映的是一中人具有超越意义的追求，与“敢为人先”紧密相连，有点冒险精神，而又不是盲动，用胆识与气魄，去追求卓越的成就。“用心做事”之中的“心”，让我看到的还有一中人的良知，有了它，就不是外在的逼迫，而是一种内在的需求。“脚踏实地”在行上，也有实在真诚意，它不是追求外在的浮夸、虚幻的荣誉，而是不管在任何情况下，都认真努力、踏踏实实、一丝不苟地做下去。所以，这样的“一中人”精神，就成了鼓舞师生向上的一种动力源。

【管仁福】我们把“办让人民满意的学校”作为目标和追求，把“教育即是服务”的观念深深地根植于学校工作的方方面面。坚持把师生需求作为工作的第一需要，强化“把第一时间交给师生”的意识。我们要求学校干部理解教职工，多表扬、少批评，多鼓励、少指责，多看主流、少看枝节，鼓励竞争，强调竞合，减轻教职工的心理负担，时刻把教师冷暖挂在心上，用真情换取教职工的真心，用真情唤起教职工的责任感。

大力实施“四民工程”，做到“知民情，合民意，聚民心，用民智”，要求学校干部每学期重点联系1个备课组、10名教职工和10名学习经济困难生，倾听他们对学校发展的意见和建议；发挥校长信箱、校园网AM交流平台、校长接待日的作用，拓宽干群、师生交流沟通渠道。

实施“温暖工程”，倡导教职工要“有滋有味地生活、有声有色地工作、有情有义地交往”，注重教师的幸福感受，积极创造温馨、温暖、温情的工作环境。帮助教职工解除后顾之忧，合理调度教师班车，帮助解决教工子女就学和部分教职工两地分居问题。每年免费给全体教职工健康查体，为教师办理大珠山景区免费登山年卡，投资30万元建设教工俱乐部，保证教职工活动场所和时间。每年组织文艺会演、体育比赛等丰富多彩的活动，增强教职工的凝聚力和归属感，这种以人为本的文化管理理念赢得了教职工的认可。

【陶继新】实施“四民工程”是一个既聚民心又得民心的工程。“知民情”是基础，不然，民心工程就可能步入歧途。而要想真正知民心，学校领导就要深入师生之中，知其学习与生活情况，特别是要知其心灵需求。有了这个基础，才能做出“合民意”的事来。不过，有的时候，心之所想，与事之所行，还往往有一定的距离。而领导要想真正“合民意”，就要使师生与自己的所想对接。你们的“温暖工程”，就是与师生对接的一个生动写照。他们所要求的，领导几乎全部做到了。如此而为之后，“聚民心”就成了水到渠成的必然。而民心聚之后，每一个人都会竭其全力地工作和学习。事实上，几乎所有的人都具有巨大的潜力，而这种潜力一旦发挥出来，学校的快速发展就成必然之势。

“明德至善，博学大成”的校训

【管仁福】成才先做人。针对当代中学生责任感的普遍缺失，围绕“明德至善，博学大成”校训的内涵，根据各年级学生的不同特点，我们探索实施了学生“精彩人生”德育系列工程。以“明德、博学、志远”为明确目标和阶段标志，以学生的道德面貌、精神力量、知识技能为重点，提出了各阶段、各年级不同的德育内容，组织编写了校本教材。高一侧重抓好习惯养成和文明礼仪教育，引导学生尽快适应高中生活。高二侧重纪律教育和法制教育以及公民教育，培养学生高度的社会责任感和正确的人生观、价值观。高三侧重抓好理想信念教育，指导学生搞好人生规划，培养学生为实现理想而奋斗的坚强意志和毅力。

【陶继新】欣赏你们“明德至善，博学大成”的校训，大气、厚重，又蕴含着儒家文化的精神内核。如果说“大学之道在明明德”的话，高中生的生命起程，也应当是“明明德”，这个问题解决不了，就会在未来甚至当下出现问题。有了“明明德”，才能抵达人格“至善”的境界。如果再能博学之，就可以成就一番有益于人类的大事情，就会拥有一个真正意义上的“精彩人生”。

【管仁福】要想抵达“明德至善”的境界，就要富有爱心与责任心。我们把加强师德建设作为教师发展的永恒主题，把爱与责任作为师德建设的核心内容。开展以“真情塑造未来”为主题的家访活动，每年寒暑假组织干部和全体班主任深入五类特殊学生的家庭，送上书籍，送去温暖。在学生中开展“老师，我想对您说”征文活动，虚心倾听学生的心声，构建和谐的师生关系。连续五年评选“十佳师德标兵”、“十佳岗位奉献标兵”，营造风清气正的良好氛围。坚持期末开展“家长评教、社会评校”和“魅力教师”评选活动，引导广大教师牢固树立爱岗敬业精神。

教师发展是学校发展的根本，发挥人的价值、发掘人的潜能、发展人的个性，创设民主、和谐、宽松的教学氛围，为教师提供一个创造性发挥教育智慧的空间，才能最终实现教学管理的目标，才能使学校发展充满生机活力。在社会价值观多元化的今天，引领教师健康地生活、快乐地工作，增强他们的职业幸福感，树立静心教书、潜心育人和安心从教的职业道德观，是教师专业发展的前提。

【陶继新】爱与责任是一个优秀教师必备的品质。爱发乎心底、行乎教育教学实践之中。学生从教师之爱中，感受到父母般的温暖，从而对教师产生爱戴甚至是依恋的感觉。“亲其师”，才能“信其道”，“信其道”，才能生成内在的学习动力。责任是与爱联系在一起的，教师的使命是将学生教育成人成才，所以，很多优秀教师虽累虽忙依然因责任的存在而乐此不疲地工作着。支持教师如此工作的不但需要其内在的品格，还需要一定机制的检测与激励。你们所开展的评选“十佳师德标兵”、“十佳岗位奉献标兵”活动，以及“家长评教、社会评校”和“魅力教师”评选活动，无疑对教师更加富有爱心与责任感是一个促进。一些出类拔萃的优秀教师，正是在这些评选中脱颖而出的。他们更加看重的不是这些荣誉，而是师生及其家长甚至是社会的高度认可。当一个教师拥有了一定的美誉度与信赖度之后，他会更加自觉地严格要求自己，更加投入地工作。而他们的努力与收获，又会影响到更多的教师。这样，就会在学校里形成一种群体教师自主要求发展的氛围，从而使爱与责任更加有效地在学生那里产生效用。

【管仁福】要想“博学大成”，就离不开经典的学习。从2006年秋季开始，开展了“研读经典，营造和谐书香校园”活动。学校为教职工配发了教育经典图书，每人配备了一台笔记本电脑，实行干部每周行政办公会交流管理随笔、教育叙事制度，建立教师“日读、周写、月总结”、“组内交流、级部汇报、校内展示”学习机制。邀请专家作报告，举行演讲、征文比赛，评选年度十大读书人物，刊发校报校刊，为老师们提供介绍经验、交流思想的平台。使教师走进书报的殿堂，感受阅读的快乐、激发教育的灵感、撰写心灵的感触，使阅读、写作成为教师日常的行为习惯和生活方式。

【陶继新】我一直认为，读书是教师生命成长的必需。特别是通过对经典文化的阅读与背诵，可以使教师的智慧不断生成，思想不断提升。这样，他们越来越拥有了教书育人的精神资本。而当一个人经常与经典为伴之后，还会拂去心里的许多浮躁之气，生成心灵安顿之感。这样，他们在教学的时候，就会将这种心态传递给自己的学生，让他们也逐渐地拥有一个良好的心态。而心态不但会改变学生的生存状态，还会对其学习的效率产生不可估量的影响。

【管仁福】“博学大成”应当是群体教师的发展，为此，我们建立教师梯度发展机制，为不同层面的教师群体搭建发展培养平台。针对青年教师群体开展“教坛新秀”的评选与培养活动，实行青年教师拜师结对制，为每一名青年教师配备一名指导教师，明确导师的责任和目标，严格把好过程关和结果考核关，通过结对指导，使一大批青年教师脱颖而出。针对中级教师群体，开展“骨干教师”的评选与培养活动。针对高级教师群体，开展“首席教师”和“首席班主任”的评选与培养活动。实行动态管理，强化过程考核，突出培养实效，从而引领不同层面的教师确立适合自己发展的目标，激发教师的工作激情与成长意识。

我们还建立了“教师成长档案袋”，里面装载着教师个人发展规划、获得的荣誉称号、获奖发表的论文、举行的公开课和每月的教育教学反思记录等丰富材料。其中“月反思记录”要求教师对每月的工作情况做出深刻的反思，概括一月来的主要工作，记述取得的成绩，总结成功的经验，感受成功的愉悦；记述工作中的不足或失败，总结失败的教训，感受失败的苦涩，进而制定改进的措施，促使教师不断成长、不断成熟。

管仁福校长随齐鲁名校长研修团赴澳访问

【陶继新】"教坛新秀"的评选与培养，无异于给青年教师精神输氧。由于一对一"导师"的跟踪培养，每个青年教师都可以享受高级"研究生"的待遇。不过，在培养的过程中，不但要在教学上进行指导，还要在修身做人上言传身教。一个真正抵达特别优秀境界的教师，没有一个不是人格高尚者。人格高下不但决定了一个人的精神高度，也决定了一个人的学术高度。而青年教师只有从这两个高度中学到真"经"，才能在当下快速发展，更能持续长久地发展。着意"骨干教师"、"首席教师"、"首席班主任"的评选与培养，让中、高级教师群体不再满足于既有的职称职位，而是去追索更高的目标。人往往是有惰性的，特别是有了中学高级职称之后，就更容易产生不再奋进的惰性思维。其实，这个时候，恰恰是他们"更上一层楼"的时段。学校助其一臂之力，给予一定的精神引领，他们便有机会走向更高的层面，特别是拥有一种向上的精神状态与生命态度。这样，他们就会成为全校教师的典范，从而引领大家去不断地努力进取，甚至形成一种群体向上发展的场效。

为学生提供优质发展的环境

【管仁福】近年来，我校的主体性教育和开放式办学像绵绵春雨一样润物细无声地影响着学生，结出了丰硕的果实。

在学生管理方面，我们提出“三自主”、“三参与”培养模式，实行学生全员值周，常规管理工作由学生在教师指导下进行自主管理；学校文化艺术节、体育节、升旗仪式、社会实践活动等由学生自主承办；足球、篮球俱乐部，校刊编辑部，学生社团让学生自主组建。放手让学生参与学校决策，参与评议学校工作、评议课堂教学，参与监督学校各项规章制度落实情况，实现学生的自我教育、自我管理、自我服务、自我发展。“青春礼赞”诗会、读书报告会、课本剧表演、“小课题研究”结题报告会成为学生展示自我的舞台；《征帆》杂志，星河文学社，天文物理协会，足球、篮球俱乐部成为学生挥洒青春的阵地；体育节、文化艺术节、“校园歌手大赛”、“校园舞林大会”成了同学们亮出精彩的自由天空……

【陶继新】你们之所以让学生自主参与这么多的活动，一个重要的原因就是，你们充分相信学生。你们并没有简单地将学生当成教育的对象，而是将其作为可以自我教育、甚至生成教育的鲜活生命。学生有着超越想象的创造力，给他们一点阳光，他们就能灿烂起来。同时，由于自主是主动的、自愿的，学生就有了异乎寻常的积极性，其潜能也就在这种积极心态与行为中淋漓尽致地发挥了出来。看你们学生的这些活动，人们往往惊诧于他们超常的能力。为什么有的学校的学生就没有这样的能力呢？是他们笨吗？不是。是人们无意中扼杀了这些潜能而已。而你们是激发了这种能力、培植了这种潜能，为学生提供了“海阔凭鱼跃，天高任鸟飞”的优质环境。所以，就有了这么精彩纷呈的表现。

【管仁福】在课堂学习方面，充分发挥学生的主体地位，实施“三先”：题目让学生先做，问题让学生先想，答案让学生先说。同时为各班配备了问题疑问卡袋，每天由科代表收集和反馈学生的疑难问题。在全省规范办学行为后，针对学生自主学习时间增多的情况，我们大力推广“学案导学”课堂教学改革，课堂学案、自习学案和周末学案“三案”并举，要求各年级各学科统一规范学案编制和使用，全部实行电子稿，根据实施情况不断充实完善，为学生全程高效学习提供保证。“学案导学”的实施，使我校学生由被动学习变为了主动学习，养成了学生良好的学习品质，大大提高了学习效率和质量。2008年10月，青岛市普通高中教学工作现场会在我校召开，全面推广了我校的“学案导学”课堂教学模式。

2009年2月，在全省教育工作会议暨素质教育经验交流会上，我校董军老师代表全省教师作了题为《又是一年春满园》的典型发言，全面介绍了学校贯彻省素质教育工作会议精神，规范办学行为、落实课程体系、促进学生全面可持续发展的各项措施，得到了省教育厅领导的充分肯定。

【陶继新】实施“三先”既基于对学生的信任，也基于对他们主动解决疑难问题能力的培养。问题意识之于学生异常重要，如果只是从教师或教材那里收取现成的答案，久而久之，就会成为接受知识的容器。孔子说：“君子不器。”学生是有自我探索问题能力的生命体，而自我发现与解决问题能力的培植，恰恰是让他们“不器”的有效途径。

“三案”并举体现的不只是教学改革精神，还反映了你们面对当前教育新形势顺时而变的教育态度。素质教育的实施，无疑为教育教学改革提供了良好的育人环境。可是，素质教育还不能简单地用“将时间还给孩子”来概括其丰富的内涵，更不能让孩子在课余时间尽情玩耍特别是沉迷网吧与打架斗殴，而是让学生既玩得好，又学会利用课余时间增长自己的智慧。

【管仁福】面对日益激烈的社会竞争压力，中学生的心理健康教育成为学校普遍关心的话题。

我们成立了赵凯博士工作室，邀请南京师大赵凯教授为我校学生、教师和家长进行培训指导，打造学生健康成长、教师专业发展和家长有效协作的平台，还设立了心理咨询室、团体辅导室、知心大姐工作坊，开展学生心理健康知识培训和心理问题诊疗。本学期始，我们将心理健康教育纳入校本课程，间周开设一节选修课。

我们通过主动介入，持续提高学生的学习能力。通过团体辅导，帮助学生明确自己的智力优势和能力倾向，培养良好的学习习惯，形成良好的心理免疫能力。开展了“中学生学习能力训练对比实验”，将学习性心理辅导与教学的实效性相结合，对学生进行全方位的心理训练，打造具有持续学习力、心智成熟与全面发展的学生。

我校心理健康教育工作成效显著，《中国教育报》、青岛市普通教育教研网报道了我校的心理健康教育工作，2007年，在《中小学心理健康教育》杂志社举办的全国心理健康杯评比中被评为先进学校。2008年4月，青岛市心理健康教育工作现场会在我校召开，会上全面介绍了我校心理健康教育的经验。

【陶继新】在参观赵凯博士工作室与听心理教师介绍经验时，感到很有收益。当下学生心理问题已经成为学校教育的一个难点与重点，你们则有效地解决了这样一个问题。我觉得你们的一个突出特点是防患于未然，而不是等待问题出来之后再进行心理辅导或治疗。这样，可以变被动为主动，更为重要的是，刚刚萌芽的心理问题解决起来也比较容易。而一个经常处于优质心理状态下的学生，其学习效率自然会比一般学生高。罗素认为，人应当遵守精神纪律，即不应当有的忧愁、恐惧、气愤、嫉妒等，就需“拒之门外”。可是，休说学生，就是教师，也往往难以做到。那么，心理教师的作用，就是要让学生长期甚至一生守持精神纪律，让那些完全不应当属于自己的不良情绪离自己而去。长期优质的心理，不但会提升当下的学习甚至生命质量，还可以延续下去，让一生幸福。从这个意义上说，你们学校的心理教育，是为学生的当下以及未来，做了一件功德无量的大事情。

"差不多就等于差很多"的管理理念

【管仁福】管理是学校发展的灵魂。在管理上我们提出了"差不多就等于差很多"的理念，因为"差不多"积多了就是"差很多很多"，因此一定要努力做到使每一个管理策划都精心、每一个管理环节都精细、每一个管理结果都精致。坚持一手抓教师的教学常规，一手抓学生的学习常规。

胶南一中美丽的校园

【陶继新】"差不多就等于差很多"的理念说得好！满足于"差不多"的潜台词是不负责任，至少是不求更好。而没了对更好更高的追求，学校领导管理层首先就从思想上懈怠下来，更遑论一般教师和学生了。您所追求的"精心"、"精细"、"精致"，不但不能差不多，还要好上更好、永不满足。这是对自己负责，对师生负责，也是对学校发展负责的态度。

【管仁福】我们进一步修订完善了各项教学管理常规和制度，对教师的备课、课前准备、课堂教学、作业的设置与批改、辅导、训练、讲评等教学环节提出具体的要求，制定具体的量化评估标准，通过“有效管理”、“有效备课”、“有效上课”、“有效训练”这些细节，强化教学常规管理措施的进一步完善，并采取强有力的措施狠抓落实，搞好当堂质量反馈、作业质量反馈、质量检测反馈等，让教师及时发现日常教学的得与失，自行调整、完善各自的日常教学，切实提高教学质量。

【陶继新】在教学上，您提出了四个“有效”。教学效果的好坏有的时候并不与学生学习时间成正比，而是与教师的课堂教学质量以及学生的学习质量有关，特别是与师生的“高效情感”有关。良好的情绪，会给课堂教学带来盎然生机，会使教师特别是学生生成积极甚至是超级效率。灵感不惠顾于心灵“死机”者，而是青睐于心情愉悦者。这并不是说排除科学的教学与学习方法，而是强调情感在教学中的特殊作用。

【管仁福】我们进一步修订完善了学生的学习常规，对学生的预习、上课、复习、作业、小结等环节提出科学具体的要求，加强学生日常规、周常规和月常规的指导，向学生日常学习的每个环节、每个细节要质量。严格落实省素质教育规定，把时间还给学生。周末实行“4+X+1”选择模式，学生可以选择回家自习或者在校学习、活动，在学校可以有4种选择：在教室上自习、到操场活动、去阅览室阅览、在微机室上网，以2节课为单位活动，教室、操场、阅览室、微机室安排教师值班，每班由专人负责统计学生出勤。“X”指不定期的面向学生的专家讲坛、首席教师讲座等活动。

【陶继新】“没有规矩，不成方圆”，完善学生学习常规，而且一一落到实处，才能保证学习的时间与质量。“4+X+1”选择模式则打破常规，让学生拥有自由度与选择权。有自由与选择，学生就会心向往之，心向往之，就会心灵愉快且有收获。

【管仁福】在后勤管理上，我们立足于为学生创造温馨的学习生活环境，全方位加强精细化管理。自2005年开始，竞争吸纳社会优质资源参与后勤专业化服务，采取托管、连锁、联办等形式，引入青岛弘康酒店管理有限公司、青岛举鑫帮厨餐饮管理有限公司、胶南市糖酒副食品总公司、胶南市慧泰购物超市、青岛三德物业管理公司经营管理师生餐厅、超市及学生公寓，为师生提供专业化后勤管理和服务；与隐珠街道办事处派出所、胶南市公安局保安公司联合成立警务社区服务站；与胶南市开发区医院联合成立了医疗卫生社区服务站，把学生的医疗就诊纳入到医院的统一管理和服务范围，还开设了洗衣房、理发店、眼镜店等。在各项工作中我们都提出了环节精细的要求，比如，在餐饮方面实行“样品预留制度”，把每样饭菜取样保留48小时，以及“饭前品尝制度”和“困难学生免费就餐制度”。在胶南市教体局组织的对各个学校的社会满意度测评中，我校连续多年名列全市第一位。

【陶继新】不管是餐厅，还是商店，要想在你们学校“安家落户”，都要经过竞争。竞争的“赢家”也不是“一枝独秀”，而是与“势均力敌”的竞争对手共生共存。这样，谁要想取胜，就必须得到几千名学生的认可。于是，为学生服务，就成了唯一选择。当然，受益最大的也就是学生了。为什么会出现“样品预留制度”、“饭前品尝制度”和“困难学生免费就餐制度”？说到底，还是千方百计地让学生满意。况且，真正参与竞争者都系正规企业，拥有一定的知名度，都在想方设法提升自己的美誉度。所以，要想让餐厅等企业自始至终服务于学生，还必须有相应的机制做保障。而机制的背后，是学校领导的无私与公正，不然，这些机制就不会在胶南一中产生。

（原载于《中国教育报》2009年11月13日，第4版）